公司控制权安排与法律风险防范

汪强 / 著

中国法治出版社
CHINA LEGAL PUBLISHING HOUSE

前　言

PREFACE

随着经济不断发展，互联网、高科技日新月异。企业紧跟时代步伐，在变幻莫测和日益激烈的市场竞争中竭尽所能地生存和发展。可是，生存下来的企业“幸运儿”难以高枕无忧。众多企业家发现，企业生存之路充满荆棘，公司内部控制权安排便是其中最棘手的问题，企业的发展壮大之路也常会以公司控制权“不受控制”为代价，只能感叹“遍地是机会、处处是陷阱”。

那么，如何才能避免公司控制权陷阱呢？《礼记·中庸》有云：“凡事预则立，不预则废。”意思是凡事应未雨绸缪，如果缺少提前准备就容易失败。可见，企业在寻求法律服务的过程中，有必要提前做好公司控制权的安排与策划，方可立于不败之地。

本书主要是在分析公开案例的基础上，结合作者在实践中的经验总结，整理控制权相关的法律要点和对各类风险的提示，并按照不同章节予以呈现。其中，第一章是股权与公司控制权安排，股权与控制权的关系最为直接，对大多数的公司而言，公司的控制权就反映在股权比例中。第二章涉及股东会与董事会，股东会与董事会如同公司控制权天平两端的砝码，对公司的重要性不言而喻。同时，完善的议事规则，也有助于加强公司的控制权安排。公司的实际控制人、高管乃至公司的债权人也会影响公司控制权安排，分别呈现于第三章至第五章。第六章是股权激励，作为一种促进企业发展的激励措施，不同的激励方式可能改变公司股权结构，甚至动摇公司的控制权。第七章公司章程与公司控制权安排，章程作为公司的宪法，公司股东必须对公司章程条款和章程修正案予以充分重视。第八章涉及家族企业，家族企业自身的特点决定了这类公司控制权的特殊性，有必要引起企业家的关注。第九章是刑事法律风险，虽然只选择比较具有代表性的三个罪名，但刑事法律风险作为所有风险中的“终极”风险，可以直接导致公司控制权的削弱甚至丧失，无论如何预防都不为过。

书中部分案例的法院审理部分适用的是案件发生时的法律法规，但作者在风险防范的提示中引用的是最新的法律条文，在此特别提示读者。

由于作者水平所限，无法驾驭公司控制权这一博大精深的领域，书中所涉内容，观点和分析也一定存在诸多疏漏，欢迎广大读者批评指正和交流。真诚希望本书能起到抛砖引玉的作用，作为公司控制权相关法律服务的基础和铺垫。

最后，要特别感谢中国法制出版社袁笋冰、赵燕两位编辑的大力支持与帮助。

汪　强

2024 年 7 月 1 日

目　录

CONTENTS

第一章
股权与公司控制权安排

第一节　股东出资

一、向公司出资是股东的法定义务

控制权解读

出资构成公司资本，出资人通过让渡出资的所有权取得股权，成为公司股东，依法对公司享有包括资产收益、参与重大决策和选择管理者等权利。因此，股东出资义务是股东最基本的法律义务。没有出资瑕疵的股权代表着股东对公司享有的投资收益分配权利，也代表着股东可以多大程度地影响、控制公司的经营管理。对每一位公司股东而言，依法履行出资义务不仅是股东的法定义务，还是保障股东对公司控制权长久稳固的基石。

案件来源：陕西省西安市中级人民法院（2017）陕01民终383号谢某诉A公司股东出资纠纷案①

基本案情

2009年10月16日，A公司登记成立，公司注册资本100万元。公司章程载明公司股东为谢某、贺某某、邱某某。其中，贺某某认缴出资33万元，占股33%；邱某某认缴出资34万元，占股34%；谢某认缴出资33万元，占股33%。公司成立后，谢某实缴出资3.5万元。2013年3月1日，谢某与邱某某签订《股东转让出资协议》，约定谢某将其持有的A公司33%股权中的30%计价30万元转让给邱某某，协议订立后3日内支付转让款，并办理股权变更登记。协议签订后，谢某协助邱某某办理了工商变更登记，但因邱某某未履行支付义务，谢某向法院提起股权转让纠纷诉讼，请求法院判令邱某某向其支付股权转让价款30万元。在该案中，法院判决邱某某于判决生效后10日内向谢某支付30万元股权转让款。2016年7月20日，A公司向法院提起股东出资纠纷诉讼，请求法院判令谢某补缴出资29.5万元。谢某抗辩称，其与邱某某签订了《股东转让出资协议》，已将其持有的30%股权以30万元转让给了邱某某，补缴出资的义务应由邱某某承担。

审理要览

一审法院认为，股东应当按期足额缴纳公司章程中规定的各自所认缴的出资额。A公司章程明确规定谢某认缴出资额为33万元，虽然公司设立验资报告中记载谢某已全部出资到位，但根据庭审查明的事实，谢某实际出资为3.5万元。现A公司依据公司章程约定，请求谢某履行剩余出资

① 为突出案例的主要法律问题及保护当事人隐私，部分案情会作出调整或略去不表，全书同。全书案例如无特别标注，均来源于中国裁判文书网，https://wenshu.court.gov.cn/，最后访问时间：2024年5月4日。

义务，符合法律规定，依法应予支持。谢某称已于 2013 年 3 月 1 日将持有的 30%股权转让给了 A 公司股东邱某某，故不应对该 30%的股权承担出资义务，因其与邱某某股权转让纠纷，生效民事判决已判令邱某某向谢某支付股权转让约定的对价 30 万元，该对价对应的应为谢某持有的满足工商登记记载情形的 30%份额的无瑕疵股权。而因谢某的未足额出资，使出让的股权存有瑕疵；那么其在出让存有瑕疵的股权并获得对价后，即有按照公司章程规定继续履行出资的义务，以消弭出让股权的瑕疵状态。故谢某的抗辩理由，一审法院不予采信。故一审法院判决：谢某于本判决生效后 10 日内向 A 公司履行公司设立时的不足出资计人民币29. 5 万元。

谢某不服，提起上诉。二审期间，双方当事人均未提交新的证据。

二审法院认为，本案的争议焦点是谢某是否应当承担补缴出资的义务。《中华人民共和国公司法》[①] 第二十八条规定："股东应当按期足额缴纳公司章程中规定的各自所认缴的出资额。股东以货币出资的，应当将货币出资足额存入有限责任公司在银行开设的账户；以非货币财产出资的，应当依法办理其财产权的转移手续。股东不按照前款规定缴纳出资的，除应当向公司足额缴纳外，还应当向已按期足额缴纳出资的股东承担违约责任。"本案中已经查明作为发起人股东的谢某在 A 公司成立时所认缴出资 33 万元，谢某实际仅出资 3. 5 万元，虽然谢某已经将其所持有的 30%股权转让给了公司股东邱某某，但是并不能免除谢某补缴认缴出资的义务。

综上所述，谢某的上诉请求不能成立，应予驳回。

风险防范

根据《中华人民共和国公司法》[②]（以下简称《公司法》）第四条第

① 案例中所引用的法条为案例审理时有效的法律法规等中的法条，之后可能会出现修改或废止的情况，提请读者注意。全书同。

② 《中华人民共和国公司法》由中华人民共和国第十四届全国人民代表大会常务委员会第七次会议于 2023 年 12 月 29 日修订通过，自 2024 年 7 月 1 日起施行。

一款和第四十九条的规定，依法全面向公司履行出资义务系公司股东对公司的法定义务，具有法定性和强制性。

就股权转让，如果股权未届出资期限的，《公司法》第八十八条规定："股东转让已认缴出资但未届出资期限的股权的，由受让人承担缴纳该出资的义务；受让人未按期足额缴纳出资的，转让人对受让人未按期缴纳的出资承担补充责任。未按照公司章程规定的出资日期缴纳出资或者作为出资的非货币财产的实际价额显著低于所认缴的出资额的股东转让股权的，转让人与受让人在出资不足的范围内承担连带责任；受让人不知道且不应当知道存在上述情形的，由转让人承担责任。"根据该规定，发生出资不足的情形的，由转让人与受让人在出资不足的范围内承担连带责任，如果受让人不知道且不应当知道存在出资不足的情形可以免除责任，补足出资的责任由转让人承担。

如果股权已届出资期限的，《最高人民法院关于适用〈中华人民共和国公司法〉若干问题的规定（三）》（以下简称《公司法司法解释三》）第十八条规定："有限责任公司的股东未履行或者未全面履行出资义务即转让股权，受让人对此知道或者应当知道，公司请求该股东履行出资义务、受让人对此承担连带责任的，人民法院应予支持；公司债权人依照本规定第十三条第二款向该股东提起诉讼，同时请求前述受让人对此承担连带责任的，人民法院应予支持。受让人根据前款规定承担责任后，向该未履行或者未全面履行出资义务的股东追偿的，人民法院应予支持。但是，当事人另有约定的除外。"可见，如股权已届出资期限但股东未履行或者未全面履行出资义务即转让股权，受让人承担连带责任的条件是知道或者应当知道该股东未履行或者未全面履行出资义务。而无论受让人是否知晓，股东只要未全面履行出资义务即转让股权的，其出资义务不会消灭。股东和受让人之间的股权转让协议系双方自由协商确定的结果，协议约定不能排除公司法强制性规定的适用。因此，股东的出资义务不会因股权转让而消灭。

对公司而言，股东出资形成的公司资本是公司对外承担民事责任的财产基础和对公司债权人履行债务的信用基础。案例中谢某未足额出资，面对股东未履行或者未全面履行出资义务即转让股权，公司完全可以以股东和受让人为共同被告起诉，要求股东与受让人承担连带责任。如果发生股权多次转让的，公司也可以请求一个或多个知道或者应当知道转让股东未尽出资义务的受让人承担连带责任。

2014 年 2 月 7 日，国务院颁布《关于印发注册资本登记制度改革方案的通知》，实行注册资本认缴登记制，公司股东（发起人）对其认缴出资额、出资方式、出资期限等可以自主约定，并记载于公司章程。自此，公司股东可以认缴股份并在公司章程中自主约定缴纳期限，同时根据公司章程或者股东会决议可以对尚未实缴出资的股东的利润分配请求权、新股优先认购权、剩余财产分配请求权等作出合理限制。但资本认缴制不等于不承担缴纳出资义务，也不等于投资人可以随意约定缴资期限——资本认缴制实际上只是不强迫要求公司在设立时一定要实缴出资，而是通过合同方式约束投资人的缴资义务，将公司设立时是否实缴出资以及何时实缴出资交给企业投资人自己决定。① 认缴制下"出资义务"的含义发生了扩张，出资义务延伸至股东承诺的远期出资义务。认缴制下，股东以其承诺的出资额对公司承担有限责任，但又没有实际缴纳出资，这使得股东的有限责任更加发挥了不可替代的信用价值。② 可见，资本认缴制也可以理解为附期限的实缴制，因此，股东应理性和善意地确定公司注册资本和出资期限，并诚信履行出资义务。

根据《公司法》第四十九条和第五十条的规定，股东未按期足额缴纳出资的，除应当向公司足额缴纳外，还应当对给公司造成的损失承担赔

---

① 参见蒋大兴：《资本认缴制不是"空手套白狼"——公开信息披露与股东私人出资承诺的履行》，载《中国工商管理研究》2014 年第 9 期。

② 参见赵旭东：《资本制度变革下的资本法律责任——公司法修改的理性解读》，载《法学研究》2014 年第 5 期。

偿责任。有限责任公司设立时，股东未按照公司章程规定实际缴纳出资，或者实际出资的非货币财产的实际价额显著低于所认缴的出资额的，设立时的其他股东与该股东在出资不足的范围内承担连带责任。《公司法司法解释三》第十七条第一款规定：“有限责任公司的股东未履行出资义务或者抽逃全部出资，经公司催告缴纳或者返还，其在合理期间内仍未缴纳或者返还出资，公司以股东会决议解除该股东的股东资格，该股东请求确认该解除行为无效的，人民法院不予支持。”另外，《公司法》第五十一条第一款规定：“有限责任公司成立后，董事会应当对股东的出资情况进行核查，发现股东未按期足额缴纳公司章程规定的出资的，应当由公司向该股东发出书面催缴书，催缴出资。”第五十二条第一款规定：“股东未按照公司章程规定的出资日期缴纳出资，公司依照前条第一款规定发出书面催缴书催缴出资的，可以载明缴纳出资的宽限期；宽限期自公司发出催缴书之日起，不得少于六十日。宽限期届满，股东仍未履行出资义务的，公司经董事会决议可以向该股东发出失权通知，通知应当以书面形式发出。自通知发出之日起，该股东丧失其未缴纳出资的股权。”由以上法律规定可知，一般情况下，出资不会直接导致股东资格丧失，只是会导致股东对给公司造成的损失承担赔偿责任。但是，这不足以让股东高枕无忧，在特殊情况下，即股东未履行出资义务或抽逃全部出资，或者未按照公司章程规定的出资日期缴纳出资，经公司发出书面催缴书后，在宽限期内仍不履行出资义务的，公司完全可以通过股东会决议形式解除该股东的股东资格，或者通过董事会决议使该股东失权，从而大大削弱股东对公司的影响。

可见，对每一位公司股东而言，依法履行出资义务不仅是股东的法定义务，还是保障股东权利以及股东对公司控制权长久稳固的基础。

法条链接

《中华人民共和国公司法》

第三条 公司是企业法人，有独立的法人财产，享有法人财产权。公司以其全部财产对公司的债务承担责任。

公司的合法权益受法律保护，不受侵犯。

第四条　有限责任公司的股东以其认缴的出资额为限对公司承担责任；股份有限公司的股东以其认购的股份为限对公司承担责任。

公司股东对公司依法享有资产收益、参与重大决策和选择管理者等权利。

第四十九条　股东应当按期足额缴纳公司章程规定的各自所认缴的出资额。

股东以货币出资的，应当将货币出资足额存入有限责任公司在银行开设的账户；以非货币财产出资的，应当依法办理其财产权的转移手续。

股东未按期足额缴纳出资的，除应当向公司足额缴纳外，还应当对给公司造成的损失承担赔偿责任。

第五十条　有限责任公司设立时，股东未按照公司章程规定实际缴纳出资，或者实际出资的非货币财产的实际价额显著低于所认缴的出资额的，设立时的其他股东与该股东在出资不足的范围内承担连带责任。

第五十一条　有限责任公司成立后，董事会应当对股东的出资情况进行核查，发现股东未按期足额缴纳公司章程规定的出资的，应当由公司向该股东发出书面催缴书，催缴出资。

未及时履行前款规定的义务，给公司造成损失的，负有责任的董事应当承担赔偿责任。

第五十二条　股东未按照公司章程规定的出资日期缴纳出资，公司依照前条第一款规定发出书面催缴书催缴出资的，可以载明缴纳出资的宽限期；宽限期自公司发出催缴书之日起，不得少于六十日。宽限期届满，股东仍未履行出资义务的，公司经董事会决议可以向该股东发出失权通知，通知应当以书面形式发出。自通知发出之日起，该股东丧失其未缴纳出资的股权。

依照前款规定丧失的股权应当依法转让，或者相应减少注册资本并注销该股权；六个月内未转让或者注销的，由公司其他股东按照其出资比例足额缴纳相应出资。

股东对失权有异议的，应当自接到失权通知之日起三十日内，向人民法院提起诉讼。

第八十八条 股东转让已认缴出资但未届出资期限的股权的，由受让人承担缴纳该出资的义务；受让人未按期足额缴纳出资的，转让人对受让人未按期缴纳的出资承担补充责任。

未按照公司章程规定的出资日期缴纳出资或者作为出资的非货币财产的实际价额显著低于所认缴的出资额的股东转让股权的，转让人与受让人在出资不足的范围内承担连带责任；受让人不知道且不应当知道存在上述情形的，由转让人承担责任。

《最高人民法院关于适用〈中华人民共和国公司法〉若干问题的规定（三）》

第十六条 股东未履行或者未全面履行出资义务或者抽逃出资，公司根据公司章程或者股东会决议对其利润分配请求权、新股优先认购权、剩余财产分配请求权等股东权利作出相应的合理限制，该股东请求认定该限制无效的，人民法院不予支持。

第十七条 有限责任公司的股东未履行出资义务或者抽逃全部出资，经公司催告缴纳或者返还，其在合理期间内仍未缴纳或者返还出资，公司以股东会决议解除该股东的股东资格，该股东请求确认该解除行为无效的，人民法院不予支持。

在前款规定的情形下，人民法院在判决时应当释明，公司应当及时办理法定减资程序或者由其他股东或者第三人缴纳相应的出资。在办理法定减资程序或者其他股东或者第三人缴纳相应的出资之前，公司债权人依照本规定第十三条或者第十四条请求相关当事人承担相应责任的，人民法院应予支持。

第十八条　有限责任公司的股东未履行或者未全面履行出资义务即转让股权，受让人对此知道或者应当知道，公司请求该股东履行出资义务、受让人对此承担连带责任的，人民法院应予支持；公司债权人依照本规定第十三条第二款向该股东提起诉讼，同时请求前述受让人对此承担连带责任的，人民法院应予支持。

受让人根据前款规定承担责任后，向该未履行或者未全面履行出资义务的股东追偿的，人民法院应予支持。但是，当事人另有约定的除外。

二、以土地使用权出资

控制权解读

以土地使用权等可以用货币估价并可以依法转让的非货币财产作价出资，应当依法办理其财产权的转移手续。土地的出资是使用权的出资，公司接受出资人以土地使用权出资，目的是要取得对该土地的占有和使用。因此，出资人不仅要将土地实际交付公司，还要办理土地权属变更登记。

案件来源：北京市第三中级人民法院（2019）京03民终3113号A公司等与C公司案外人执行异议案

基本案情

2014年12月，A公司（甲方）与B公司（乙方）签订出资协议书，双方约定共同设立C公司；B公司认缴出资比例70%，出资方式为货币，A公司认缴出资比例30%，出资方式为土地使用权；C公司成立后，A公司立即履行实物出资义务，将两块土地建筑物建筑面积6,144.84平方米的使用权转让给C公司；A公司与12家租户所签订的租赁合同继续履行，自2014年12月1日起租金收入归属于C公司，合同到期后所有租户与C公司签订新的租赁合同。2014年12月23日，A公司（甲方，转让人）与

C公司（乙方，受让人）签订两份土地使用权转让合同，土地为涉案土地。C公司陈述签订上述两份土地使用权转让合同是为了办理土地变更登记，土地使用权股权出资在登记部门类似于土地使用权的买卖转让。

2015年9月14日，海口市国土资源局出具了《海口市国土资源局关于证据调取的复函》，载明由于涉案土地上有建筑物，但转、受让双方在提供的土地过户材料中没有地上建筑物有关证明材料，故对于过户申请已做退档处理。2015年9月21日，海口市解决办理房产证历史遗留问题办公室出具函件载明，因未能提供项目规划报建材料，不予受理。

2018年7月24日，海南省陵水黎族自治县人民法院作出（2018）琼9028破1号民事裁定书，裁定受理对A公司的破产清算申请。

王某某基于另案民事调解书对A公司享有债权，该案生效后进入执行程序。在执行程序中，查封了涉案的土地使用权。

C公司作为案外人提起执行异议之诉。

审理要览

一审法院判决不得执行涉案土地。

二审法院审理后认为案外人提起执行异议之诉的，案外人应当就其对执行标的享有足以排除强制执行的民事权益承担举证证明责任。本案中，C公司以其对涉案土地享有权利为由主张解除对涉案土地的查封。针对C公司对涉案土地所享权利的性质，法院分析如下：A公司与B公司于2014年12月签订《出资人协议书》，约定A公司以两块土地建筑物建筑面积6,144.84平方米的所有权及使用权出资。2014年12月22日《C公司章程》明确A公司以土地方式出资1,500万元，占注册资本的30%。2015年2月15日《C公司股东会决议》将A公司的出资方式变更为以土地方式出资685.2万元和以货币方式出资814.8万元。至此，可以确认A公司以其名下土地使用权向C公司出资。关于土地的具体位置，结合2014年12月23日A公司与C公司所签《土地使用权转让合同》确定的两块土地的面积以及 2015 年 3 月 30 日 A 公司与 C 公司共同向海口市国土资源局提交的《土地使用权转受让申请书》，可以确认 A 公司出资的具体财产为涉案土地。A 公司以涉案土地出资不违反法律法规的强制性规定，应为有效。

根据《最高人民法院关于适用〈中华人民共和国公司法〉若干问题的规定（三）》第十条第一款的规定：出资人以房屋、土地使用权或者需要办理权属登记的知识产权等财产出资，已经交付公司使用但未办理权属变更手续，公司、其他股东或者公司债权人主张认定出资人未履行出资义务的，人民法院应当责令当事人在指定的合理期间内办理权属变更手续；在前述期间内办理了权属变更手续的，人民法院应当认定其已经履行了出资义务；出资人主张自其实际交付财产给公司使用时享有相应股东权利的，人民法院应予支持。由该规定可知，股东以土地使用权出资，应办理权属变更手续，否则为未履行出资义务。本案中，因 A 公司和 C 公司就涉案土地办理过户申请时未提交地上建筑物合法产权手续，故海口市国土资源局对过户申请做退档处理。涉案土地使用权未能办理至 C 公司名下，A 公司未依法全面履行出资义务。股东未履行或者未全面履行出资义务，公司或者其他股东有权请求其向公司依法全面履行出资义务。C 公司取得对 A 公司缴付出资请求权，该项权利不属于足以阻止涉案土地转让、交付的实体权利。故 C 公司以其对涉案土地享有权利为由诉请中止对涉案土地的执行，于法无据，法院不予支持。

二审法院最终判决撤销一审民事判决，驳回 C 公司的全部诉讼请求。

风险防范

本案例中，A 公司以土地使用权向 C 公司出资，但由于历史遗留问题，A 公司与 B 公司都无法提交涉案土地地上建筑物的产权资料，致使土地使用权未能办理至 C 公司名下。

关于出资形式，根据《公司法》第四十八条规定，股东的出资可以分为货币出资和可以用货币估价并可以依法转让的非货币财产作价出资两种形式。以货币形式出资的，股东一般需要在银行开立验资账户，验资后资金转入公司的基本账户，此时股东会取得银行出具的资金转入凭证，公司取得该出资的所有权。以货币出资相对简单直接，一般不会有争议。而以非货币财产出资，根据《公司法》第四十九条和第九十八条的规定，应当依法办理财产权的转移手续。如果以没有权属凭证的非货币财产，如机器设备等出资的，需要先对机器设备等进行评估，在评估价格的基础上股东再与公司签署机器设备移交的书面文件以完成出资，此时，书面文件和移交手续成为出资凭证。

对于以房屋、土地使用权或者需要办理权属登记的知识产权等财产出资，《公司法司法解释三》第十条区分两种情况对瑕疵出资予以规定。一种情形是财产已经交付公司使用但未办理权属变更手续。此时该财产的所有权依然归属于股东，没有成为公司的法人财产，公司有使用权但是是无权处分的，该情形可以认定出资人未履行出资义务。另一种情形是已经办理权属变更手续但未交付给公司使用。由于财产权属已变更，财产所有权属于公司。但由于该财产未交付，所有权与使用权脱离，致使公司无法利用该财产的全部价值。因此，公司或者其他股东有权主张该股东向公司交付财产，并且在实际交付之前不享有相应的股东权利。

股东在出资前，如果有股东以土地使用权等非货币财产出资的，有必要对该财产的所有权人、该财产之上有无权利负担等做必要的尽职调查，尽可能避免风险。在此基础上，股东之间还应该订立书面的出资协议，对出资形式、非货币财产评估作价以及将来权属如何变更等加以明确约定，避免产生纠纷和不必要的诉累。对以土地使用权等非货币财产出资的股东而言，也应向公司按约履行实际交付和权属变更登记义务，避免股东权利受到影响。

法条链接

《中华人民共和国公司法》

第四十八条　股东可以用货币出资，也可以用实物、知识产权、土地使用权、股权、债权等可以用货币估价并可以依法转让的非货币财产作价出资；但是，法律、行政法规规定不得作为出资的财产除外。

对作为出资的非货币财产应当评估作价，核实财产，不得高估或者低估作价。法律、行政法规对评估作价有规定的，从其规定。

第四十九条　股东应当按期足额缴纳公司章程规定的各自所认缴的出资额。

股东以货币出资的，应当将货币出资足额存入有限责任公司在银行开设的账户；以非货币财产出资的，应当依法办理其财产权的转移手续。

股东未按期足额缴纳出资的，除应当向公司足额缴纳外，还应当对给公司造成的损失承担赔偿责任。

第九十八条　发起人应当在公司成立前按照其认购的股份全额缴纳股款。

发起人的出资，适用本法第四十八条、第四十九条第二款关于有限责任公司股东出资的规定。

第九十九条　发起人不按照其认购的股份缴纳股款，或者作为出资的非货币财产的实际价额显著低于所认购的股份的，其他发起人与该发起人在出资不足的范围内承担连带责任。

《最高人民法院关于适用〈中华人民共和国公司法〉若干问题的规定（三）》

第九条　出资人以非货币财产出资，未依法评估作价，公司、其他股东或者公司债权人请求认定出资人未履行出资义务的，人民法院应当委托具有合法资格的评估机构对该财产评估作价。评估确定的价额显著低于公司章程所定价额的，人民法院应当认定出资人未依法全面履行出资义务。

第十条 出资人以房屋、土地使用权或者需要办理权属登记的知识产权等财产出资，已经交付公司使用但未办理权属变更手续，公司、其他股东或者公司债权人主张认定出资人未履行出资义务的，人民法院应当责令当事人在指定的合理期间内办理权属变更手续；在前述期间内办理了权属变更手续的，人民法院应当认定其已经履行了出资义务；出资人主张自其实际交付财产给公司使用时享有相应股东权利的，人民法院应予支持。

出资人以前款规定的财产出资，已经办理权属变更手续但未交付给公司使用，公司或者其他股东主张其向公司交付、并在实际交付之前不享有相应股东权利的，人民法院应予支持。

《中华人民共和国公司法》

第十七条 公司职工依照《中华人民共和国工会法》组织工会，开展工会活动，维护职工合法权益。公司应当为本公司工会提供必要的活动条件。公司工会代表职工就职工的劳动报酬、工作时间、休息休假、劳动安全卫生和保险福利等事项依法与公司签订集体合同。

《中华人民共和国城市房地产管理法》

第二十八条 依法取得的土地使用权，可以依照本法和有关法律、行政法规的规定，作价入股，合资、合作开发经营房地产。

三、股权出让人与受让人之间约定的法律效力

控制权解读

有限责任公司的股东未履行或者未全面履行出资义务即转让股权，出资义务以出让人为义务主体，受让人只有在知道或者应当知道的情况下才与出让人承担连带责任。因此，对出让人和受让人而言，签订书面股权转让协议，妥善约定权利义务至关重要。

案件来源：江苏省苏州市中级人民法院（2019）苏05民终2251号A公司与崔某某、吴某某等股东出资纠纷案

基本案情

A公司向一审法院提出诉讼请求：判令崔某某补缴出资款人民币20万元和支付逾期出资利息。

2015年3月18日，A公司与吴某某、崔某某等人签订《A公司员工激励协议书》一份，该协议以吴某某为甲方，以崔某某等人为乙方，以A公司为丙方。协议约定：A公司于2015年3月对高管及员工进行股权激励，由公司实际控制人吴某某向A公司赠送股权，形式上以增资的方式操作，甲方和乙方就本次股权激励事宜达成协议如下：乙方合计增资230万元，认缴153.3333万元注册资本，其余76.6667万元计入资本公积；股权激励股权分配明细如下：……崔某某出资额20万元，其中认缴注册资本13.3333万元，资本公积6.6667万元……乙方合计认缴出资额为230万元，该出资义务与乙方无关，由公司实际控制人吴某某代为出资，其资金在吴某某与公司往来中调整金额，作为出资资金。上述协议由吴某某、崔某某等人分别签字确认，A公司加盖公章。

2015年3月28日，A公司召开股东会，会议决议同意崔某某等人作为公司新股东对公司增资，其他股东放弃本次增资的优先权，会议还同意就上述事宜相应修改公司章程。同日，A公司制作公司章程修正案，该修正案确认崔某某等人的出资期限为2015年6月30日。依据该次股东会决议，吴某某在增资后认缴出资额为950万元，持股比例24.5572%，并继续担任公司法定代表人。2015年6月30日，A公司就上述增资在工商行政管理局完成了变更登记。

2018年5月12日，苏州市某区人民法院作出民事裁定书，裁定受理某公司申请A公司破产清算申请一案。

审理要览

一审法院认为：《最高人民法院关于适用〈中华人民共和国公司法〉若干问题的规定（三）》第十八条规定：“有限责任公司的股东未履行或者未全面履行出资义务即转让股权，受让人对此知道或者应当知道，公司请求该股东履行出资义务、受让人对此承担连带责任的，人民法院应予支持……”依据上述规定，继受取得公司股权的股东，仅在明知前股东未履行出资义务的情况下承担连带责任。《A公司员工激励协议书》中，明确约定崔某某与出资义务无关，而应当由公司实际控制人吴某某出资，且确认系由公司实际控制人吴某某向员工赠送股权。因此，崔某某虽已成为公司股东，但上述股东均是以接受赠与的方式继受取得公司股权，而并非以直接增资的方式取得公司股权。在吴某某、A公司均作出明确意思表示，确认资金将由吴某某履行出资义务的情况下，应当理解为崔某某有理由相信吴某某将履行出资义务，而无法推定崔某某明知吴某某不会履行出资义务。综上，虽然A公司现已被法院裁定受理破产清算申请，但向崔某某追究出资责任，于法无据，一审法院不予支持。

一审判决后，A公司提起上诉。

二审法院审理后认为，就本案争议的出资问题，崔某某已经举证与A公司、吴某某签订的股权激励协议书，证明其持有相应股权系因A公司激励高管及员工而实施的股权赠与所取得。A公司现在破产不认可上述协议，但并未提供任何的反证，故一审法院对股权激励协议书予以采信，并无不当。由于上述股权系A公司在破产前实施的赠与，崔某某作为相对方并不负有出资义务，A公司在破产后又要求崔某某履行出资义务，明显缺乏依据，一审法院驳回其诉讼请求的处理，并无不当。

综上，A公司的上诉请求不能成立，应予驳回；一审判决认定事实清楚，适用法律正确，程序亦无不当，应予维持。遂判决驳回上诉，维持原判。

风险防范

出资是股东最基本的法律义务，股东应当按期足额缴纳公司章程中规定的各自所认缴的出资额，并使自身缴纳的出资真实、有效和充分，进而保证公司资本充足。《公司法司法解释三》第十八条规定："有限责任公司的股东未履行或者未全面履行出资义务即转让股权，受让人对此知道或者应当知道，公司请求该股东履行出资义务、受让人对此承担连带责任的，人民法院应予支持；公司债权人依照本规定第十三条第二款向该股东提起诉讼，同时请求前述受让人对此承担连带责任的，人民法院应予支持。受让人根据前款规定承担责任后，向该未履行或者未全面履行出资义务的股东追偿的，人民法院应予支持。但是，当事人另有约定的除外。"由此可见，该条的归责原则是以出让人为出资义务主体、受让人为例外，受让人只有在知道或者应当知道的情况下才与出让人承担连带责任。由于公司要求股东补足出资纠纷属于公司内部纠纷，所以本条的规定与公司法的商事外观主义原则并不一致，工商登记的受让人股东只有在知情的情况下有条件地承担连带责任。而且，连带责任的存在无疑给知情受让人提供了保护伞，过度的保护使其无视交易风险，降低了自身的注意义务，最后将轻率交易导致的股权撤销后果导向了法院。[①] 因此，对出让人和受让人而言，为保护自身合法权益，签订书面股权转让协议并详尽地约定权利义务至关重要。

股权赠与属于股权转让范畴，《公司法司法解释三》第十三条第一款规定："股东未履行或者未全面履行出资义务，公司或者其他股东请求其向公司依法全面履行出资义务的，人民法院应予支持。"因此，案例中公司以原告身份向股东主张权利，符合法律、法规的相关规定。《A 公司员工激励协议书》约定"该出资义务与乙方无关，由公司实际控制人吴某

① 参见刘敏：《论未实缴出资股权转让后的出资责任》，载《法商研究》2019 年第 6 期。

某代为出资，其资金在吴某某与公司往来中调整金额，作为出资资金”。可见，协议书对出资义务约定明确，甚至连出资资金的来源都作了详细说明。作为该股权的受让人，崔某某已尽到注意义务，其完全有理由相信作为公司实际控制人的吴某某会履行出资义务。因此，公司以崔某某为股权受让人，并依据《公司法司法解释三》第十八条的规定要求其承担出资义务缺乏事实和法律依据。

公司资本是否充足，同时还涉及公司对债权人利益的保护。《公司法司法解释三》第十三条第二款规定：“公司债权人请求未履行或者未全面履行出资义务的股东在未出资本息范围内对公司债务不能清偿的部分承担补充赔偿责任的，人民法院应予支持；未履行或者未全面履行出资义务的股东已经承担上述责任，其他债权人提出相同请求的，人民法院不予支持。”如果公司外部债权人起诉请求未履行或者未全面履行出资义务的股东在其未出资本息范围内对公司债务不能清偿的部分承担补充赔偿责任、受让人对此承担连带责任的，此时，对外部债权人而言，股权转让过程中出让人和受让人的约定以及受让人是否善意只是出让人与受让人之间的内部关系，该内部约定将无法对抗外部债权人，受让人还是要承担连带责任。

上述案例中，《A公司员工激励协议书》约定A公司针对高管及员工进行股权激励而增资，高管和员工据此取得相应股权。根据《公司法司法解释三》第十三条第四款的规定，股东在公司增资时未履行或者未全面履行出资义务的，公司还有权请求未尽忠实义务和勤勉义务的董事、高级管理人员承担相应责任。同时根据《公司法》第五十一条的规定，有限责任公司成立后，董事会应当对股东的出资情况进行核查，发现股东未按期足额缴纳公司章程规定的出资的，应当由公司向该股东发出书面催缴书，催缴出资。未及时履行前款规定的义务，给公司造成损失的，负有责任的董事应当承担赔偿责任。因此，如有证据证明董事、高级管理人员未尽忠实勤勉义务或者发生股东未按期足额缴纳出资后未及时向该股东发出书面催缴书的，那么公司、其他股东以及公司债权人有权要求公司董事、高级管理人员承担相应责任。董事、高级管理人员在承担责任后，可以向未履行或者未全面履行出资义务的股东追偿。

法条链接

《最高人民法院关于适用〈中华人民共和国公司法〉若干问题的规定（三）》

第十三条　股东未履行或者未全面履行出资义务，公司或者其他股东请求其向公司依法全面履行出资义务的，人民法院应予支持。

公司债权人请求未履行或者未全面履行出资义务的股东在未出资本息范围内对公司债务不能清偿的部分承担补充赔偿责任的，人民法院应予支持；未履行或者未全面履行出资义务的股东已经承担上述责任，其他债权人提出相同请求的，人民法院不予支持。

股东在公司设立时未履行或者未全面履行出资义务，依照本条第一款或者第二款提起诉讼的原告，请求公司的发起人与被告股东承担连带责任的，人民法院应予支持；公司的发起人承担责任后，可以向被告股东追偿。

股东在公司增资时未履行或者未全面履行出资义务，依照本条第一款或者第二款提起诉讼的原告，请求未尽公司法第一百四十七条第一款规定的义务而使出资未缴足的董事、高级管理人员承担相应责任的，人民法院应予支持；董事、高级管理人员承担责任后，可以向被告股东追偿。

第十八条　有限责任公司的股东未履行或者未全面履行出资义务即转让股权，受让人对此知道或者应当知道，公司请求该股东履行出资义务、受让人对此承担连带责任的，人民法院应予支持；公司债权人依照本规定第十三条第二款向该股东提起诉讼，同时请求前述受让人对此承担连带责任的，人民法院应予支持。

受让人根据前款规定承担责任后，向该未履行或者未全面履行出资义务的股东追偿的，人民法院应予支持。但是，当事人另有约定的除外。

四、出资不足股东的法律责任

控制权解读

股东在制定公司章程、签订投资协议时，应对股东之间的出资方式、出资缴纳、违反缴纳出资义务的构成条件、违约金的数额或者计算方法、争议解决等详细约定，以便在部分股东发生违约情形时，能够未雨绸缪，明确其具体责任，避免因约定不明造成损失。作为商事主体，从事商事交易时签订合同，合同中的违约责任的安排往往具有惩罚性，违约金一般不作降低调整。

案件来源：北京市第二中级人民法院（2019）京02民终7399号A公司等与B公司等股东出资纠纷案

基本案情

刘某某、刘某、耿某某向一审法院提起诉讼，请求：1. 判令A公司继续履行于2016年4月11日与刘某某、刘某、耿某某签订的《投资协议》，即向B公司注资1,908.55万元的约定义务；2. 判令A公司向刘某某、刘某、耿某某支付约定违约金390.9万元；3. 判令A公司承担本案全部诉讼费用。

一审法院认定事实：2016年4月11日，A公司（A方）、刘某某（B方）、陈某（C方）、刘某（D方）、耿某某（E方）、王某某（F方）、贺某某（G方）、胡某（H方）及B公司（I方、目标公司）签订《投资协议》，协议约定：截至本协议签订日，目标公司的股权结构如下：刘某某（实际出资金额695.64万元、出资比例36.18%）、陈某（实际出资金额

286.44 万元、出资比例 14.9%）、刘某（实际出资金额 440 万元、出资比例 22.89%）、耿某某（实际出资金额 262.57 万元、出资比例 13.66%）、王某某（实际出资金额 136.4 万元、出资比例 7.09%）、贺某某（实际出资金额 46.5 万元、出资比例 2.42%）、胡某（实际出资金额 55 万元、出资比例 2.86%）；原股东合法持有目标公司股权，是目标公司的股东；各方经友好协商，就 A 方投资目标公司事宜达成以下条款：第一条投资方案：（一）A 方受让 C 方和 G 方在目标公司增资时未出资的股权。1. A 方无偿受让 C 方所持有且尚未向目标公司出资的股权（即 238.7 万元出资），由 A 方继续履行向目标公司的注资义务；2. A 方无偿受让 G 方所持有且尚未向目标公司出资的股权（即 38.75 万元出资），由 A 方继续履行向目标公司的注资义务；3. 上述 A 方分别受让 C 方和 G 方未出资的股权（即 277.45 万元出资），在各方签订正式投资协议并将该等未出资股权办理至 A 方名下（以完成工商变更登记为准）之日起 3 个月内汇入 277.45 万元至目标公司账户。（二）A 方受让 G 方和 H 方已实际出资的股权：1. A 方以共计人民币 120 万元的价格受让 G 方所持有的目标公司 2.115% 的股权（即 46.5 万元的股权出资），转让涉及的税费由 G 方承担，该等股权转让价款在该等股权变更登记至 A 方名下之日起一个月内付清；2. A 方以共计人民币 140 万元的价格受让 H 方所持有的目标公司 2.5% 的股权（即 55 万元的股权出资），转让涉及的税费由 H 方承担，该等股权转让价款在该等股权变更登记至 A 方名下之日起一个月内付清。（三）A 方向目标公司增资：1. A 方以现金向目标公司增资 2,328.55 万元，其中 1,516.43 万元计入目标公司注册资本，剩余 812.12 万元计入目标公司资本公积，A 方向目标公司增资后，目标公司的股权结构如下：刘某某（增资后出资 695.64 万元、出资比例 18.72%）、陈某（增资后出资 286.44 万元、出资比例 7.71%）、刘某（增资后出资 440 万元、出资比例 11.84%）、耿某某（增资后出资 262.57 万元、出资比例 7.07%）、王某某（增资后出资 136.4 万元、出资比例 3.67%）、A 公司（增资后出资 1,895.38 万元、出资比例51%）；2. 上述A方向目标公司的注资（即共计1,516.43万元出资）在各方签订正式投资协议并将该等未出资股权办理至A方名下（以完成工商变更登记为准）之日起一个月汇入773万元（约占应出注资额的51%）至目标公司账户，剩余款项在股权办理至A方名下（以完成工商变更登记为准）之日起九个月内汇入目标公司账户。（四）合计综上，A方受让+增资共计投资：（一）277.45万元+（二）260万元+（三）2,328.55万元=2,866万元。第二条股权交付：1. 本协议签订后，各方应当就A方投资的有关事宜要求目标公司将A方的名称、住所、受让的出资额及该等股份已缴足的信息记载于股东名册，并办理完毕工商登记手续。第四条目标公司债务处理A方负责在各方签订正式投资协议并将股权办理至A方名下（以完成工商变更登记为准）后，根据债务到期时间，12个月之内取得低成本资金分期替换目标公司现有的高成本债务约3,500万元（以尽职调查时的财务账目金额为准），以降低目标公司的债务费用。第九条声明、保证和承诺A方特此向原股东作出以下声明、保证和承诺：（二）A方承诺期限将应投入资金全部到位，如因投资不能按期、全额到位，原股东有权向违约方主张违约金，违约金金额为A方投资总额的15%。该协议A方落款处盖有A公司公章，B方、D方、E方、F方、G方、H方落款处分别有刘某某、刘某、耿某某、王某某、贺某某、胡某签字，I方落款处盖有B公司公章，但C方落款处无陈某签字。现刘某某、刘某、耿某某主张，第一部分出资款277.45万元A公司已向B公司支付，第二部分出资款2,328.55万元A公司目前仅向B公司支付了420万元，剩余1,908.55万元未付。

此外，本案在一审审理过程中，刘某某、刘某、耿某某主张陈某虽未在上述《投资协议》上签字，但B公司此前已经召开股东会对A公司投资入股事宜进行了讨论并作出了决议，并向一审法院提交B公司2016年3月24日《股东会决议》1份，该决议载明："议题：1. A公司投资入股；2. 股东贺某某和胡某退股；全体股东经充分讨论，形成决议如下：一、关于A公司投资入股事项：1. A公司给B公司净资产估值3,100万元，占49%股份，A公司投入3,226万元占51%股份。2. 股东刘某某、刘某、耿某某、王某某和贺某某同意A公司作为股东加入B公司。3. 股东陈某在下列事项完成后同意A公司作为股东加入B公司：1）A公司投入的资金应加强资金使用方面的监管；2）A公司投入的资金划出一定的额度用于归还B公司的债务；3）A公司加入后如需再次融资，融资的估值不应低于本次估值。4. 股东胡某要求在满足其退出B公司股东的前提下，同意A公司作为股东加入B公司。二、关于股东贺某某和胡某退股事项：除退出股东外的B公司股东一致同意放弃各自的优先认股权，同意他们的退出。”该决议上有刘某某、刘某、陈某、耿某某、王某某、胡某、贺某某签字。

此外，根据B公司的工商档案材料，B公司原股东为刘某某、耿某某、贺某某、陈某、刘某、王某某、胡某，注册资本1,200万元。2016年4月19日，刘某某代表B公司向工商机关提交变更登记申请表，注册资本变更登记为2,200万元，股东变更登记为刘某某、耿某某、贺某某、陈某、刘某、王某某、胡某、A公司。2016年4月28日，B公司再次向工商机关提交变更登记申请表，注册资本变更登记为3,716.43万元，股东变更登记为A公司、刘某某、耿某某、王某某、陈某、刘某。根据B公司2016年4月28日的公司章程，股东出资数额及出资时间分别为：刘某某695.64万元，出资时间2015年9月8日；陈某286.44万元，出资时间2013年7月23日；耿某某262.57万元，出资时间2015年9月8日；刘某440万元，出资时间2015年9月9日；王某某136.4万元，出资时间2015年9月7日；A公司1,895.38万元，出资时间2016年12月31日。

二审期间，刘某某、耿某某提交2015年8月18日的股东会决议及刘某某的邮件往来记录，证明：1. 陈某在2015年8月18日已放弃涉案增资时未出资股权238.7万元；2.《投资协议》上尽管表述为受让陈某增资时未出资股权，但是实质上因为陈某未能在股东会决议约定的时间内进行出资其丧失了该股权，故在其他股东未提出异议的情况下，其实是认购而并非受让，认购无需经过陈某的同意。

审理要览

一审法院认为：根据《中华人民共和国民事诉讼法》的规定，当事人有答辩并对对方当事人提交的证据进行质证的权利，本案B公司经一审法院合法传唤，无正当理由拒不到庭参加诉讼，视为其自动放弃了答辩和举证质证的权利。《中华人民共和国公司法》第二十八条中规定，股东应当按期足额缴纳公司章程中规定的各自所认缴的出资额；《最高人民法院关于适用〈中华人民共和国公司法〉若干问题的规定（三）》第十三条中规定，股东未履行或者未全面履行出资义务，公司或者其他股东请求其向公司依法全面履行出资义务的，人民法院应予支持。本案中，A公司因受让股权以及增资成为B公司股东，《投资协议》中对于A公司的出资数额进行了明确约定，B公司章程中对此也进行了明确规定，各方亦已办理了相应的工商变更登记，实际履行了《投资协议》，因此A公司应当按照约定期限向B公司全面履行出资义务。故刘某某、刘某、耿某某要求A公司继续履行向B公司1,908.55万元注资义务的诉讼请求理由正当，一审法院予以支持。A公司辩称陈某未在《投资协议》上签字，因此协议未生效，但根据刘某某、刘某、耿某某提供的B公司2016年3月24日《股东会决议》，可以认定陈某对于A公司向B公司注资并成为B公司股东事宜知情并同意，即使陈某未在《投资协议》上签字，亦不能因此免除A公司向B公司的出资义务，故A公司该辩称理由依据不足，一审法院不予采信。此外，A公司还主张实际向B公司付款957.45万元，但根据A公司提供的证据材料，其中260万元系向胡某、贺某某支付的股权转让款，与本案并非同一法律关系，故该辩称理由依据不足，一审法院亦不予采信。

关于刘某某、刘某、耿某某要求A公司支付违约金390.9万元的诉讼请求，一审法院认为，根据《投资协议》约定，A公司承诺按协议约定期限将应投入资金全部到位，如因投资不能按期、全额到位，原股东有权向违约方主张违约金，违约金金额为A公司投资总额的15%。对此一审法院认为，违约金的支付应以弥补损失为主，根据《投资协议》的约定，A公司以现金向B公司增资2,328.55万元，其中1,516.43万元计入B公司注册资本，剩余812.12万元计入B公司资本公积金；上述A公司向B公司的注资（即共计1,516.43万元出资）在各方签订正式《投资协议》并将该等未出资股权办理至A公司名下（以完成工商变更登记为准）之日起一个月汇入773万元（约占应出注资额的51%）至B公司账户，剩余款项在股权办理至A公司名下（以完成工商变更登记为准）之日起9个月内汇入B公司账户，由此可见，协议对于增加注册资本部分的款项（即1,516.43万元）约定了支付期限，但对于计入B公司资本公积金部分的款项（即812.12万元）并未明确约定支付期限，且《投资协议》载明的“原股东”包括刘某某、陈某、刘某、耿某某、王某某、贺某某、胡某7人，故刘某某、刘某、耿某某现要求A公司按照《投资协议》载明的出资总额2,606万元的15%向其3人支付违约金，亦未提供相应证据对其损失予以证明，故一审法院认为该违约金数额明显过高，A公司对此亦不予认可，一审法院根据本案具体情况对违约金数额予以酌定。

二审法院认为：第一，《中华人民共和国合同法》[①] 第三十二条规定：“当事人采用合同书形式订立合同的，自双方当事人签字或者盖章时合同成立。”第四十四条第一款规定：“依法成立的合同，自成立时生效。”本案中，《投资协议》中第十八条第七款约定，本协议经各方法定代表人或授权代表人签字并盖章后生效。虽然《投资协议》上陈某没有签字，但并不能因此当然推定《投资协议》没有生效，也不能得出《投资协议》对其他各方没有约束力。从《投资协议》签订后双方的履行情况，可以得出《投资协议》的签订是各方真实意思表示，也得到积极履行，《投资

① 《中华人民共和国合同法》中的相关规定可在2020年5月28日公布的《中华人民共和国民法典》中对应查看，提请读者注意。全书同。

协议》对签字的各方发生法律效力。第二，从 A 公司一审提交的证据可以得出，A 公司认可 2015 年 8 月 18 日 B 公司股东会决议的真实性，而《投资协议》鉴于部分表述：截至本协议签订日，B 公司的股权结构如下：刘某某实际出资金额 695.64 万元，陈某实际出资金额 286.44 万元。此股权结构中，刘某某的实际出资金额是经过 2015 年 8 月 18 日增资后的股权份额，而陈某因没有按时缴纳增资款，实际出资金额没有发生变化，即，《投资协议》签字各方对陈某并不实际拥有增资后的股权是认可的。从此可以得出，在《投资协议》第一条第一款中表述 A 公司受让陈某在 B 公司增资时未出资的股权，并不是从陈某受让股权，实际是 A 公司通过将债权转变为股权及实际缴纳资金的方式，直接向 B 公司缴纳增资款后得到的股权，不需要征得陈某的同意，这个事实从 B 公司 2016 年 4 月 9 日股东会决议、B 公司 2016 年 4 月 9 日章程及 2016 年 4 月 28 日 B 公司与 A 公司签订的《债务转股权协议》中都可以得到印证。因此，A 公司主张因陈某没有签字，《投资协议》未生效、无须履行的上诉主张，没有事实和法律依据，法院不予支持。

《中华人民共和国合同法》第六十条第一款规定："当事人应当按照约定全面履行自己的义务。"《中华人民共和国公司法》第二十八条中规定，股东应当按期足额缴纳公司章程中规定的各自所认缴的出资额。《最高人民法院关于适用〈中华人民共和国公司法〉若干问题的规定（三）》第十三条第一款规定，股东未履行或者未全面履行出资义务，公司或者其他股东请求其向公司依法全面履行出资义务的，人民法院应予支持。本案中，A 公司因受让股权以及增资成为 B 公司股东，实际缴纳了部分出资款，各方亦已办理了相应的工商变更登记，《投资协议》已经得到了实际履行，A 公司应当按照约定期限向 B 公司全面履行出资义务。A 公司没有按期缴纳出资款，违反了《投资协议》约定，应承担相应的违约责任。

关于违约金的数额，《投资协议》第九条约定，A 公司承诺按《投资协议》约定期限将应投入资金全部到位，如因投资不能按期、全额到位，原股东有权向A公司主张违约金，违约金金额为A公司投资总额的15%。根据《投资协议》的约定，A公司以现金向B公司增资2,328.55万元，其中1,516.43万元有明确的给付期限，故法院以15,164,300元×15%÷7=324,949元来计算违约金。一审判决认定违约金有误，法院予以纠正。

风险防范

1.《公司法》第四十九条第三款规定："股东未按期足额缴纳出资的，除应当向公司足额缴纳外，还应当对给公司造成的损失承担赔偿责任。"第五十条规定："有限责任公司设立时，股东未按照公司章程规定实际缴纳出资，或者实际出资的非货币财产的实际价额显著低于所认缴的出资额的，设立时的其他股东与该股东在出资不足的范围内承担连带责任。"同时，《公司法司法解释三》第十三条第一款规定："股东未履行或者未全面履行出资义务，公司或者其他股东请求其向公司依法全面履行出资义务的，人民法院应予支持。"对股份有限公司而言，《公司法》第九十八条规定："发起人应当在公司成立前按照其认购的股份全额缴纳股款。发起人的出资，适用本法第四十八条、第四十九条第二款关于有限责任公司股东出资的规定。"第九十九条规定："发起人不按照其认购的股份缴纳股款，或者作为出资的非货币财产的实际价额显著低于所认购的股份的，其他发起人与该发起人在出资不足的范围内承担连带责任。"根据以上法律规定，违反出资义务的股东或发起人除应当向公司足额缴纳外，还应当对给公司造成的损失承担赔偿责任，公司设立时的其他股东或发起人与该股东、发起人在出资不足的范围内承担连带责任。

2.2023年12月29日修订通过的《公司法》删除了此前的"向已足额缴纳出资的股东承担违约责任"的规定，但并不意味着违约责任不再适用。现实中，股东在订立投资协议时仍可在条款中设置出资不足股东的违约责任条款。根据《中华人民共和国民法典》（以下简称《民法典》）的规定，承担违约责任的方式有继续履行、采取补救措施、赔偿损失等。[①] 违约金的数额和因违约产生的损失赔偿额的计算方法，需要有股东之间的明确约定。因此，股东有必要在制定公司章程、签订投资协议时，对出资方式、违反缴纳出资义务的构成条件、违约金的数额或者计算方法等详细约定，以便在部分股东发生违约情形时，明确其具体责任，避免不必要的纠纷。关于违约金，《民法典》第五百八十五条第二款规定："约定的违约金低于造成的损失的，人民法院或者仲裁机构可以根据当事人的请求予以增加；约定的违约金过分高于造成的损失的，人民法院或者仲裁机构可以根据当事人的请求予以适当减少。"由此可见，对于当事人约定的违约金，法官拥有根据公平原则和诚实信用原则酌情调整的自由裁量权。结合上述案例，我们注意到，一审法院以当事人未提供相应证据对其损失以及违约金数额明显过高为由进行了降低调整，而二审法院认为"一审判决认定违约金有误，法院予以纠正"，对违约金全部支持。原因在于，《投资协议》作为商事合同，一方面其符合一般民事合同的基本特征，另一方面其具有设立团体性法人之商事合同的特殊性。[②] 在调整违约金额时，如果属于商事主体从事的商事交易，则在认定违约金过高、过低时，应更为谨慎。[③] 公司合同中仅仅规定出资是不够的，股东出资违约责任构造之特殊性主要体现在两个方面：强制继续履行成为主要的违约责任形式；出资违约责任不以补偿性为要件，与商法中责任的惩罚性相关，出资违约责任的安

---

① 《民法典》第五百七十七条规定："当事人一方不履行合同义务或者履行合同义务不符合约定的，应当承担继续履行、采取补救措施或者赔偿损失等违约责任。"第五百八十五条第一款规定："当事人可以约定一方违约时应当根据违约情况向对方支付一定数额的违约金，也可以约定因违约产生的损失赔偿额的计算方法。"第五百八十六条第一款规定："当事人可以约定一方向对方给付定金作为债权的担保。定金合同自实际交付定金时成立。"第五百八十七条规定："债务人履行债务的，定金应当抵作价款或者收回。给付定金的一方不履行债务或者履行债务不符合约定，致使不能实现合同目的的，无权请求返还定金；收受定金的一方不履行债务或者履行债务不符合约定，致使不能实现合同目的的，应当双倍返还定金。"

② 参见朱慈蕴：《股东违反出资义务应向谁承担违约责任》，载《北方法学》2014年第1期。

③ 最高人民法院主编：《中华人民共和国民法典合同编理解与适用（二）》，人民法院出版社2020年版，第781页。

排应当有一定的惩罚性。而且，不建议对此种违约金进行“降低式调整”。[①]

因此，综合来说，股东应牢牢树立诚信履约的思想，避免自己因出资不足给公司和其他股东造成不利影响，同时还要对给公司造成的损失承担赔偿责任。

法条链接

《中华人民共和国公司法》

第四十九条　股东应当按期足额缴纳公司章程规定的各自所认缴的出资额。

股东以货币出资的，应当将货币出资足额存入有限责任公司在银行开设的账户；以非货币财产出资的，应当依法办理其财产权的转移手续。

股东未按期足额缴纳出资的，除应当向公司足额缴纳外，还应当对给公司造成的损失承担赔偿责任。

第五十条　有限责任公司设立时，股东未按照公司章程规定实际缴纳出资，或者实际出资的非货币财产的实际价额显著低于所认缴的出资额的，设立时的其他股东与该股东在出资不足的范围内承担连带责任。

第九十八条　发起人应当在公司成立前按照其认购的股份全额缴纳股款。

发起人的出资，适用本法第四十八条、第四十九条第二款关于有限责任公司股东出资的规定。

第九十九条　发起人不按照其认购的股份缴纳股款，或者作为出资的非货币财产的实际价额显著低于所认购的股份的，其他发起人与该发起人在出资不足的范围内承担连带责任。

---

① 参见蒋大兴：《“合同法”的局限：资本认缴制下的责任约束——股东私人出资承诺之公开履行》，载《现代法学》2015年第5期。

第二节　瑕疵出资的风险承担

一、股东抽逃出资的法律责任

控制权解读

公司法明确禁止股东抽逃出资。股东抽逃出资，包括制作虚假财务会计报表虚增利润进行分配、通过虚构债权债务关系将其出资转出、利用关联交易将出资转出和其他未经法定程序将出资抽回的行为，股东应在抽逃出资本息范围内对公司债务不能清偿的部分承担补充赔偿责任。股东抽逃出资不仅会涉及民事责任，还可能面临行政和刑事法律风险。为避免抽逃出资带来的严重后果，股东在设立公司认缴资本时应量力而行并根据公司类型和经营的实际需要确定资本数额，认缴届期也不能以抽逃出资的方式规避出资的强制性规定。

案件来源：上海市第一中级人民法院（2019）沪 01 民终 14785 号陆某某等与 A 公司股东损害公司债权人利益责任纠纷案

基本案情

A 公司向一审法院起诉请求：1. 判令陆某某、陆某、倪某某、徐某某在出资不实本息范围内及抽逃出资本息范围内对 A 公司（2017）浙 0783 民初 5448 号民事判决书未执行到位的债权承担补充赔偿责任；2. 判令倪某某在陆某某和陆某出资不实本息范围内及抽逃出资本息范围内对 A 公司（2017）浙 0783 民初 5448 号民事判决书未执行到位的债权承担连带赔偿责任；3. 判令徐某某在陆某某出资不实本息范围内及抽逃出资本息范围内对A公司（2017）浙0783民初5448号民事判决书未执行到位的债权承担连带赔偿责任。

一审法院认定事实：

一、B公司的基本情况

2016年4月20日，B公司成立，公司性质系有限责任公司，发起人为陆某某、陆某，成立时注册资本为6,000,000元，其中：陆某某投资5,220,000元，占股比例87%；陆某投资780,000元，占股比例13%。公司章程载明两人出资方式为货币，出资时间均为2025年6月30日前。陆某某任执行董事，陆某任监事。

2017年6月20日，上海某会计师事务所受B公司委托审验注册资本实收情况，并出具验资报告，称“经审验，截至2017年6月19日，贵公司已收到陆某某、陆某缴纳的注册资本（实收资本）6,000,000元，均以货币出资”。

2017年6月26日，陆某某、陆某、徐某某、倪某某签订《股权转让协议》，约定：陆某某将80%的股权作价1元转让给徐某某、7%的股权作价1元转让给倪某某，陆某将13%的股权作价1元转让给倪某某。2017年6月29日，B公司办理了股权变更登记。公司登记机关备案的徐某某、倪某某签订的公司章程规定出资方式为货币，出资时间为2017年6月19日。

二、B公司欠A公司款项情况

2017年4月13日，浙江省东阳市人民法院受理了A公司与B公司保险人代位求偿权纠纷一案，案号为（2017）浙0783民初5448号。同年12月11日，该院作出民事判决如下：B公司于判决生效后10日内支付A公司代偿款822,229.21元并支付自2016年11月24日起按中国人民银行同期同类贷款基准利率计算至实际履行之日止的利息损失。

后，B公司不服该判决，上诉至浙江省金华市中级人民法院，二审案号为（2018）浙07民终1240号。但因B公司未交纳二审案件受理费，该院作出民事裁定，按B公司撤回上诉处理，一审判决书自该裁定书送达之日起发生法律效力。

2018年5月16日，A公司向浙江省东阳市人民法院申请执行，执行案号为（2018）浙0783执3732号。该院经查未发现可供执行的财产，未能实现债权822,229.21元及利息损失，遂于2018年8月18日裁定终结本次执行程序。

三、B公司与C公司、D公司签订合同情况

2017年1月10日，B公司与C公司、D公司签订《项目研发利用合作协议》，约定鉴于由D公司主导，C公司参与投资的“一种饮用水微污染高效吸附与过滤装置”实用新型专利项目研发及生产利用正顺利推进，三方本着合作共赢、共同发展的原则，自愿达成约定如下：1. 项目前期由D公司主导研发，其利用价值巨大，市场前景广阔；2. C公司与D公司之间的债权债务及其他相关项目合作自行清算和另行协商，与B公司无关，三方仅就项目后续研发利用及利润分配共同协商并达成一致意见；3. 为确保项目后续研发利用，自本协议签订之日10日内，由C公司投资10,000,000元，B公司投资6,000,000元……7. B公司选派代表徐某某参与项目的研发与利用，D公司的研发、生产进度应及时向徐某某报告……12. D公司因技术或人员原因，导致项目无法继续研发利用的，D公司应退还其余两方投资款，并给予年利率10%的补偿。

四、与注册资本有关的资金往来情况

C公司向案外人卜某转账情况如下：2017年5月15日，2,193,000元；2017年6月2日，4,000,000元；2017年6月13日，988,000元；2017年6月19日，391,000元。上述合计7,572,000元。

卜某向陆某某转账情况如下：2017年6月16日，230,000元；2017年6月19日，分3次转账共计4,990,000元。上述合计5,220,000元。

2017年6月19日，卜某向陆某转账780,000元。

陆某某向B公司转账情况如下：2017年6月16日，230,000元；

2017年6月19日，分5次转账共计4,990,000元。上述合计5,220,000元，汇款附言为“投资款”。

2017年6月19日，陆某向B公司转账780,000元，汇款附言为“投资款”。

2017年6月19日，B公司向C公司转账6,000,000元。

一审审理中，在A公司询问陆某某、陆某与卜某之间关系及资金来源是借款还是其他关系时，陆某某、陆某称系朋友关系，资金来源与本案无关。

审理要览

一审法院认为，本案存在以下三个争议焦点：一是陆某某、陆某是否构成抽逃出资行为？二是陆某某、陆某、徐某某、倪某某应否承担补充赔偿责任？三是徐某某、倪某某应否对陆某某、陆某的债务承担连带责任？现分述如下：

一、陆某某、陆某的抽逃出资问题

第一，陆某某、陆某辩称其出资期限未到，无履行出资的义务。对此，一审法院认为，虽然B公司章程规定陆某某、陆某的认缴出资最后期限为2025年6月30日，但该两人于2017年6月19日将6,000,000元以投资款的名义汇入B公司，而B公司于2017年6月20日做了验资手续，这些都说明陆某某、陆某自愿放弃其履行出资义务的期限利益，将出资期限提前，故其行为系出资行为。

第二，关于本案注册资金来源与流向问题。一审法院认为，卜某转给陆某某、陆某的款项合计6,000,000元，与注册资本相同，而在卜某打款进陆某某、陆某账户的当天，所有款项即以“投资款”的名义汇入B公司，而B公司收齐6,000,000元的当天，即将6,000,000元转入C公司，从C公司、卜某、陆某某及陆某的银行流水来看，该6,000,000元原本就来源于C公司，且一审庭审中A公司询问陆某某、陆某与卜某之间的资金往来关系时，该两人并未作出解释，故本案注册资金划入与流出构成闭环，符合股东抽逃出资的外观要件。

第三，关于B公司与C公司、D公司之间是否存在真实的债权债务关系问题。一审法院认为，首先，本案注册资本的划入及流出行为发生于B公司与A公司的诉讼期间，且交易时间非常紧密，陆某某、陆某未举证证明在B公司面临诉讼案件时有研发合作项目的紧迫性和必要性；其次，从《项目研发利用合作协议》内容来看，D公司系项目主导方，其承担研发与生产，投资款按商业常理应转入D公司或用于项目研发，然而C公司并未举证证明6,000,000元已转入D公司或实际用于项目研发；最后，从《项目研发利用合作协议》内容来看，项目涉及6,000,000元，金额较大，项目运作两年半多的时间，按商业常理应由相应研发推进的资料或有分红，然陆某某、陆某、倪某某、徐某某及C公司、D公司并未提供该项目运作进程的相应资料。综上，本案《项目研发利用合作协议》的履行情况存在明显异常，陆某某、陆某并未对异常情况作出合理解释，故认定该《项目研发利用合作协议》系虚构的债权债务关系。

第四，从股权转让情况来看，陆某某、陆某于2017年6月19日出资6,000,000元，然而却在短短7天之后就与徐某某、倪某某签订《股权转让协议》，并马上办理了股权变更登记手续，且6,000,000元的股权仅作价3元，若陆某某、陆某出资属实，则目标公司价值与股权转让价格差距之大，亦不符合正常商业规则，陆某某、陆某、倪某某、徐某某称其内部有约定受让人分年、分比例返还给转让人，然其未提供证据予以证明，本案在股权转让环节亦存在明显异常之处，在一定程度上印证了陆某某、陆某抽逃出资之事实。

综上，根据《最高人民法院关于适用〈中华人民共和国公司法〉若干问题的规定（三）》第二十条的规定，当事人之间对是否已履行出资义务发生争议，原告提供对股东履行出资义务产生合理怀疑证据的，被告股东应当就其已履行出资义务承担举证责任。A公司提供证据证明了本案资金流向符合股东抽逃出资的外观要件，陆某某、陆某未能证明 B 公司与 C 公司、D 公司之间存在真实的债权债务关系，陆某某、陆某的行为属于《最高人民法院关于适用〈中华人民共和国公司法〉若干问题的规定（三）》第十二条第二项规定的通过虚构债权债务关系将其出资转出的情形，依法应当认定为股东抽逃出资。

二、陆某某、陆某、倪某某、徐某某的补充赔偿责任问题

（一）陆某某、陆某的补充赔偿责任问题

陆某某、陆某抽逃出资，滥用公司独立地位及股东权利侵害了债权人的利益，实质上亦属未履行出资行为，现 A 公司主张要求其在出资不实及抽逃出资本息范围内承担补充赔偿责任，符合《最高人民法院关于适用〈中华人民共和国公司法〉若干问题的规定（三）》第十三条第二款及第十四条第二款的规定，予以支持，陆某某应在本金 5,220,000 元及以 5,220,000 元为基数自 2017 年 6 月 19 日起至实际支付之日止按中国人民银行同期贷款基准利率计算的利息范围内承担补充赔偿责任，陆某应在本金 780,000 元及以 780,000 元为基数自 2017 年 6 月 19 日起至实际支付之日止按中国人民银行同期贷款基准利率计算的利息范围内承担补充赔偿责任。

（二）徐某某、倪某某的补充赔偿责任问题

A 公司已主张前股东即陆某某、陆某在抽逃出资本息范围内承担补充赔偿责任，其再要求受让人即徐某某、倪某某承担补充赔偿责任，该主张已超过 6,000,000 元注册资本范围，与公司资本维持原则也有所不符，故对该项主张，不予支持。

三、徐某某、倪某某的连带责任问题

该争议焦点主要涉及徐某某、倪某某是否知道或应当知道陆某某、陆某未履行出资义务的认定。

第一，徐某某、倪某某作为股权受让方在签订公司章程时将出资时间确定为 2017 年 6 月 19 日，说明该两人知道陆某某、陆某缴纳注册资本的事实，除此之外，其还应在受让股权之前对公司财务状况进行审查，其应

当知道注册资本在当日即被转出的事实。

第二，6,000,000元的注册资本，若已实际出资到位，股权转让款仅作价3元亦不合理，陆某某、陆某、倪某某、徐某某称其内部有约定受让人分年、分比例返还给转让人，然其未提供证据证明其说法，这也说明徐某某、倪某某对抽逃出资之事实知情。

第三，徐某某作为《项目研发利用合作协议》上的B公司的代表，其知晓该协议签订情况，若项目属实，其应知项目运作进程及相应资料，然其亦未提供证据证明项目实际开展情况，由此可见徐某某亦已知《项目研发利用合作协议》系虚假的债权债务关系。

综上，徐某某、倪某某知道或应当知道陆某某、陆某未履行出资义务。根据《最高人民法院关于适用〈中华人民共和国公司法〉若干问题的规定（三）》第十八条第一款的规定，徐某某、倪某某对陆某某、陆某各自股权转让比例的本息范围内的补充赔偿责任承担连带责任。

二审法院经审理查明，一审法院查明的事实均属实，法院予以确认。

二审法院认为，股东应当按期足额缴纳公司章程中规定的各自所认缴的出资额。公司成立后，股东不得抽逃出资。公司债权人请求抽逃出资的股东在抽逃出资本息范围内对公司债务不能清偿的部分承担补充赔偿责任、协助抽逃出资的其他股东、董事、高级管理人员或者实际控制人对此承担连带责任的，人民法院应予支持。本案陆某某、陆某投资设立了B公司，但根据现有证据证明，陆某某、陆某存在股东抽逃出资的行为。A公司作为B公司的债权人，要求B公司股东陆某某、陆某在抽逃出资本息范围内对B公司不能清偿部分的债务承担补充赔偿责任，具有事实和法律依据。陆某某、陆某否认抽逃出资，但其主张与在案证据所印证的事实相悖，故法院不予采信。一审在对资金来源、流向、陆某某、陆某与倪某某、徐某某股权转让价款的合理性等证据材料全面审查分析的基础上，依法认定陆某某、陆某存在抽逃出资，于法有据。一审判决所述理由充分详尽，二审法院予以认同，在此不再赘述。陆某某、陆某的上诉理由，不能成立，予以驳回。

风险防范

一、关于股东抽逃出资的认定

股东出资后不能撤回出资，股东抽逃出资是严重侵蚀公司资本的行为，《公司法》明确禁止股东抽逃出资。股东抽逃出资，不仅违反了公司资本制度，而且破坏了股东承担有限责任的公平性基础，其目的也往往是利用公司法人人格独立制度逃避债务。[①]《公司法司法解释三》第十二条对认定股东抽逃出资列举了四种常见情形，分别为：制作虚假财务会计报表虚增利润进行分配、通过虚构债权债务关系将其出资转出、利用关联交易将出资转出和其他未经法定程序将出资抽回的行为。只要上述行为损害公司权益的，就可以被认定为抽逃出资。

二、抽逃出资股东对债权人的补充赔偿责任和受让人的连带责任

《公司法司法解释三》第十三条第二款规定："公司债权人请求未履行或者未全面履行出资义务的股东在未出资本息范围内对公司债务不能清偿的部分承担补充赔偿责任的，人民法院应予支持……"第十四条第二款规定："公司债权人请求抽逃出资的股东在抽逃出资本息范围内对公司债务不能清偿的部分承担补充赔偿责任、协助抽逃出资的其他股东、董事、高级管理人员或者实际控制人对此承担连带责任的，人民法院应予支持……"以及第十八条第一款规定："有限责任公司的股东未履行或者未全面履行出资义务即转让股权，受让人对此知道或者应当知道，公司请求该股东履行出资义务、受让人对此承担连带责任的，人民法院应予支持；公司债权人依照本规定第十三条第二款向该股东提起诉讼，同时请求前述受让人对此承担连带责任的，人民法院应予支持。"股东抽逃出资会给公

① 最高人民法院民事审判第二庭编著：《最高人民法院关于公司法解释（三）、清算纪要理解与适用》，人民法院出版社 2016 年版，第 198 页。

司债权人造成公司资本充实的假象，使其无法作出正确的交易选择，股东应在抽逃出资本息范围内对公司债务不能清偿的部分承担补充赔偿责任。本案例中，股东之间通过虚构股权转让关系将出资转出，因此，股东应在未出资本息范围内对公司债务不能清偿的部分承担补充赔偿责任，股权受让人应对股东承担连带责任。

三、抽逃出资的相关法律规定

1.《公司法》的相关规定

第五十三条 公司成立后，股东不得抽逃出资。

违反前款规定的，股东应当返还抽逃的出资；给公司造成损失的，负有责任的董事、监事、高级管理人员应当与该股东承担连带赔偿责任。

第一百零五条 公司设立时应发行的股份未募足，或者发行股份的股款缴足后，发起人在三十日内未召开成立大会的，认股人可以按照所缴股款并加算银行同期存款利息，要求发起人返还。

发起人、认股人缴纳股款或者交付非货币财产出资后，除未按期募足股份、发起人未按期召开成立大会或者成立大会决议不设立公司的情形外，不得抽回其股本。

第二百五十三条 公司的发起人、股东在公司成立后，抽逃其出资的，由公司登记机关责令改正，处以所抽逃出资金额百分之五以上百分之十五以下的罚款；对直接负责的主管人员和其他直接责任人员处以三万元以上三十万元以下的罚款。

2.《中华人民共和国市场主体登记管理条例》的相关规定

第四十五条 实行注册资本实缴登记制的市场主体虚报注册资本取得市场主体登记的，由登记机关责令改正，处虚报注册资本金额5%以上15%以下的罚款；情节严重的，吊销营业执照。

实行注册资本实缴登记制的市场主体的发起人、股东虚假出资，未交付或者未按期交付作为出资的货币或者非货币财产的，或者在市场主体成立后抽逃出资的，由登记机关责令改正，处虚假出资金额5%以上15%以下的罚款。

3.《最高人民法院关于民事执行中变更、追加当事人若干问题的规定》的相关规定

第十八条　作为被执行人的营利法人，财产不足以清偿生效法律文书确定的债务，申请执行人申请变更、追加抽逃出资的股东、出资人为被执行人，在抽逃出资的范围内承担责任的，人民法院应予支持。

4.《中华人民共和国公司法》的相关规定

第二十条　公司从事经营活动，应当充分考虑公司职工、消费者等利益相关者的利益以及生态环境保护等社会公共利益，承担社会责任。

国家鼓励公司参与社会公益活动，公布社会责任报告。

5.《中华人民共和国刑法》的相关规定

第一百五十九条　【虚假出资、抽逃出资罪】公司发起人、股东违反公司法的规定未交付货币、实物或者未转移财产权，虚假出资，或者在公司成立后又抽逃其出资，数额巨大、后果严重或者有其他严重情节的，处五年以下有期徒刑或者拘役，并处或者单处虚假出资金额或者抽逃出资金额百分之二以上百分之十以下罚金。

单位犯前款罪的，对单位判处罚金，并对其直接负责的主管人员和其他直接责任人员，处五年以下有期徒刑或者拘役。

6. 最高人民检察院、公安部关于印发《最高人民检察院、公安部关于公安机关管辖的刑事案件立案追诉标准的规定（二）》的通知

第四条　［虚假出资、抽逃出资案（刑法第一百五十九条）］公司发起人、股东违反公司法的规定未交付货币、实物或者未转移财产权，虚假出资，或者在公司成立后又抽逃其出资，涉嫌下列情形之一的，应予立案追诉：

（一）超过法定出资期限，有限责任公司股东虚假出资数额在三十万元以上并占其应缴出资数额百分之六十以上的，股份有限公司发起人、股东虚假出资数额在三百万元以上并占其应缴出资数额百分之三十以上的；

（二）有限责任公司股东抽逃出资数额在三十万元以上并占其实缴出资数额百分之六十以上的，股份有限公司发起人、股东抽逃出资数额在三百万元以上并占其实缴出资数额百分之三十以上的；

（三）造成公司、股东、债权人的直接经济损失累计数额在十万元以上的；

（四）虽未达到上述数额标准，但具有下列情形之一的：

1. 致使公司资不抵债或者无法正常经营的；

2. 公司发起人、股东合谋虚假出资、抽逃出资的；

3. 两年内因虚假出资、抽逃出资受过行政处罚二次以上，又虚假出资、抽逃出资的；

4. 利用虚假出资、抽逃出资所得资金进行违法活动的。

（五）其他后果严重或者有其他严重情节的情形。

由上述法律规定可知，股东抽逃出资不仅涉及民事责任，还会面临行政和刑事法律风险。为避免抽逃出资带来的严重后果，股东在设立公司认缴资本时应量力而行，认缴届期也不能以抽逃出资的方式规避出资的强制性规定。同时，在公司实际运营过程中，还应建立和完善公司财务制度和资金使用审批制度，保障公司资本安全。

法条链接

《最高人民法院关于适用〈中华人民共和国公司法〉若干问题的规定（三）》

第十二条 公司成立后，公司、股东或者公司债权人以相关股东的行为符合下列情形之一且损害公司权益为由，请求认定该股东抽逃出资的，人民法院应予支持：

（一）制作虚假财务会计报表虚增利润进行分配；

（二）通过虚构债权债务关系将其出资转出；

（三）利用关联交易将出资转出；

（四）其他未经法定程序将出资抽回的行为。

二、未出资股东取得的分红通过解除股东资格能否要求其返还

控制权解读

公司股东未履行出资义务，依法请求分配利润的股东自益权将受到相应限制。但是，已实际出资的股东可以放弃对未出资股东请求分配利润权利的限制，只要全体股东对公司利润分配作出有效决定，则应当按照该决定予以执行。因未履行出资义务而解除股东资格，该解除股东资格的行为并无溯及力，股东资格的解除仅能向后发生效力。因此，股东即使未出资，其按照法律程序从公司取得的分红也无需返还。

案件来源：福建省厦门市中级人民法院（2018）闽02民终166号A公司、叶某某等公司盈余分配纠纷案

基本案情

A公司向一审法院起诉请求：判令叶某某、简某某共同返还分红1,212万元（五套店面的价值）及相应利息。

一审法院认定事实：1999年9月9日，陈某某与叶某某为合作开发“×××”项目而设立A公司，双方订立了《股东合作协议》，约定共同出资800万元，其中叶某某出资416万元，占出资比例52%，陈某某出资384万元，占出资比例的48%；公司注册资金分二期注资，分别为第一期300万元，第二期500万元；在工程开工手续办成后，叶某某在A公司的持股比例应改为48%，陈某某为52%；陈某某在合同签订后3天内，存入A公司300万元，公司注册验资后，该款项作为项目的履约保证金；叶某某在取得市房地产公司合作关系后，应在20天内取得市计委开发立项资

格批文，计委立项变更后，陈某某的300万元履约保证金归叶某某分期使用。《股东合作协议》签订后，第一期注册资金300万元由陈某某注入，验资后作为履约保证金，由叶某某使用，第二期500万元由叶某某借入，公司注册验资后偿还了叶某某。同年10月12日，A公司登记设立，登记股东为叶某某与陈某某。

2006年2月14日，叶某某与陈某某签订1份《股东决议〔思某99（001）补充协议之五〕》，约定：双方合作的“明月某园”项目叶某某所应得部分进行大概决算，住宅已全部完成销售，销售总收入资金双方可以核对，叶某某所得份额（暂定37.5%），作为支付叶某某在该合作项目的债务，债务支付清单由公司财务在本协议签订的3天内整理提供，经叶某某签收后双方进行核对；沿街店面及地上、地下室车位进行实物分配，叶某某可得店面为B幢101号、102号、109号、110号，C幢102号、104号，得到地下室车位暂按7个，以上按备案分成；叶某某资金所得份额扣除应承担项目债务后余款可以自行支配，或折得同额未售资产；陈某某认定“×××”项目总资产的分配比例，暂按叶某某所持有的“×××”项目总资产37.5%进行决算。同月18日，叶某某与陈某某作为A公司的股东签订1份《股东决议》，约定“×××”项目中，同意以成本价按售楼合同给公司股东叶某某、陈某某，立即办理股东合同及产权登记。A公司在该《股东决议》上签章。同年3月2日，A公司作为出卖人、叶某某作为买受人向厦门市国土资源与房产管理局备案了五份《商品房买卖合同》，买卖标的物即为讼争五套店面，合同价格共计601,650元。具体为：“×××”B幢1层01号72.58平方米、130,593元，02号38.57平方米、69,399元，09号68.7平方米、123,612元，10号68.7平方米、123,612元，C幢1层02号85.83平方米、154,434元。同年4月19日，叶某某与陈某某签订1份《诚信约定〔思某99（001）补充协议之六〕》，约定：叶某某所得“×××”项目实物财产，已大部分进行合同备案登记，具体为B幢101、102、109、110单元，C幢102单元，叶某某欲办理产权，需A公司开具售房发票，每单元金额以叶某某制定的合同价开取，陈某某同意由A公司陈某某的经营资金代陈某某预付销售营业税和预征企业所得税。同日，A公司向叶某某开具了与讼争五套店面对应的发票。讼争五套店面于同年均已登记至叶某某名下，叶某某取得讼争5套店面后，未另行向A公司支付相应款项，其陈述其于2006年提出以A公司的年底分红用于抵扣购房款。

2007年3月23日，厦门某税务师事务所有限公司对A公司2000-2006年度的企业所得税汇算清缴纳税申报进行鉴证审核，净利润为7,523,162.71元，其中2006年净利润为5,469,500.88元。同年，A公司与陈某某作为共同原告向厦门中院起诉叶某某，要求叶某某向A公司履行出资义务，缴纳416万元的出资款。厦门中院于2008年11月24日作出民事判决，判令叶某某在该判决生效之日起10日内向A公司履行缴纳416万元出资额的义务。在厦门中院审理该案过程中，“×××”项目已完成，项目预售收益业已分配。叶某某不服该判决，向福建省高级人民法院（以下简称福建高院）提起上诉。福建高院经审理，于2009年4月20日作出民事判决，驳回叶某某的上诉，维持原判。

2008年9月23日，厦门市地方税务局稽查局（以下简称厦门地税稽查局）作出《税务行政处罚决定书》，认定叶某某于2006年依据《股东决议》和《诚信约定》，以实物分得“×××”五套店面，具体为“明月园”B幢1层01号、02号、09号、10号，C幢1层02号，产权已过户，属于分红行为，应按股息红利扣缴个人所得税，A公司少代扣代缴个人所得税800,900.29元。厦门地税稽查局基于上述事实，对A公司处以罚款400,500元。叶某某因不服上述处罚决定，向厦门市思明区人民法院提起行政诉讼。厦门市思明区人民法院于2010年3月18日作出行政判决，查明：叶某某与陈某某于2006年2月14日签订1份《股东决议》，约定“明月园”项目中，叶某某可分得包括讼争五套店面在内的部分店面及车位；同年4月19日，叶某某与陈某某签订1份《诚信约定》，约定叶某某分得“明月园”实物财产，因办产权证事宜，需要公司开具售房发票，发票金额以叶某某制定的合同价格开取；厦门地税稽查局在对A公司进行检查过程中，发现叶某某依据《股东决议》和《诚信约定》以实物分得讼争五套店面，面积合计334.38平方米，开票金额为601,650元，产权已过户，销售价格明显偏低；2008年9月23日，厦门地税稽查局作出上述《税务行政处罚决定书》。厦门市思明区人民法院经审理后判决维持厦门地税稽查局作出的税务行政处罚决定。

2014年5月26日，A公司召开股东会，并形成一份《关于解除叶某某在A公司股东资格的股东会决议》（以下简称《股东会决议》），解除叶某某在A公司的股东资格。陈某某、A公司因与叶某某就上述《股东会决议》的效力发生争议，于2014年6月23日向一审法院提起公司决议纠纷诉讼。一审法院就该案进行审理后，于2015年6月18日作出民事判决，判决《股东会决议》合法有效，解除叶某某在A公司的股东资格。叶某某不服该判决，向厦门中院提起上诉，厦门中院经审理后于2015年12月4日作出民事判决，驳回叶某某的上诉，维持原判。上述判决发生法律效力后，陈某某向一审法院申请强制执行，一审法院作出《协助执行通知书》，要求厦门市工商行政管理局协助解除叶某某在A公司的股东资格。

审理要览

一审法院认为，A公司是其股东陈某某与叶某某达成设立公司契约的成果。A公司登记设立后，其全体股东经一致同意可以对公司章程修改、年度财务决算方案、利润分配方案等直接作出决定，这是股东行使股东权利、直接参与公司重大决策的具体体现。决定的内容如不存在违反法律、行政法规有关效力性、强制性规定等无效事由，则对全体股东具有当然的约束力。叶某某虽因未履行出资义务，经A公司以股东会决议于2014年5月26日解除其股东资格，但该解除股东资格的行为并无溯及力，不能以此否定叶某某自A公司成立至其股东资格被解除期间是A公司股东的事实，股东资格的解除仅能向后发生效力。叶某某于2006年从A公司取得的讼争五套店面，经厦门地税稽查局认定构成分红，即属于从A公司获得的利润，叶某某不服厦门地税稽查局作出的该事实认定及相应处罚决定，后经厦门市思明区人民法院作出行政判决，确认了叶某某的分红行为，叶某某在本案中提出的讼争五套店面是其向A公司购买而非分红的抗辩意见，与事实不符，不予采信。叶某某在作为A公司股东期间，其依法享有的股东权利应当得到保障。虽然，叶某某在作为A公司股东期间未履行出资义务，依法其请求分配利润的股东自益权将受到相应限制。但是，法律对未履行出资义务股东自益权的限制，是为了维护已依约履行出资义务的其他股东的权益和保障公司资本充足，通过该手段促使未履行出资义务的股东按照股东之间的契约及时向公司缴交资本。从《中华人民共和国公司法》第三十四条规定的"股东按照实缴的出资比例分取红利；公司新增资本时，股东有权优先按照实缴的出资比例认缴出资。但是，全体股东约定不按照出资比例分取红利或者不按照出资比例优先认缴出资的除外"的内容来看，已实际出资的股东可以放弃对未出资股东请求分配利润权利的限制，只要全体股东对公司利润分配作出有效决定，则应当按照该决定予以执行。本案中，叶某某是依照其与陈某某于2006年订立《股东决议〔思豪99（001）补充协议之五〕》、《股东决议》及《诚信约定〔思豪99（001）补充协议之六〕》而取得讼争5套店面，取得依据是A公司的意思机关即全体股东对利润不按出资比例或不按是否实际出资到位予以分配而形成的新的约定，并无证据表明该约定存在效力瑕疵，对陈某某、叶某某及A公司均具有拘束力。A公司以叶某某的股东资格已经民事判决确认解除、叶某某无权以股东身份分得讼争五套店面为由，要求叶某某返还讼争5套店面，于法无据，不予支持。A公司主张简某某作为叶某某的配偶，应承担共同返还责任，亦不予支持。判决：驳回A公司的诉讼请求。

一审判决后A公司上诉，二审法院经审理后驳回上诉，维持原判。

风险防范

出资义务是发起人、认股人以及股东依法应向公司履行的法定给付义务。如果股东未履行或者未全面履行出资义务，根据权利义务相一致原则，股东相应的股东权利应受到限制。《公司法》第四条规定："有限责任公司的股东以其认缴的出资额为限对公司承担责任；股份有限公司的股东以其认购的股份为限对公司承担责任。公司股东对公司依法享有资产收益、参与重大决策和选择管理者等权利。"《公司法司法解释三》第十六条规定："股东未履行或者未全面履行出资义务或者抽逃出资，公司根据公司章程或者股东会决议对其利润分配请求权、新股优先认购权、剩余财产分配请求权等股东权利作出相应的合理限制，该股东请求认定该限制无效的，人民法院不予支持。"可见，《公司法司法解释三》中明确列举的利润分配请求权、新股优先认购权、剩余财产分配请求权都属于股东的资产收益权利，而且对该三项股东权利作出限制应是合理限制，并需要履行法定程序，包括修改公司章程或者通过股东会决议。但何谓"合理"限制，司法解释未作进一步明确，也为实际操作保留了空间。笔者认为，"合理性"至少需要充分考量股东未尽出资义务的原因和主观意愿，所作的限制也应区分不同的情形分别作出不同程度的限制，而且所限制内容应详细具体，具有可操作性。

同时，《公司法》第二百一十条第四款规定："公司弥补亏损和提取公积金后所余税后利润，有限责任公司按照股东实缴的出资比例分配利润，全体股东约定不按照出资比例分配利润的除外；股份有限公司按照股东所持有的股份比例分配利润，公司章程另有规定的除外。"可见，在利润分配中公司法给予公司足够的自治权。结合上述案例，叶某某从A公司取得的5套店面，经厦门地税稽查局认定构成分红，后经法院确认为分红行为。叶某某虽然没有履行出资义务，在其股东权利被限制之前，其股东权利不应被剥夺，其依照股东会决议取得五套店面分红合法有效。

案例中 A 公司以在分红后解除了叶某某的股东资格为由要求叶某某返还分红难以得到法院的支持。因为解除股东资格的股东会决议不能溯及既往，只能在时间上向后发生效力。另外，仅就已分配利润返还的角度而言，从案例中认定的事实来看，在利润分配之前，尚不知晓 A 公司是否已经依法弥补亏损和提取了公司法定公积金。实践中，公司分配利润应严格按照《公司法》的规定，如果公司未弥补亏损和提取公司法定公积金就分配利润，根据《公司法》第二百一十一条的规定，公司在弥补亏损和提取法定公积金之前向股东分配利润，股东必须将违反规定分配的利润退还公司。而且，如果给公司造成损失的，股东及负有责任的董事、监事、高级管理人员应当承担赔偿责任。

法条链接

《中华人民共和国公司法》

第二百一十条　公司分配当年税后利润时，应当提取利润的百分之十列入公司法定公积金。公司法定公积金累计额为公司注册资本的百分之五十以上的，可以不再提取。

公司的法定公积金不足以弥补以前年度亏损的，在依照前款规定提取法定公积金之前，应当先用当年利润弥补亏损。

公司从税后利润中提取法定公积金后，经股东会决议，还可以从税后利润中提取任意公积金。

公司弥补亏损和提取公积金后所余税后利润，有限责任公司按照股东实缴的出资比例分配利润，全体股东约定不按照出资比例分配利润的除外；股份有限公司按照股东所持有的股份比例分配利润，公司章程另有规定的除外。

公司持有的本公司股份不得分配利润。

第二百一十一条　公司违反本法规定向股东分配利润的，股东应当将违反规定分配的利润退还公司；给公司造成损失的，股东及负有责任的董事、监事、高级管理人员应当承担赔偿责任。

三、股东除名的法律风险

控制权解读

股东未履行出资义务或者抽逃全部出资是严重的违约行为，股东除名是针对该类股东的惩罚性措施，是非常规的股东纷争的解决方案，对股东和公司控制权都影响重大。公司在以股东会决议解除未履行出资义务或者抽逃全部出资股东的股东资格时，应从履行催告的前置程序、以股东会决议的方式解除股东资格、及时办理法定减资程序或者由其他股东或者第三人缴纳相应的出资等方面规避法律风险。

案件来源：上海市第二中级人民法院（2014）沪二中民四（商）终字第1261号宋某某与A公司公司决议效力确认纠纷案

基本案情

A公司设立于2009年3月11日，设立时注册资本人民币100万元，股东为宋某某、高某，宋某某担任执行董事，高某担任监事。

2012年8月28日，A公司召开股东会会议，作出决议：1. 增加公司注册资本，由100万元增至1亿元；2. 吸收新股东B公司；3. 增资后的股东出资情况、股权比例为：宋某某60万元（0.6%）、高某40万元（0.4%）、B公司9,900万元（99%），等等。同日，A公司通过新的公司章程，公司章程中关于公司注册资本、股东出资额及持股比例的内容与上述股东会决议一致。

2012年9月14日，两家案外公司汇入B公司的银行账户共计9,900万元。同日，B公司将该9,900万元汇入A公司的银行账户内。同日，某会计师事务所出具验资报告，载明："经审验，截至2012年9月14日，A公司已收到B公司缴纳的新增注册资本（实收资本）9,900万元，出资方式为货币出资。"2012年9月17日，B公司即将增资验资款9,900万元从A公司账户中转出，通过一系列账户流转，还给了两家案外公司。

2013年12月27日，A公司向B公司邮寄了催告返还抽逃出资函，称B公司已抽逃其全部出资9,900万元，望其尽快返还全部抽逃出资，否则，A公司将依法召开股东会解除B公司股东资格。但B公司未返还抽逃的出资。

2014年3月6日，A公司向B公司邮寄了临时股东会会议通知，通知其于同年3月25日召开股东会，审议关于解除B公司股东资格的事项。3月25日，A公司召开2014年度临时股东会，全体股东均出席股东会。股东会会议记录载明："……5. 到会股东就解除B公司作为A公司股东资格事项进行表决。6. 表决情况：同意2票，占总股数1%，占出席会议有效表决权100%；反对1票，占总股数99%，占出席会议有效表决权的0%。表决结果：提案通过。"各股东在会议记录尾部签字，但B公司代理人在签字时注明不认可上述表决结果。同日，A公司出具股东会决议，载明："因股东B公司抽逃全部出资，且经催告后仍未及时归还，故经其他所有股东协商一致，决议解除其作为A公司股东的资格。A公司于本决议作出后30日内向公司登记机关申请办理股东变更登记及减资手续。"宋某某、高某在该股东会决议上签字，B公司代理人拒绝签字。

由于B公司对上述股东会决议不认可，宋某某作为A公司股东诉至法院，请求法院确认A公司2014年3月25日股东会的决议有效。

被告A公司同意B公司的诉请。

第三人B公司述称，B公司未抽逃出资，即使有抽逃出资行为，其仍具有股东资格和股东权利，对股东会会议拥有99%的表决权。其已表决否决了2014年3月25日的股东会决议，该股东会决议无效。

审理要览

一审法院经审理认为，根据《中华人民共和国公司法》第四十二条的规定，股东会会议由股东按照出资比例行使表决权，在无公司章程特别约定的情况下，该出资比例应为认缴的出资比例。本案即使B公司存在抽逃出资行为，亦不影响其根据认缴出资比例对股东会议行使表决权。故对于A公司于2014年3月25日作出的股东会决议，拥有99%股权的B公司对其中解除B公司股东资格的事项已予以否决，该审议事项应属未被通过。

一审法院判决：驳回宋某某的诉讼请求。

宋某某和A公司不服一审判决，提起上诉，认为B公司抽逃出资属实，对于B公司抽逃出资而应被解除股东资格的股东会决议，B公司应当回避，不具有表决权。故2014年3月25日作出的股东会决议应属有效。上诉请求改判支持原告的原审诉请。

二审法院经审理认为，本案的证据能够证明B公司抽逃了其认缴的9,900万元的全部出资款，且经A公司催告后在合理期限内仍不返还。根据《最高人民法院关于适用〈中华人民共和国公司法〉若干问题的规定（三）》第十七条有关股东除名的规定，股东会对拒不出资股东予以除名的，该股东对该表决事项不具有表决权。本案对于B公司抽逃全部出资的行为，A公司已给予了合理期限的催告，并在召开股东会时通知B公司的代表参加，给予其申辩的权利。最后表决时B公司对其是否被解除股东资格不具有表决权。A公司另两名股东以100%表决权同意并通过了解除B公司股东资格的决议，该决议有效。B公司股东资格被解除后，A公司应当及时办理法定减资手续或者由其他股东或第三人缴纳相应的出资。

二审法院遂判决：一、撤销原判；二、确认A公司于2014年3月25日作出的股东会决议有效。

风险防范

股东除名是指股东在不履行股东义务，出现法律规定的情形下，公司依照法律规定的程序，将该股东从股东名册中删除，强制其退出公司，终止其与公司和其他股东的关系，绝对丧失其在公司的股东资格的法律制度。[①]《公司法司法解释三》第十七条对股东除名作了如下规定："有限责任公司的股东未履行出资义务或者抽逃全部出资，经公司催告缴纳或者返还，其在合理期间内仍未缴纳或者返还出资，公司以股东会决议解除该股东的股东资格，该股东请求确认该解除行为无效的，人民法院不予支持。在前款规定的情形下，人民法院在判决时应当释明，公司应当及时办理法定减资程序或者由其他股东或者第三人缴纳相应的出资。在办理法定减资程序或者其他股东或者第三人缴纳相应的出资之前，公司债权人依照本规定第十三条或者第十四条请求相关当事人承担相应责任的，人民法院应予支持。"所以，严格来说，《公司法司法解释三》也未正面建立股东除名制度，而仅仅为股东除名的公司决议的正当性提供了司法裁判准则。[②]

《公司法》于2023年12月29日修订通过后增加了股东失权条款，根据《公司法》第五十一条第一款、第五十二条第一款中的规定，有限责任公司成立后，董事会应当对股东的出资情况进行核查，发现股东未按期足额缴纳公司章程规定的出资的，应当由公司向该股东发出书面催缴书，催缴出资。催缴书载明的宽限期届满，股东仍未履行出资义务的，公司经董事会决议可以向该股东发出失权通知，通知应当以书面形式发出。自通知发出之日起，该股东丧失其未缴纳出资的股权。

实践中，无论是股东除名还是股东失权都是非常规的股东纷争的解决方案，对股东和公司控制权都影响重大，有必要对以下风险予以特别

① 参见蒋华胜：《有限责任公司股权转让法律制度研究——基于我国〈公司法〉第71条规范之解释》，载《政治与法律》2017年第10期。

② 参见李建伟：《有限责任公司的股东除名制度研究》，载《法学评论》（双月刊）2015年第2期。

关注。

一、根据《公司法司法解释三》第十七条的规定，股东除名适用于两种严重违反出资义务的情形，即股东未履行出资义务和抽逃全部出资。从条款字面理解，如果股东部分未履行出资义务或者抽逃部分出资，则不能适用本条的规定。在此情形下，可以适用《公司法》第五十一条第一款的规定“有限责任公司成立后，董事会应当对股东的出资情况进行核查，发现股东未按期足额缴纳公司章程规定的出资的，应当由公司向该股东发出书面催缴书，催缴出资”和第五十二条第一款的规定“股东未按照公司章程规定的出资日期缴纳出资，公司依照前条第一款规定发出书面催缴书催缴出资的，可以载明缴纳出资的宽限期；宽限期自公司发出催缴书之日起，不得少于六十日。宽限期届满，股东仍未履行出资义务的，公司经董事会决议可以向该股东发出失权通知，通知应当以书面形式发出。自通知发出之日起，该股东丧失其未缴纳出资的股权”。《公司法》股东失权条款不仅适用于未按期缴纳全部出资，也适用于未按期缴纳部分出资。上述案例中，B公司将增资验资款9,900万元从A公司账户中转出，最终归还给了两家案外公司。假设B公司没有抽逃全部增资款，即使所剩无几，也不能适用《公司法司法解释三》第十七条的规定。但只要经公司董事会核查确认B公司未按期足额缴纳出资的，公司就有权按照《公司法》的规定向B公司发出书面催缴书。催缴书载明的宽限期届满，B公司仍未履行出资义务的，公司经董事会决议就可以向B公司发出失权通知，

二、前置程序。《公司法司法解释三》第十七条第一款中仅简单规定“经公司催告缴纳或者返还”，没有明确催告的具体内容，但公司仍有必要将股东不履行义务、损害公司利益等即将适用除名的具体情形告知股东，并需忍耐股东在合理的宽限期限内努力消除该情形；同时，在该通知中公司还应告知该股东不按期消除该情形的后果及其享有向公司解释、申

辩的权利。[①] 上述案例中的 A 公司向 B 公司发送了催告函，告知 B 公司其已抽逃并望其尽快返还全部出资 9,900 万元，同时明确告知 B 公司如不返还的后果是 A 公司将依法召开股东会解除 B 公司股东资格。这样的催告是合理的也是有必要的，不仅保障被解除资格股东的合法权益，也能规避因程序问题导致股东会决议存在瑕疵的法律风险。相较而言，《公司法》股东失权前置程序的规定更具可操作性，除了明确发出书面催缴书的主体是公司之外，还要求缴纳出资的宽限期不得少于 60 日。

三、作出决议的组织机构不同。由条文上下文逻辑可见，解除股东资格的决议只能由股东会作出，董事会和监事会无权作出该等决议。而股权失权只能是公司经董事会决议后向股东发出失权通知。

四、股东会对拒不出资、拒不返还出资的股东予以除名的，该股东对该表决事项是否具有表决权？根据《公司法》的规定，股东会决议分为一般事项决议和特别事项决议，一般事项决议需经代表 1/2 以上表决权的股东通过，特别事项决议需经 2/3 以上表决权的股东通过。公司作出除名行为，不属于《公司法》规定的特别事项，如果章程没有特别规定，经代表 1/2 以上表决权的股东通过即可。[②] 并且，股东除名的决议只需被除名股东以及受该实际控制人支配的股东以外的其他全体股东所持表决权的过半数同意即可。与《公司法》第十五条第三款的规定类似，当某一股东与股东会决议事项有特别利害关系时，该股东不得就其持有的股权行使表决权，以保证股东会决议的公正性，避免股东利用资本多数决原则达到谋求与公司利益不符的自身利益的目的。同样地，在股东失权的董事会表决中，由该股东支配的董事也不应参与。鉴于《公司法》对此并未明确规定，为避免争议，建议公司在章程条款或内部文件中加以约定。

五、股东除名后，应由其他股东或者第三人缴纳相应的出资，如果没

---

① 参见李建伟：《有限责任公司的股东除名制度研究》，载《法学评论》（双月刊）2015 年第 2 期。

② 最高人民法院民事审判第二庭编著：《最高人民法院关于公司法解释（三）、清算纪要理解与适用》，人民法院出版社 2016 年版，第 271 页。

有人缴纳出资，公司应当及时办理法定减资。同样，发出股东失权通知后，丧失的股权应当依法转让，或者相应减少注册资本并注销该股权。6个月内未转让或者注销的，由公司其他股东按照其出资比例足额缴纳相应出资。

法条链接

《中华人民共和国公司法》

第十五条 公司向其他企业投资或者为他人提供担保，按照公司章程的规定，由董事会或者股东会决议；公司章程对投资或者担保的总额及单项投资或者担保的数额有限额规定的，不得超过规定的限额。

公司为公司股东或者实际控制人提供担保的，应当经股东会决议。

前款规定的股东或者受前款规定的实际控制人支配的股东，不得参加前款规定事项的表决。该项表决由出席会议的其他股东所持表决权的过半数通过。

第五十一条 有限责任公司成立后，董事会应当对股东的出资情况进行核查，发现股东未按期足额缴纳公司章程规定的出资的，应当由公司向该股东发出书面催缴书，催缴出资。

未及时履行前款规定的义务，给公司造成损失的，负有责任的董事应当承担赔偿责任。

第五十二条 股东未按照公司章程规定的出资日期缴纳出资，公司依照前条第一款规定发出书面催缴书催缴出资的，可以载明缴纳出资的宽限期；宽限期自公司发出催缴书之日起，不得少于六十日。宽限期届满，股东仍未履行出资义务的，公司经董事会决议可以向该股东发出失权通知，通知应当以书面形式发出。自通知发出之日起，该股东丧失其未缴纳出资的股权。

依照前款规定丧失的股权应当依法转让，或者相应减少注册资本并注销该股权；六个月内未转让或者注销的，由公司其他股东按照其出资比例足额缴纳相应出资。

股东对失权有异议的，应当自接到失权通知之日起三十日内，向人民法院提起诉讼。

第六十五条　股东会会议由股东按照出资比例行使表决权；但是，公司章程另有规定的除外。

第七十三条　董事会的议事方式和表决程序，除本法有规定的外，由公司章程规定。

董事会会议应当有过半数的董事出席方可举行。董事会作出决议，应当经全体董事的过半数通过。

董事会决议的表决，应当一人一票。

董事会应当对所议事项的决定作成会议记录，出席会议的董事应当在会议记录上签名。

第一百零七条　本法第四十四条、第四十九条第三款、第五十一条、第五十二条、第五十三条的规定，适用于股份有限公司。

《最高人民法院关于适用〈中华人民共和国公司法〉若干问题的规定（三）》

第十七条　有限责任公司的股东未履行出资义务或者抽逃全部出资，经公司催告缴纳或者返还，其在合理期间内仍未缴纳或者返还出资，公司以股东会决议解除该股东的股东资格，该股东请求确认该解除行为无效的，人民法院不予支持。

在前款规定的情形下，人民法院在判决时应当释明，公司应当及时办理法定减资程序或者由其他股东或者第三人缴纳相应的出资。在办理法定减资程序或者其他股东或者第三人缴纳相应的出资之前，公司债权人依照本规定第十三条或者第十四条请求相关当事人承担相应责任的，人民法院应予支持。

第三节　表决权的安排

一、公司设立时的出资比例、表决比例、分红比例能否自由约定

控制权解读

出资比例一般与持股比例一致，但也可以内部约定不按实际出资比例持有股权，这样的约定属于公司自治范畴。公司股东依法享有资产收益、参与重大决策和选择管理者等权利。表决权和分红权直接关系股东可以多大比例地享受公司收益和多大程度地参与公司经营。表决比例与分红比例也可以自由约定，这样的约定只要是当事人真实意思表示，并且不违反法律和行政法规的强制性规定，不损害他人的利益，该约定就合法有效。

案件来源：福建省厦门市中级人民法院（2018）闽02民终5499号邱某某、叶某某合同纠纷案

基本案情

叶某某向一审法院起诉，请求判令：1. 撤销叶某某与邱某某于2017年5月18日签订的《股东协议》；2. 邱某某立即返还叶某某股权投资款980,000元，并自起诉之日起至实际还款之日止按中国人民银行同期同类贷款利率支付利息。

邱某某向一审法院提出反诉，请求判令：叶某某向邱某某支付剩余投资款600,000元及违约金600,000元，并由叶某某支付至第三人账户。

一审法院认定事实：2017年5月18日，叶某某与邱某某签订1份《股东协议》，约定鉴于邱某某作为A公司股东，持有A公司46%的股权，

邱某某与叶某某决定设立一家投资销售公司（名称待定，暂称“投资销售公司”）投资A公司，各方就投资公司出资、分红、运营等各项事宜达成本协议，各方共同遵守。投资公司注册资本2,000,000元，叶某某在投资公司投资2,000,000元，邱某某不负担投资义务。同时协议第二条约定叶某某投资500,000元获得邱某某在A公司的2.5%股权（股份通过投资公司持有），其他投资资金在投资销售公司工商注册时到资，上述投资款应在2017年5月18日前支付至邱某某名下银行账户。上述2,000,000元投资款由邱某某以各方名义存入投资公司验资账户进行验资，其中邱某某出资款1,400,000元，占投资公司70%股权，叶某某出资款600,000元，占投资公司30%股权。叶某某投资的其余部分自愿作为邱某某注册资本出资。并约定由邱某某负责投资公司的注册事宜。协议第五条约定：“投资公司股东会无论定期会议或是临时会议，由邱某某享有100%的表决权，即无论其他各方是否出席股东会，邱某某有权单方面作出股东会决议，其他各方无权反对。”第六条：“投资公司资金仅对A公司产品销售进行投资，除此之外不做其他投资。”第七条：“投资公司成立后30日内，邱某某应以A公司股东的身份与投资公司签订股权转让协议及股权代持协议，由邱某某向投资公司转让A公司33%的股权，具体代持方式由邱某某与投资公司另行签订协议确定，投资公司购买A公司33%股权后，邱某某间接持有A公司23%股权，叶某某间接持有A公司10%股权。”协议签订后，叶某某于2017年5月18日至8月15日陆续支付了1,780,000元，其中1,580,000元支付至邱某某个人账户上，39,656元支付给谢某某（支付房屋租金），160,344元支付至张某某（后担任B公司的监事）账户。邱某某收到叶某某款项后，负责双方约定合作的公司的注册登记备案等成立事宜。2017年6月2日，B公司成立并备案，同年8月21日经相关部门核准。核准内容为：邱某某认缴出资额1,400,000元，出资比例为70%，于同年7月3日实际出资；叶某某认缴出资额492,000元，出资比例为24.6%，实缴出资额为0元；方某某认缴出资额108,000元，出资比例

5.4%，实缴出资额为0元。

2017年7月5日、6日，邱某某通过B公司返还给叶某某（指定收款人）800,000元。

另查明：A公司2017年3月16日报备成立，7月1日相关部门核准，注册资金1,000,000元，于2067年2月26日前缴足。在备案时注册资金到位为0元，后股东也是法定代表人邱某某所认缴的注册资金460,000元（占46%）于2017年5月26日到位。A公司及B公司的法定代表人及财务负责人均为邱某某1人担任。一审法院在审理过程中，要求邱某某提供A公司及B公司成立以来的经营情况的相关资料，但邱某某未提供。

审理要览

一审法院认为，本案双方系基于《股东协议》产生的纠纷，故属于合同纠纷范畴。从合同相对性看，签订合同是双方，且履行亦是在双方之间，故叶某某起诉邱某某并无不妥。从协议内容看，包含叶某某向邱某某购买其持有的A公司2.5%股份及双方成立公司购买邱某某持有的A公司股份的内容。即使双方所签订的《股东协议》不存在欺诈或重大误解的情形，从协议内容看，该协议也属于显失公平的合同，主要有以下理由：1.对价明显不公平。A公司于2017年3月才成立，注册资金才1,000,000元，且当时尚未到位。而根据邱某某所提供的《股权转让及代持协议》，该公司的2.5%股权转让价达500,000元，另30.5%股权转让价达15,250,000元，明显与实际价值不符。2.该协议约定，双方共同成立一家新公司，注册资金2,000,000元，均由叶某某负责出资，但注册时则由邱某某享有70%股权，而叶某某仅占30%股权，出资比例与所占股权比例不一致，明显失衡。3.更甚者，该协议还约定：公司股东会无论定期会议或是临时会议，由甲方（邱某某）享有100%的表决权，即无论其他各方是否出席股东会，邱某某都有权单方面作出股东会决议，其他各方无权反对。不仅双方的责、权、利显失公平，甚至还违反法律规定，剥夺了公司股东权利。故叶某某要求判令撤销叶某某与邱某某于 2017 年 5 月 18 日签订的《股东协议》有事实和法律依据，予以支持；叶某某所支付的 1,780,000 元，1,580,000 元直接支付给邱某某，另 290,000 元虽然未直接支付给邱某某，张某某后来亦被邱某某指定为公司监事，其收款应视为邱某某授权；另 39,656 元用于支付房租，因公司经营决策权在邱某某，亦视为邱某某收款。邱某某已经返还叶某某 800,000 元，尚余 980,000 元。故叶某某要求邱某某返还款项 980,000 元，并自起诉之日起至实际还款之日止按中国人民银行同期同类贷款利率支付利息的请求亦予以支持。因双方的《股东协议》被撤销，故邱某某要求判令叶某某向邱某某支付剩余投资款 600,000 元及违约金 600,000 元，并由叶某某支付至第三人账户的请求不予支持。至于 B 公司的注册资金及经营、存续等，应按《中华人民共和国公司法》及公司章程约定等另行处理。一审法院判决：一、撤销叶某某与邱某某于 2017 年 5 月 18 日签订的《股东协议》；二、邱某某应于判决生效后 10 日内返还给叶某某款项 980,000 元及利息（按中国人民银行同期同类贷款利率标准，自 2017 年 10 月 12 日起计至实际还款之日止）；三、驳回邱某某的全部反诉诉讼请求。

一审判决后，邱某某上诉。二审中，双方当事人没有提交新证据。

二审法院审理后认为：一、讼争合同系邱某某与叶某某双方设立 B 公司的约定，独立于 B 公司的公司章程，不能替代、免除、变更各自在已备案的公司章程项下应承担认缴出资等义务。邱某某提出反诉系主张叶某某违反讼争合同约定，诉求叶某某继续履行合同，向其支付合同约定的款项，并非基于股东身份请求叶某某直接向 B 公司履行出资义务。邱某某主张本案属于股东出资纠纷的上诉理由不能成立，一审判决认定案由为合同纠纷并无不当。同理，邱某某要求追加 B 公司为本诉第三人的理由不能成立，一审法院未予追加是正确的。

二、讼争合同对设立公司的出资比例、表决比例、分红比例等内容的约定清晰明确，属于双方当事人真实意思表示，内容不违反法律、行政法规的禁止性规定，合法有效，对双方当事人均有约束力。叶某某主张订立合同时显失公平的理由缺乏依据，不予采信。叶某某在二审中主张邱某某在缔约时存在欺骗行为，致其产生重大误解，但也未能予以举证证明，应承担不利的法律后果。故叶某某请求撤销合同的理由不能成立，其要求邱某某返还已经支付款项缺乏依据，不予支持。一审判决对此认定有误，应予以纠正。

三、关于叶某某从 B 公司获得的 800,000 元，邱某某、B 公司主张系属于叶某某与 B 公司的借贷关系，但未能提交证据予以佐证，故不予采信。叶某某自认该笔 800,000 元属于邱某某向其返还的讼争合同项下的款项。结合讼争合同关于邱某某对 B 公司决策享有 100%的表决权的约定，法院对叶某某的该项事实主张予以采信。讼争合同尚未履行完毕，邱某某自愿向叶某某退还讼争合同项下出资款的行为，应视为双方当事人已经以实际行动解除讼争合同，合同权利义务已经终止。邱某某请求继续履行合同的理由不能成立。一审判决驳回反诉诉讼请求的理由不当，但结果正确，可予以维持。

四、一审程序虽有瑕疵，但并不存在严重违反法定程序的情形，邱某某据此请求改判的理由并不成立，不予采信。

综上所述，邱某某的部分上诉请求不能成立，应予驳回；其余上诉请求成立，应予支持。一审判决认定事实清楚，适用法律错误，导致判决结果错误，应予纠正。判决如下：一、维持一审民事判决第三项；二、撤销一审民事判决第一项、第二项；三、驳回叶某某的全部诉讼请求。

风险防范

一、公司设立协议与公司章程的关系

设立协议与公司章程联系密切，但实践中也常常出现设立协议约定与公司章程规定不一致的情形。对于相同的法律事项，设立协议与公司章程有不同的规定，设立协议应该让位于公司章程，自然失效。如果设立协议中有公司章程未涉及但又属于公司存续或解散之后可能会遇到的事项，相应的条款可继续有效，但效力只应限于签约的发起人。[①] 上述案例中，邱某某与叶某某之间的《股东协议》部分条款为设立 B 公司而订立，属于公司设立协议，是处理邱某某与叶某某相关争议的基本依据。

对于公司发起人而言，在设立公司并订立发起协议时，有必要谨慎甄别合作对象，风险管理尽量前移。有限责任公司具有封闭性和人合性，股东之间的信任关系尤为重要。发起人如能志同道合、信誉良好，具有相似的公司经营发展愿景，并且共同具备现代公司治理理念的，公司更有可能经营良好。订立设立协议时，发起人需要加强协议条款的审核，控制风险。一般来说，公司设立过程是股东之间的"蜜月期"，此时的发起人应对公司日后可能产生的纠纷有清醒的认识，趁短暂"蜜月期"对公司经营可能涉及的问题充分进行交流和沟通，在此基础上由专业人士协助拟定协议条款。

二、关于出资比例、表决比例和分红比例

出资比例是公司公示的重要内容，也是第三人与公司交易时的重要考量因素之一。出资比例一般与持股比例一致，但也可以内部约定不按实际出资比例持有股权，这样的约定属于公司自治范畴，只要是当事人真实意思表示，并且不违反法律和行政法规的强制性规定，不损害他人的利益，该约定就合法有效。

公司股东依法享有资产收益、参与重大决策和选择管理者等权利。表决权和分红权直接关系股东可以多大比例地享受公司收益和多大程度地参与公司经营。表决比例与分红比例也可以自由约定。《公司法》第六十五条中规定，股东会会议由股东按照出资比例行使表决权。在注册资本认缴制下，这里的出资比例是指实缴还是认缴没有明确，但明确的话又明显不

① 最高人民法院民事审判第二庭编著：《最高人民法院关于公司法解释（三）、清算纪要理解与适用》，人民法院出版社 2016 年版，第 36 页。

妥。如按照实缴出资比例行使表决权，在认缴制下，可能出现股东都没有实缴的表决困境；如按照认缴出资比例行使表决权，容易出现认缴股东利用表决权控制甚至压制实缴股东的情形。因此，《公司法》第六十五条的但书条款为公司约定表决权保留了余地，股东可以通过公司章程规定表决权设置，这样的设置是公司法认可的。关于分红比例，根据《公司法》第二百一十条第四款的规定，公司弥补亏损和提取公积金后所余税后利润，有限责任公司按照股东实缴的出资比例分配利润，全体股东约定不按照出资比例分配利润的除外；股份有限公司按照股东所持有的股份比例分配利润，公司章程另有规定的除外。上述案例中，邱某某与叶某某约定的表决比例和分红比例是双方真实意思表示，内容不违反法律、行政法规的禁止性规定，约定合法有效，对双方均有约束力。

三、持股比例与公司控制权的对应关系

在公司章程对表决权没有特别规定的情况下，股东按照持股比例行使表决权，即所谓的同股同权。根据《公司法》第六十六条第三款的规定，股东会会议对公司的重大事项作出决议时必须经代表 2/3 以上表决权的股东通过，这样的重大事项有修改公司章程、增加或者减少注册资本的决议、公司合并、分立、解散或者变更公司形式，对应《公司法》第五十九条第一款股东会职权的第五项、第七项和第八项。从法律条文可知，假设一名股东或多名股东累计所持表决权超过 66.67%，那么，这样的股东有权决定公司的重大事项。同样地，股东所持表决权即使没有达到 66.67%，但如能达到 33.34%的，该股东等同于拥有对公司重大事项的一票否决权。

除重大事项外，股东会会议对公司普通事项作出决议只要经代表超过半数表决权的股东通过即可。同理，股东所持表决权超过 50%将有权决定公司普通事项。

正因为表决权直接对应着公司股东会的控制权，股东应尽力避免表决权受限。实践中也存在不少通过集中表决权从而影响公司控制权的安排，常见的有表决权委托和一致行动协议。

根据《公司法》第一百四十四条的规定，公司可以按照公司章程的规定发行与普通股权利不同的类别股。实际上，早在 2013 年国务院就发布了《关于开展优先股试点的指导意见》，对优先股作出了制度安排。2019 年 6 月 20 日《最高人民法院印发〈关于为设立科创板并试点注册制改革提供司法保障的若干意见〉的通知》（已被修改）第六条中规定："尊重科创板上市公司构建与科技创新特点相适应的公司治理结构。科创板上市公司在上市前进行差异化表决权安排的，人民法院要根据全国人大常委会对进行股票发行注册制改革的授权和公司法第一百三十一条的规定，依法认定有关股东大会决议的效力。"为禁止特别表决权股东滥用权利，防止制度功能的异化，第十条中同时规定："案件审理中，要准确界定特别表决权股东权利边界，坚持'控制与责任相一致'原则，在'同股不同权'的同时，做到'同股不同责'。"值得一提的是，深圳已在全国范围内首次确立"同股不同权"。2020 年 11 月 1 日实施的《深圳经济特区科技创新条例》规定，科技企业可以设置特殊股权结构，在公司章程中约定表决权差异安排，在普通股份之外，设置拥有大于普通股份表决权数量的特别表决权股份。2021 年 3 月 1 日实施的《深圳经济特区商事登记若干规定》进一步将设置特殊股权结构的公司由科技企业扩大至所有公司，依法设置特殊股权结构的公司，只需在章程中明确表决权差异安排即可。显然，《深圳经济特区商事登记若干规定》中的公司包括了有限公司与股份有限公司，较之《公司法》第一百四十四条的规定是更大的突破。上述规定，对努力寻求适合自身发展要求的治理规则的众多公司而言，无疑提供了更多选择。所以，或许在不久的将来，同股不同权的制度安排在全国范围内会十分普遍，也将有助于公司表决权差异化安排，保护公司创始股东，强化公司决策，增强公司的竞争实力。

法条链接

《中华人民共和国公司法》

第六十五条 股东会会议由股东按照出资比例行使表决权；但是，公司章程另有规定的除外。

第六十六条 股东会的议事方式和表决程序，除本法有规定的外，由公司章程规定。

股东会作出决议，应当经代表过半数表决权的股东通过。

股东会作出修改公司章程、增加或者减少注册资本的决议，以及公司合并、分立、解散或者变更公司形式的决议，应当经代表三分之二以上表决权的股东通过。

第一百四十四条 公司可以按照公司章程的规定发行下列与普通股权利不同的类别股：

（一）优先或者劣后分配利润或者剩余财产的股份；

（二）每一股的表决权数多于或者少于普通股的股份；

（三）转让须经公司同意等转让受限的股份；

（四）国务院规定的其他类别股。

公开发行股份的公司不得发行前款第二项、第三项规定的类别股；公开发行前已发行的除外。

公司发行本条第一款第二项规定的类别股的，对于监事或者审计委员会成员的选举和更换，类别股与普通股每一股的表决权数相同。

第二百一十条 公司分配当年税后利润时，应当提取利润的百分之十列入公司法定公积金。公司法定公积金累计额为公司注册资本的百分之五十以上的，可以不再提取。

公司的法定公积金不足以弥补以前年度亏损的，在依照前款规定提取法定公积金之前，应当先用当年利润弥补亏损。

公司从税后利润中提取法定公积金后，经股东会决议，还可以从税后利润中提取任意公积金。

公司弥补亏损和提取公积金后所余税后利润，有限责任公司按照股东实缴的出资比例分配利润，全体股东约定不按照出资比例分配利润的除外；股份有限公司按照股东所持有的股份比例分配利润，公司章程另有规定的除外。

公司持有的本公司股份不得分配利润。

二、一致行动协议与公司控制权安排

控制权解读

一致行动协议通过集中分散的表决权达到巩固公司控制权地位之目的。对有限责任公司股东而言，在订立一致行动协议时，需要认识到一致行动协议是以各方相互信任为基础，如果出现“不一致”，应当尊重股东自由意志和在股东会的真实意思表达。股东应注意协议内容不应限制甚至剥夺股东权利，否则，协议的约定也会因为违反法律法规的强制性规定而被认定为无效。还要注意协议具有相对性，只能约束订立协议的各方，对协议之外的包括公司在内的第三人不会发生效力。同时，可以在协议中合理设置违约责任，便于守约股东主张损失。

案件来源：北京市第三中级人民法院（2019）京03民终9482号C公司等与郑某某等公司决议效力确认纠纷案

基本案情

郑某某与A公司向一审法院起诉请求：确认D公司于2016年6月15日作出的股东会决议（1. 同意H公司接收C公司转让的在D公司850万元货币出资，享有并承担相应的权利和义务；2. 同意选举吕某某等担任公司董事；3. 同意公司注册资本增加至10,000万元，新增加的5,000万元，由股东C公司以货币方式出资；4. 其他事项不变；5. 同意公司新章程）不成立并由D公司承担本案诉讼费。

一审法院认定事实：D公司系成立于2011年3月29日的有限责任公司（自然人投资或控股），注册资本原为5,000万元；公司原股东为A公司（出资额1,150万元）、B公司（出资额1,150万元）、C公司（出资额1,700万元）、郑某某（出资额1,000万元）；公司董事为李某等；公司原法定代表人为陈某某。D公司的公司章程（2011年3月25日版）及章程修正案（2013年1月23日版、2013年2月28日版、2013年3月8日版）规定：……股东会由全体股东组成，是公司的权力机构，行使下列职权：……选举和更换非由职工代表担任的执行董事、监事，决定有关执行董事、监事的报酬事项，对公司增加或者减少注册资本作出决议，修改公司章程……；股东会会议分为定期会议和临时会议，召开股东会会议，应当于会议召开15日以前通知全体股东，定期会议按每半年一次定时召开，代表1/10以上表决权的股东，或者监事提议召开临时会议的，应当召开临时会议；股东会会议由董事会召集，董事长主持，董事会不能履行召集股东会会议职责的，由监事召集和主持，监事不召集和主持的，代表1/10以上表决权的股东可以自行召集和主持；股东会会议作出修改公司章程、增加或者减少注册资本的决议，以及公司合并、分立、解散或者变更公司形式的决议，必须经代表2/3以上表决权的股东通过；B公司和A公司成为公司股东之日起，郑某某、研究院、A公司须和B公司为一致行动人，即在进行表决时（包括但不限于公司召开股东会、董事会），遵照B公司或者B公司委任董事的表决意见进行表决……

根据D公司的工商档案，2016年6月15日，D公司作出两份股东会决议，其中一份股东会决议（以下简称涉案股东会决议）记载：D公司根据《中华人民共和国公司法》和本公司章程的相关规定，于2016年6月15日在公司会议室召开股东会议，全体股东一致通过如下决议：1. 同意

C 公司将其在 D 公司 850 万元出资转让给 H 公司，不再享有和承担相应的权利和义务；2. 同意免去陈某某等董事职务；3. 同意修改公司章程；4. 其他事项不变。另一份股东会决议（以下简称涉案股东会决议）记载：D 公司根据《中华人民共和国公司法》和本公司章程的相关规定，于 2016 年 6 月 15 日在公司会议室召开股东会议，全体股东一致通过如下决议：1. 同意 H 公司接收 C 公司转让的在 D 公司 850 万元货币出资，享有并承担相应的权利和义务；2. 同意选举吕某某等担任公司董事；3. 同意公司注册资本增加至 10,000 万元，新增加的 5,000 万元，由股东 C 公司以货币方式出资；4. 其他事项不变；5. 同意公司新章程。

2016 年 7 月 11 日，D 公司的注册资本变更为 10,000 万元；股东变更为：A 公司（出资额 1,150 万元）、B 公司（出资额 1,150 万元）、C 公司（出资额 5,850 万元）、H 公司（出资额 850 万元）、郑某某（出资额 1,000 万元），法定代表人变更为吕某某；董事变更为吕某某等。

一审庭审中，A 公司表示，D 公司于 2014 年召开过股东会，当时其多给了 D 公司两份盖章的 A4 纸，D 公司系用之前的空白纸张制作的此次决议，为证明涉案股东会决议的签字不是郑某某所签，涉案股东会决议签字、加盖公章页与决议内容页不是同一个打印机制作完成，A 公司、郑某某提供北京某物证鉴定中心于 2018 年 2 月 8 日出具的《司法鉴定意见书》，鉴定意见显示，前述两份股东会决议中“郑某某”签名字迹与样本上“郑某某”签名字迹不是同一人所写，两份股东会决议第一页与第二页上机制文字不是同一机具一次性制作形成。D 公司认可该两份股东会决议中“郑某某”的签字均不是郑某某本人书写，但根据 D 公司章程修正案的规定，郑某某、A 公司必须与 B 公司为一致行动人，郑某某提起本案诉讼违反了承诺；A 公司的公章是真实的，不认可 A 公司单方委托鉴定机构做出的鉴定结论。

一审诉讼中，D 公司出示《北京市交易所管理办法实施细则》《会议纪要》《金融局关于 D 公司增资及股权变更的函件》并表示，根据规定，

D 公司需要增资至 1 亿元，A 公司派员参加了相关会议，对于增资是明知的，并认可股权比例。A 公司、郑某某不认可《会议纪要》的真实性，认可《金融局关于 D 公司增资及股权变更的函件》的真实性，但不认可合法性。

一审庭审中，D 公司表示，D 公司于会议召开的 15 天前电话通知所有股东召开股东会事宜，对此没有证据提交；D 公司于 2016 年 6 月 15 日实际召开了股东会，B 公司、C 公司均可以证明，并且两份股东会决议均明确注明当日在公司会议室召开股东会，无法提供股东会会议记录、股东签到表。

审理要览

一审法院认为，D 公司系依法设立的有限责任公司，其股东与公司之间的权利义务按照《中华人民共和国公司法》及相关司法解释、D 公司章程的相关规定进行调整。《最高人民法院关于适用〈中华人民共和国公司法〉若干问题的规定（四）》第五条规定："股东会或者股东大会、董事会决议存在下列情形之一，当事人主张决议不成立的，人民法院应当予以支持：（一）公司未召开会议的……（五）导致决议不成立的其他情形。"当事人对自己提出的诉讼请求所依据的事实或者反驳对方诉讼请求所依据的事实，应当提供证据加以证明，但法律另有规定的除外。在作出判决前，当事人未能提供证据或者证据不足以证明其事实主张的，由负有举证证明责任的当事人承担不利的后果。

本案中，D 公司主张其于股东会会议召开前通知了公司股东，但未提交证据予以证明，一审法院对其该项主张不予采信。有限责任公司只有依据法律和公司章程规定召开会议审议并表决通过，方才成立公司决议。一方面，涉案股东会决议的第二页虽加盖 A 公司的公章，但不能据此免除 D 公司的举证责任，现 D 公司既未举证证明通知了股东参加股东会，亦未举证证明股东会确实召开，其作出的涉案股东会决议欠缺决议成立要件；另一方面，D 公司的公司章程虽然规定郑某某与 B 公司为一致行动人，但郑某某作为公司股东，其股东权利应当得到保障，不能因为该项规定而剥夺了郑某某参加股东会议、参与公司决策的权利，更不能在郑某某本人未参会的情况下，伪造其签名，进而进行变更登记。因此，A 公司、郑某某要求确认上述决议不成立，合法有据，一审法院予以支持。

二审法院对一审查明的其他事实予以确认。

二审法院认为，根据各方当事人的诉辩意见，本案二审争议焦点为：D 公司、B 公司、C 公司关于涉案股东会决议应属成立的主张应否予以支持。

《最高人民法院关于适用〈中华人民共和国公司法〉若干问题的规定（四）》第五条规定："股东会或者股东大会、董事会决议存在下列情形之一，当事人主张决议不成立的，人民法院应当予以支持：（一）公司未召开会议的，但依据公司法第三十七条第二款或者公司章程规定可以不召开股东会或者股东大会而直接作出决定，并由全体股东在决定文件上签名、盖章的除外；（二）会议未对决议事项进行表决的；（三）出席会议的人数或者股东所持表决权不符合公司法或者公司章程规定的；（四）会议的表决结果未达到公司法或者公司章程规定的通过比例的；（五）导致决议不成立的其他情形。"本案中，郑某某在一审期间主张作出涉案股东会决议的股东会会议在事实上既未通知参会，亦未实际召开，并提交《司法鉴定意见书》证明决议上郑某某的签名系伪造。D 公司认可涉案股东会决议中郑某某的签字非其本人书写，但主张涉案股东会决议应属成立，理由有三：一、D 公司已通知郑某某参会且涉案股东会已实际召开；二、即使 D 公司未通知郑某某参会，亦属召集程序瑕疵且未对决议产生实质影响，在不损害郑某某利益的情况下，不影响涉案股东会决议的成立；三、从保护 H 公司善意第三人利益的角度，涉案股东会决议应属成立。对此，二审法院分析如下：

关于第一项理由。法院认为，当事人对自己提出的诉讼请求所依据的事实或者反驳对方诉讼请求所依据的事实，应当提供证据加以证明。本案中，郑某某主张D公司未通知其参会且涉案股东会未实际召开，并就此主张提交《司法鉴定意见书》予以证明。D公司虽主张其已通知郑某某参会，但并未就此主张提交证据予以佐证，且未对涉案股东会决议上郑某某的签字为何非其本人书写作出合理说明，故法院对其该项理由不予采信。

关于第二项理由。1. D公司认为郑某某主张涉案股东会决议不成立的事由实际应为撤销股东会决议的事由。法院认为，《中华人民共和国公司法》第二十二条第二款规定了股东会决议因会议召集程序及表决方式存在瑕疵而可被撤销的情形，第四十条、第四十一条第一款分别规定了股东会会议的召集程序以及召开股东会会议的通知事项。因此，郑某某主张D公司未通知其参会系指D公司未履行法律规定的召开会议通知事项，而非法律规定的会议召集程序，故D公司该项上诉意见缺乏事实及法律依据，法院不予采信。同时，郑某某有权按照《最高人民法院关于适用〈中华人民共和国公司法〉若干问题的规定（四）》的相关规定主张相应权利。2. D公司认为根据公司章程规定郑某某与B公司为一致行动人，故其是否参会并不会对涉案股东会决议产生实质影响。对此法院认为，根据《中华人民共和国公司法》第三十六条的规定，股东会是公司的权力机构，由全体股东组成，股东参加股东会会议是股东权利的重要体现。本案中，公司章程虽规定郑某某与B公司为一致行动人，但亦规定所谓一致，是指郑某某在股东会、董事会表决时遵照B公司或者B公司委任董事的表决意见。因此，公司章程关于一致行动人的规定并未否认郑某某作为股东参加会议的基本权利，故在D公司未举证证明已通知郑某某参会的情况下，通过伪造签名作出涉案股东会决议，既不符合法律规定，亦违反公司管理秩序，故法院对其该项意见亦不予采信。

关于第三项理由。D公司认为，根据《最高人民法院关于适用〈中华人民共和国公司法〉若干问题的规定（四）》第二十一条的规定，H公司作为善意第三人已经受让C公司所持D公司的部分股权并完成工商变更登记，故不应认定涉案股东会决议不成立。对此法院认为，D 公司所持上述法律依据系关于股东对外转让股权时其他股东的优先购买权的规定，并不能直接用以对抗涉案股东会决议是否成立之认定，故其该项主张缺乏法律依据，法院不予支持。

综上所述，D 公司、B 公司、C 公司的上诉理由不能成立，应予驳回；一审判决认定事实清楚，适用法律正确，应予维持。判决驳回上诉，维持原判。

风险防范

上述案例涉及股东会决议成立与否的法律问题。郑某某主张公司未召开股东会议，因此决议不成立。根据《公司法》第二十五条、第二十六条、第二十七条和《最高人民法院关于适用〈中华人民共和国公司法〉若干问题的规定（四）》（以下简称《公司法司法解释四》）第五条的规定，公司股东会或者股东大会、董事会的决议除有效决议外，还分为无效决议、可撤销决议和决议不成立。其中，决议内容违反法律、行政法规的属于无效决议，会议召集程序、表决方式违反法律、行政法规或者公司章程，或者决议内容违反公司章程的属于可撤销决议，公司未召开会议形成决议等 5 种情形属于决议不成立。根据 D 公司章程的规定，选举和更换非由职工代表担任的执行董事、对公司增加或者减少注册资本作出决议、修改公司章程都是股东会职权。召开股东会会议，应当于会议召开 15 日以前通知全体股东。郑某某和 A 公司为证明系争股东会决议不成立，提交了《司法鉴定意见书》，证明股东会决议中“郑某某”的签字均非郑某某本人书写。D 公司主张于会议召开的 15 天前通过电话通知所有股东召开股东会事宜，并且于 2016 年 6 月 15 日实际召开了股东会，但无法提供通知的证明和股东会会议记录、股东签到表。上述情形符合《公司法》第二十七条和《公司法司法解释四》规定的决议不成立，应予以支持。

关于一致行动人，D 公司章程这样规定：B 公司和 A 公司成为公司股东之日起，郑某某、研究院、A公司，须和B公司为一致行动人，即在进行表决时（包括但不限于公司召开股东会、董事会），遵照B公司或者B公司委任董事的表决意见进行表决。一致行动人广泛存在于上市公司中，根据最新修订的《上市公司收购管理办法》的规定，一致行动是指投资者通过协议、其他安排，与其他投资者共同扩大其所能够支配的一个上市公司股份表决权数量的行为或者事实。因此，一致行动人关系的建立，旨在通过集中分散的表决权，以达到巩固公司控制地位之目的。实践中，基于相同的控制权安排的目的，一致行动协议也可以存在于有限责任公司中。

针对一致行动人，案例中一审法院的意见是“郑某某作为公司股东，其股东权利应当得到保障，不能因为一致行动人的规定而剥夺了郑某某参加股东会议”，二审法院结合公司章程的规定，认为“公司章程关于一致行动人的规定并未否认郑某某作为股东参加会议的基本权利”。可见，一审和二审法院均站在股东固有权利的角度确认郑某某有权参加股东会议。那么，如果郑某某参加股东会，其能否违反一致行动约定，作出与B公司不一致的表决呢？笔者认为，郑某某有权作出不一致的表决。因为，如果郑某某不能作出不一致的表决，也无异于剥夺了其股东固有权利。另外，一致行动协议应属于表决权的委托合同，根据《民法典》第九百三十三条中的规定：“委托人或者受托人可以随时解除委托合同。”因此，如果郑某某参加股东会并作出与B公司不一致的表决，可以视为其以实际行动解除表决权委托合同。

基于以上分析，对有限责任公司股东而言，为加强对公司的控制权而订立一致行动协议时，首先，需要认识到一致行动协议是以各方相互信任为基础。一致行动，顾名思义应建立在全体协议签署人协商一致的意见的基础之上。如果协商达不成一致意见，应当允许协议签署人表达个人意愿。但为实现协议签署的目的，避免出现“不一致”导致协议沦为一纸空文，还可以尝试通过协议条款在程序上作出安排。比如在股东会表决前，由订立一致行动协议的股东在小规模范围内事先进行表决，允许各股东充分表达各自意愿，但在该小规模范围内按多数决取得表决结果，并由各股东按此表决结果在股东会上表决。也可以适当扩大部分股东的表决权，如案例中的情况，可以增加B公司的表决权，以便使小范围的表决结果更倾向于B公司意见。如果仍出现“不一致”的情况，还是应当尊重股东自由意志和在股东会的真实意思表达。其次，股东应注意协议内容不应限制甚至剥夺股东应享有的表决权、股权转让权等股东权利。否则，协议的约定也会因为违反法律法规的强制性规定而被认定为无效。再次，协议具有相对性，只能约束订立协议的各方，对协议之外的包括公司在内的第三人不会发生效力。最后，虽然一致行动协议可以随时解除，但从加强公司控制权的最终目的出发，协议中仍可合理地设置约束条款，比如违约责任条款，以达到协议相对稳定和督促签约人诚信履行。

法条链接

《中华人民共和国公司法》

第二十五条　公司股东会、董事会的决议内容违反法律、行政法规的无效。

第二十六条　公司股东会、董事会的会议召集程序、表决方式违反法律、行政法规或者公司章程，或者决议内容违反公司章程的，股东自决议作出之日起六十日内，可以请求人民法院撤销。但是，股东会、董事会的会议召集程序或者表决方式仅有轻微瑕疵，对决议未产生实质影响的除外。

未被通知参加股东会会议的股东自知道或者应当知道股东会决议作出之日起六十日内，可以请求人民法院撤销；自决议作出之日起一年内没有行使撤销权的，撤销权消灭。

第二十七条　有下列情形之一的，公司股东会、董事会的决议不成立：

（一）未召开股东会、董事会会议作出决议；

（二）股东会、董事会会议未对决议事项进行表决；

（三）出席会议的人数或者所持表决权数未达到本法或者公司章程规定的人数或者所持表决权数；

（四）同意决议事项的人数或者所持表决权数未达到本法或者公司章程规定的人数或者所持表决权数。

第五十九条 股东会行使下列职权：

（一）选举和更换董事、监事，决定有关董事、监事的报酬事项；

（二）审议批准董事会的报告；

（三）审议批准监事会的报告；

（四）审议批准公司的利润分配方案和弥补亏损方案；

（五）对公司增加或者减少注册资本作出决议；

（六）对发行公司债券作出决议；

（七）对公司合并、分立、解散、清算或者变更公司形式作出决议；

（八）修改公司章程；

（九）公司章程规定的其他职权。

股东会可以授权董事会对发行公司债券作出决议。

对本条第一款所列事项股东以书面形式一致表示同意的，可以不召开股东会会议，直接作出决定，并由全体股东在决定文件上签名或者盖章。

《最高人民法院关于适用〈中华人民共和国公司法〉若干问题的规定（四）》

第四条 股东请求撤销股东会或者股东大会、董事会决议，符合民法典第八十五条、公司法第二十二条第二款规定的，人民法院应当予以支持，但会议召集程序或者表决方式仅有轻微瑕疵，且对决议未产生实质影响的，人民法院不予支持。

第五条　股东会或者股东大会、董事会决议存在下列情形之一，当事人主张决议不成立的，人民法院应当予以支持：

（一）公司未召开会议的，但依据公司法第三十七条第二款或者公司章程规定可以不召开股东会或者股东大会而直接作出决定，并由全体股东在决定文件上签名、盖章的除外；

（二）会议未对决议事项进行表决的；

（三）出席会议的人数或者股东所持表决权不符合公司法或者公司章程规定的；

（四）会议的表决结果未达到公司法或者公司章程规定的通过比例的；

（五）导致决议不成立的其他情形。

《上市公司收购管理办法》

第八十三条　本办法所称一致行动，是指投资者通过协议、其他安排，与其他投资者共同扩大其所能够支配的一个上市公司股份表决权数量的行为或者事实。

在上市公司的收购及相关股份权益变动活动中有一致行动情形的投资者，互为一致行动人。如无相反证据，投资者有下列情形之一的，为一致行动人：

（一）投资者之间有股权控制关系；

（二）投资者受同一主体控制；

（三）投资者的董事、监事或者高级管理人员中的主要成员，同时在另一个投资者担任董事、监事或者高级管理人员；

（四）投资者参股另一投资者，可以对参股公司的重大决策产生重大影响；

（五）银行以外的其他法人、其他组织和自然人为投资者取得相关股份提供融资安排；

（六）投资者之间存在合伙、合作、联营等其他经济利益关系；

（七）持有投资者30%以上股份的自然人，与投资者持有同一上市公司股份；

（八）在投资者任职的董事、监事及高级管理人员，与投资者持有同一上市公司股份；

（九）持有投资者30%以上股份的自然人和在投资者任职的董事、监事及高级管理人员，其父母、配偶、子女及其配偶、配偶的父母、兄弟姐妹及其配偶、配偶的兄弟姐妹及其配偶等亲属，与投资者持有同一上市公司股份；

（十）在上市公司任职的董事、监事、高级管理人员及其前项所述亲属同时持有本公司股份的，或者与其自己或者其前项所述亲属直接或者间接控制的企业同时持有本公司股份；

（十一）上市公司董事、监事、高级管理人员和员工与其所控制或者委托的法人或者其他组织持有本公司股份；

（十二）投资者之间具有其他关联关系。

一致行动人应当合并计算其所持有的股份。投资者计算其所持有的股份，应当包括登记在其名下的股份，也包括登记在其一致行动人名下的股份。

投资者认为其与他人不应被视为一致行动人的，可以向中国证监会提供相反证据。

《中华人民共和国民法典》

第九百一十九条　委托合同是委托人和受托人约定，由受托人处理委托人事务的合同。

第九百二十条　委托人可以特别委托受托人处理一项或者数项事务，也可以概括委托受托人处理一切事务。

第九百三十三条　委托人或者受托人可以随时解除委托合同。因解除合同造成对方损失的，除不可归责于该当事人的事由外，无偿委托合同的解除方应当赔偿因解除时间不当造成的直接损失，有偿委托合同的解除方应当赔偿对方的直接损失和合同履行后可以获得的利益。

第四节　隐名股东的法律风险

一、企业破产，名义股东能否免除补缴出资义务

控制权解读

作为公司的登记股东，依法负有足额缴纳出资的义务，即便其为名义股东，在实际出资人出资不实的情况下，其不得以与实际出资人之间的关系对抗公司及其他股东，其对公司的补足出资义务不能免除。隐名持股协议的存在影响着公司控制权，名义股东行使股东权利往往遵照实际出资人的指示和安排，从这个意义上说，实际出资人可以相当程度地左右公司的经营决策。

案件来源：湖北省武汉市中级人民法院（2019）鄂01民终6829号林某、A公司追收未缴出资纠纷、股东出资纠纷案

基本案情

A公司向一审法院起诉请求：1. 判令林某履行出资义务，补足认缴的资本额50万元；2. 判令案件诉讼费由林某负担。

一审法院认定事实：2014年12月10日，林某与B公司签订1份《代持协议书》，约定由林某代持B公司在A公司5%的股份，代持股份的股东义务和公司经营的风险等均由B公司承担，林某为无偿代理，不得向B公司收取任何代理费用。

2014年12月25日，A公司注册成立，法定代表人为林某，注册资本为1,000万元，经营期限自2014年12月25日至2044年12月24日，股东为林某、C公司。

根据2014年11月27日A公司提交给工商行政管理部门备案的公司章程第六条规定：公司注册资本人民币1,000万元。公司章程第七条规定：C公司，出资额为950万元，占总资本的95%，出资方式为货币出资，出资时间为2024年6月30日。股东林某，出资额为50万元，占总资本的5%，出资方式为货币出资，出资时间为2024年6月30日。

2017年9月25日，一审法院分别作出民事裁定，分别受理B公司、A公司的破产重整申请，共同指定某律师事务所为管理人。后法院于2018年3月23日依法裁定对A公司、B公司等7家关联公司进行合并破产重整。某会计师事务所受管理人委托对A公司、B公司等7家关联公司破产清算进行专项审计，并出具审计报告，报告显示A公司股东林某未缴足出资50万元。

2018年4月3日，A公司诉至法院。审理中，A公司申请对林某提交的《代持协议书》上加盖的“B公司”印章真伪进行鉴定。经鉴定，该《代持协议书》上加盖的“B公司”红色印章印文与供比对样本印文系同一印章盖印形成。另，林某以其系受B公司的委托代持股份为由申请追加B公司为本案共同被告参加诉讼，鉴于B公司与A公司等七公司已合并破产重整，且其破产管理人均为某律师事务所，而管理人坚持要求名义股东承担责任等情况，故对其申请不予准许。

审理要览

一审法院认为：A公司起诉时的案由被确定为股东出资纠纷，但根据A公司的诉请和纠纷的性质，本案案由应变更为追收未缴出资纠纷。根据A公司章程规定，股东林某，出资额为50万元，占总资本的5%，出资方式为货币出资，出资时间为2024年6月30日。本案中，林某作为A公司章程登记的股东，应按期足额缴纳公司章程中规定的其所认缴的出资额，虽然公司章程规定的出资期限尚未届满，但因A公司已进入破产重整程序，根据《中华人民共和国企业破产法》第三十五条“人民法院受理破产申请后，债务人的出资人尚未完全履行出资义务的，管理人应当要求该出资人缴纳所认缴的出资，而不受出资期限的限制”，《中华人民共和国公司法》第二十八条“股东应当按期足额缴纳公司章程中规定的各自所认缴的出资额。股东以货币出资的，应当将货币出资足额存入有限责任公司在银行开设的账户；以非货币财产出资的，应当依法办理其财产权的转移手续。股东不按照前款规定缴纳出资的，除应当向公司足额缴纳外，还应当向已按期足额缴纳出资的股东承担违约责任”和《最高人民法院关于适用〈中华人民共和国公司法〉若干问题的规定（三）》第十三条第一款“股东未履行或者未全面履行出资义务，公司或者其他股东请求其向公司依法全面履行出资义务的，人民法院应予支持”的规定，A公司有权要求林某补缴出资款50万元。审理中，林某虽辩称其系名义股东，实际出资人为B公司，其不应承担补足出资的义务。一审法院认为，林某作为A公司的登记股东，依法负有足额出资的义务，即便其为名义股东，在实际投资人出资不实的情况下，其不得以与实际投资人之间的关系对抗公司及其他股东，其对A公司的补足出资义务不能免除。故对林某的辩称意见，不予采纳。综上所述，A公司要求林某补缴出资50万元的诉讼请求，符合法律规定，予以支持。判决林某于判决生效后10日内向A公司补缴出资款50万元。

一审判决后，林某提起上诉。

二审法院经审理后认为，《中华人民共和国企业破产法》第三十五条规定：“人民法院受理破产申请后，债务人的出资人尚未完全履行出资义务的，管理人应当要求该出资人缴纳所认缴的出资，而不受出资期限的限制。”本案中，林某作为A公司的登记股东，依法负有足额缴纳出资的义务，即便其为名义股东，在实际出资人出资不实的情况下，其不得以与实际出资人之间的关系对抗公司及其他股东，其对 A 公司的补足出资义务不能免除。林某的上诉请求缺乏事实与法律依据，法院不予支持。遂判决驳回上诉，维持原判。

风险防范

实践中公司文件中记载的股东与实际投资人不符的情形时有发生，名义股东与实际出资人因各种原因通过代持股协议达到隐名持股的目的。根据《公司法司法解释三》第二十四条的规定，只要不存在法律规定的无效情形，这样的代持股协议就应当是合法有效的。鉴于合同的相对性，实际出资人与名义股东之间的代持股协议仅能约束合同相对人，对与合同无关的第三人没有拘束力。由于名义股东是公司对外的登记股东，根据《公司法》第五十六条的规定，股东名册记载的事项，应当与公司登记的事项相一致。股东经登记就具有公示效力，对外具有公信力，可以对抗第三人。

身为公司名义股东，除了案例中企业破产所负的足额缴纳出资的义务外，还可能涉及刑事法律风险。《中华人民共和国刑法》第三十条规定："公司、企业、事业单位、机关、团体实施的危害社会的行为，法律规定为单位犯罪的，应当负刑事责任。"第三十一条规定："单位犯罪的，对单位判处罚金，并对其直接负责的主管人员和其他直接责任人员判处刑罚。本法分则和其他法律另有规定的，依照规定。"关于"直接负责的主管人员和其他直接责任人员"如何认定的问题，根据最高人民法院《全国法院审理金融犯罪案件工作座谈会纪要》的规定，直接负责的主管人员，是在单位实施的犯罪中起决定、批准、授意、纵容、指挥等作用的人员，一般是单位的主管负责人，包括法定代表人。其他直接责任人员，是在单位犯罪中具体实施犯罪并起较大作用的人员，既可以是单位的经营管理人员，也可以是单位的职工，包括聘任、雇佣的人员。所以，在单位犯罪中，名义股东可能因其为直接负责的主管人员和其他直接责任人员而被判处刑罚。

实际出资人请求公司变更股东、签发出资证明书、记载于股东名册、记载于公司章程并办理公司登记机关登记须得到公司其他股东半数以上同意，但隐名持股协议的存在依然影响着公司控制权。名义股东行使股东权利往往遵照实际出资人的指示和安排，从这个意义上说，实际出资人可以相当程度地左右公司的经营决策，应予以充分重视。

法条链接

《中华人民共和国公司法》

第五十六条　有限责任公司应当置备股东名册，记载下列事项：

（一）股东的姓名或者名称及住所；

（二）股东认缴和实缴的出资额、出资方式和出资日期；

（三）出资证明书编号；

（四）取得和丧失股东资格的日期。

记载于股东名册的股东，可以依股东名册主张行使股东权利。

《最高人民法院关于适用〈中华人民共和国公司法〉若干问题的规定（三）》

第二十四条　有限责任公司的实际出资人与名义出资人订立合同，约定由实际出资人出资并享有投资权益，以名义出资人为名义股东，实际出资人与名义股东对该合同效力发生争议的，如无法律规定的无效情形，人民法院应当认定该合同有效。

前款规定的实际出资人与名义股东因投资权益的归属发生争议，实际出资人以其实际履行了出资义务为由向名义股东主张权利的，人民法院应予支持。名义股东以公司股东名册记载、公司登记机关登记为由否认实际出资人权利的，人民法院不予支持。

实际出资人未经公司其他股东半数以上同意，请求公司变更股东、签发出资证明书、记载于股东名册、记载于公司章程并办理公司登记机关登记的，人民法院不予支持。

二、隐名股东不得对抗债权人的执行请求

控制权解读

隐名股东在公司对外关系上并不具有公示股东的法律地位，不能以其与名义股东之间的约定为由对抗外部债权人对名义股东主张的正当权利。当隐名股东在案外人异议之诉中主张自己是股权真正所有人时，应尊崇商法外观主义理念，依据公司章程、股东名册与工商登记材料中记载的股权归属继续执行。实际出资人与名义股东之间代持股合同，属于双方合同内部约定，仅仅在合同双方内部产生法律约束力。

案件来源：重庆市高级人民法院（2019）渝民终240号A公司与D公司案外人执行异议案

基本案情

A公司向一审法院提出诉讼请求：确认B公司持有的C公司的20%股权为A公司所有，并停止对该股权的执行，本案诉讼费由D公司承担。

一审判决认定事实：2016年4月20日，重庆仲裁委员会作出（2015）渝仲字第1395号仲裁裁决：（一）被申请人B公司自收到本裁决书之日起10日内，向申请人D公司支付欠款10,300万元；（二）……其后，D公司依据上述仲裁裁决申请执行。2018年5月21日，一审法院以（2017）渝01执705号之四执行裁定书冻结被执行人B公司持有的C公司的60%股权。在执行过程中，案外人A公司向一审法院提出书面异议，请求中止执行对B公司持有C公司20%的股权的执行拍卖程序，解除B公司代A公司持有C公司20%股权的查封。一审法院于2018年8月14日作

出（2018）渝01执异427号执行裁定，驳回案外人A公司的异议请求。2018年8月31日，A公司对（2018）渝01执异427号裁定不服，提起本案的案外人执行异议之诉。

另查明，2012年6月20日，B公司与E公司签订《合作协议》，约定：双方共同在巴南区注册成立项目公司（即本案C公司），注册资本金为2,000万元人民币，B公司占40%股权，E公司占60%股权，B公司不实际出资，项目公司注册资本金全部由E公司承担。

2012年8月10日，B公司与E公司、A公司共同签订《〈合作协议〉补充协议》，约定：C公司注册资本金为2,000万元人民币，其中B公司持有60%股权，A公司持有40%股权，B公司持有的C公司股权中有20%股权系A公司委托其作为名义股东代A公司持有。

2012年8月16日，A公司向C公司划汇800万元。8月17日，B公司受A公司委托向C公司转款1,200万元。

再查明，C公司设立时在工商行政管理机关登记备案的出资者（股东）情况为：B公司货币出资额1,200万元，出资比例为60%；A公司货币出资额800万元，出资比例为40%。

2018年1月18日，C公司出资者（股东）情况为：B公司出资1,200万元，出资比例为60%；F公司出资800万元，出资比例为40%。至2018年5月21日一审法院作出（2017）渝01执705号之四执行裁定书冻结被执行人B公司持有的C公司的股权时，C公司在工商行政管理机关登记备案的《章程修正案》载明：B公司货币出资额1,200万元，出资比例为60%。

一审判决后，A公司提起上诉，主要上诉理由：首先，E公司、A公司与B公司签订《〈合作协议〉补充协议》明确约定，B公司持有C公司的60%股权中有20%股权系A公司委托B公司作为名义股东代持。其次，C公司注册资本金2,000万元全部由A公司支出，A公司按照约定履行了全部出资义务对案涉20%的股权享有实体权益。

D公司辩称，根据商事外观主义和公示公信原则，A公司以其为实际出资人为由，基于隐名股东身份排除执行的主张，不应得到支持。

审理要览

一审法院认为，本案争议焦点为：（一）A公司在本案中要求确认B公司持有C公司20%股权为其所有的请求应否支持？（二）A公司对B公司持有C公司股权中的20%股权是否享有足以排除强制执行的权利？

关于焦点一，《中华人民共和国公司法》第三十二条第三款规定："公司应当将股东的姓名或者名称向公司登记机关登记；登记事项发生变更的，应当办理变更登记。未经登记或者变更登记的，不得对抗第三人。"《最高人民法院关于适用〈中华人民共和国公司法〉若干问题的规定（三）》第二十四条规定："有限责任公司的实际出资人与名义出资人订立合同，约定由实际出资人出资并享有投资权益，以名义出资人为名义股东，实际出资人与名义股东对该合同效力发生争议的，如无合同法第五十二条规定的情形，人民法院应当认定该合同有效。前款规定的实际出资人与名义股东因投资权益的归属发生争议，实际出资人以其实际履行了出资义务为由向名义股东主张权利的，人民法院应予支持。名义股东以公司股东名册记载、公司登记机关登记为由否认实际出资人权利的，人民法院不予支持。实际出资人未经公司其他股东半数以上同意，请求公司变更股东、签发出资证明书、记载于股东名册、记载于公司章程并办理公司登记机关登记的，人民法院不予支持。"从以上规定可以看出，虽然2012年6月20日B公司与E公司签订《合作协议》、2012年8月10日B公司与E公司、A公司共同签订《〈合作协议〉补充协议》约定，B公司持有的C公司股权中有20%股权系A公司委托其作为名义股东代A公司持有，这仅仅是其内部约定，之后并未在工商行政管理部门进行变更登记，故其约定不能对抗第三人。A公司根据协议享有的权利为，在与B公司因投资权益的归属发生争议时，向B公司主张权利，只有经C公司其他股东半数以上同意后，才可以请求公司变更股东、签发证明书、记载于股东名册、记载于公司章程并办理登记机关登记，故A公司要想成为C公司的股东必须经过相应的程序方可实现，并不能当然成为C公司的股东。而本案系案外人执行异议之诉，不能根据双方协议确认B公司持有C公司的20%股权为A公司所有，故A公司的该项诉讼请求一审法院不予支持。

关于焦点二，《最高人民法院关于人民法院办理执行异议和复议案件若干问题的规定》第二十五条第一款第四项规定，“对案外人的异议，人民法院应当按照下列标准判断其是否系权利人：……股权按照工商行政管理机关的登记和企业信用信息公示系统公示的信息判断”。《中华人民共和国公司法》第三十二条第三款规定，公司应当将股东的姓名或者名称向公司登记机关登记；登记事项发生变更的，应当办理变更登记。未经登记或者变更登记的，不得对抗第三人。上述规定是基于商事外观主义的原则而制定，并未排除非交易领域的适用。本案现已查明，C公司在工商行政管理机关登记备案的出资者（股东）情况为：B公司货币出资额1,200万元，出资比例为60%；F公司货币出资额800万元，出资比例为40%。如前所述，A公司根据协议的约定和法律的规定，可以向B公司主张相应的权利，但在对外方面，应当依照商事外观主义原则确定相关当事人的权利义务，工商登记显示B公司持有C公司60%股权，故A公司根据协议的约定并不享有足以排除强制执行的权利。

综上，一审法院判决驳回A公司的诉讼请求。

二审法院根据双方二审诉辩主张，结合查明的事实，本案的争议焦点为：A公司对执行标的是否享有排除执行的民事权益。

二审法院认为，A公司对执行标的不享有足以排除强制执行的民事权益。理由如下：公司章程由全体股东共同制定，作为全体股东的真实意思表示，所记载的事项具有一定的公示作用。本案C公司2018年1月11日的《章程修正案》载明被冻结60%的股权在B公司名下，且办理了工商登记，具有对外公示效力，在对被执行人B公司名下的股权实施强制执行过程中，应当保护善意债权人对登记内容的信赖利益，D公司作为债权人有权对登记在B公司名下的股权申请强制执行。虽然A公司举示了《合作协议》和《〈合作协议〉补充协议》，以及实际出资2,000万元等证据，拟证明A公司系执行标的的实际出资人，但是《中华人民共和国公司法》第三十二条第三款规定，公司应当将股东的姓名或者名称向公司登记机关登记；登记事项发生变更的，应当办理变更登记。未经登记或者变更登记的，不得对抗第三人。本条规定了股权不变更登记不得对抗第三人的规则，这是商事权利外观主义和物权公示主义推导出实际权利人与善意第三人的对抗规则，隐名股东在公司对外关系上并不具有公示股东的法律地位，不能以其与名义股东之间的约定为由对抗外部债权人对名义股东主张的正当权利，当隐名股东在案外人异议之诉中主张自己是股权真正所有人时，应尊崇商法外观主义理念，依据公司章程、股东名册与工商登记材料中记载的股权归属继续执行。故不论A公司是否为C公司的实际出资人，均不影响D公司请求对登记在B公司名下的股权进行强制执行的权利。A公司的该项上诉理由不能成立。

至于A公司主张确认B公司持有的C公司的20%股权为A公司所有的上诉请求。法院认为，《最高人民法院关于适用〈中华人民共和国公司法〉若干问题的规定（三）》第二十四条规定："有限责任公司的实际出资人与名义出资人订立合同，约定由实际出资人出资并享有投资权益，以名义出资人为名义股东，实际出资人与名义股东对该合同效力发生争议的，如无合同法第五十二条规定的情形，人民法院应当认定该合同有效。前款规定的实际出资人与名义股东因投资权益的归属发生争议，实际出资人以其实际履行了出资义务为由向名义股东主张权利的，人民法院应予支持。名义股东以公司股东名册记载、公司登记机关登记为由否认实际出资人权利的，人民法院不予支持。实际出资人未经公司其他股东半数以上同意，请求公司变更股东、签发出资证明书、记载于股东名册、记载于公司章程并办理公司登记机关登记的，人民法院不予支持。"依照前述规定，实际出资人与名义股东之间代持股合同，属于双方合同内部约定，仅仅在合同双方内部产生法律约束，A 公司主张确认 B 公司代持的 C 公司 20%股权归其所有，实质上系请求变更公司登记股东，已经突破了代持股合同的约定，A 公司将从公司外部进入公司内部，为保障公司人合性，维护公司内部关系稳定，需参照《中华人民共和国公司法》第七十一条规定的股权外部转让规则，经由公司及其他股东过半数同意，A 公司并不能当然成为 C 公司的股东，故对 A 公司的该项上诉请求，法院不予支持。

综上，判决驳回上诉，维持原判。

风险防范

从实际出资人的角度而言，名义出资人是其影响公司经营管理、彰显公司控制权的“工具”。在现今法律环境下，股权代持协议虽然为法律所承认，但订立股权代持协议依然存在诸多法律风险：

一、现行相关法律规定未明确实际出资人的股东地位，要取得公司股东地位，还是要按照《公司法》和公司法司法解释的规定认定，必须经公司其他股东半数以上同意，这与《公司法》第八十四条第二款股东向股东以外的人转让股权的规定不同。

二、实际出资人行使股东知情权存在法律障碍。实际出资人由于不是登记股东，不具备《公司法》规定的享有股东知情权的主体资格，根据《公司法司法解释四》第七条的规定，实际出资人无权请求查阅或者复制公司特定文件材料，该规定间接削弱了其对公司的控制权。实际出资人要了解公司的经营情况，只能借助名义出资人行使股东知情权来实现。

三、代持的股权如被名义出资人转让或质押，善意第三人的权益将优先于实际出资人受法律保护。实践中，名义出资人如擅自以转让、设定质押或者以其他方式处分股权时，受让该股权的第三人一般无从知晓名义出资人与实际出资人之间的股权代持关系，处分将被按善意取得处理，善意第三人有权取得受让的股权（或行使质权）。在此情况下，实际出资人只能依据代持股协议要求名义出资人赔偿损失。如果代持股协议中责任条款约定不明或者名义出资人缺乏偿付能力，实际出资人的权益可能难以保障。

四、名义出资人自身的法律风险。名义出资人如果因自身债务原因成为被执行人时，为保护债权人利益，名义出资人名下的股权将作为被执行财产，如上述案例。除债务原因外，名义出资人还可能存在其他自身原因的法律风险，如超越权限行使股东权利损害实际出资人利益的风险、名义出资人丧失民事行为能力或死亡的风险以及名义出资人发生婚姻变动面临夫妻共同财产分割等风险，这些都是实际出资人签署代持股协议时需要考虑的法律风险，有必要在代持股协议中提前预防并且在协议履行过程中予以关注。

鉴于以上风险的存在，建议实际出资人从以下几个方面控制法律风险：

1. 注意收集和妥善保管向公司出资的证据材料、保留代持股协议原件。

2. 代持股期间，授权名义出资人行使表决权或行使股东权利时不流于口头形式，尽可能以书面形式呈现并保留该类证据（包括邮件、书面通知等），保留实际出资人实际取得公司分红的证据以及其他股东知晓代持股关系的证据。

3. 密切关注名义出资人自身情况，对其行使股东权利加以必要的监督。一旦发现名义出资人存在影响所持股权的风险时，应果断采取措施，履行法定程序显名登记或者责令名义出资人依法将股权转让给指定的第三人。

4. 代持股协议尽可能设置合同解除条款和违约责任条款，并在确有必要时保护实际出资人自身权益。对于其他可能影响双方权利义务的条款，诸如新股优先认购权等，也应体现在代持股协议中，避免因约定不明产生纷争。

法条链接

《中华人民共和国公司法》

第三十二条　公司登记事项包括：

（一）名称；

（二）住所；

（三）注册资本；

（四）经营范围；

（五）法定代表人的姓名；

（六）有限责任公司股东、股份有限公司发起人的姓名或者名称。

公司登记机关应当将前款规定的公司登记事项通过国家企业信用信息公示系统向社会公示。

第八十四条　有限责任公司的股东之间可以相互转让其全部或者部分股权。

股东向股东以外的人转让股权的，应当将股权转让的数量、价格、支付方式和期限等事项书面通知其他股东，其他股东在同等条件下有优先购买权。股东自接到书面通知之日起三十日内未答复的，视为放弃优先购买权。两个以上股东行使优先购买权的，协商确定各自的购买比例；协商不成的，按照转让时各自的出资比例行使优先购买权。

公司章程对股权转让另有规定的，从其规定。

《最高人民法院关于人民法院办理执行异议和复议案件若干问题的规定》

第二十五条　对案外人的异议，人民法院应当按照下列标准判断其是否系权利人：

（一）已登记的不动产，按照不动产登记簿判断；未登记的建筑物、构筑物及其附属设施，按照土地使用权登记簿、建设工程规划许可、施工许可等相关证据判断；

（二）已登记的机动车、船舶、航空器等特定动产，按照相关管理部门的登记判断；未登记的特定动产和其他动产，按照实际占有情况判断；

（三）银行存款和存管在金融机构的有价证券，按照金融机构和登记结算机构登记的账户名称判断；有价证券由具备合法经营资质的托管机构名义持有的，按照该机构登记的实际出资人账户名称判断；

（四）股权按照工商行政管理机关的登记和企业信用信息公示系统公示的信息判断；

（五）其他财产和权利，有登记的，按照登记机构的登记判断；无登记的，按照合同等证明财产权属或者权利人的证据判断。

案外人依据另案生效法律文书提出排除执行异议，该法律文书认定的执行标的权利人与依照前款规定得出的判断不一致的，依照本规定第二十六条规定处理。

《最高人民法院关于适用〈中华人民共和国公司法〉若干问题的规定（三）》

第二十四条 有限责任公司的实际出资人与名义出资人订立合同，约定由实际出资人出资并享有投资权益，以名义出资人为名义股东，实际出资人与名义股东对该合同效力发生争议的，如无法律规定的无效情形，人民法院应当认定该合同有效。

前款规定的实际出资人与名义股东因投资权益的归属发生争议，实际出资人以其实际履行了出资义务为由向名义股东主张权利的，人民法院应予支持。名义股东以公司股东名册记载、公司登记机关登记为由否认实际出资人权利的，人民法院不予支持。

实际出资人未经公司其他股东半数以上同意，请求公司变更股东、签发出资证明书、记载于股东名册、记载于公司章程并办理公司登记机关登记的，人民法院不予支持。

第五节　股东知情权

股东争议的突破口：行使股东知情权

控制权解读

股东知情权是法律赋予股东的固有权利和基础性权利，依法应当严格保护。对不参与公司实际经营的股东而言，了解公司经营现状和财务状况受阻时，提起股东知情权之诉成为维护自身合法权益的当然之选。股东知情权也能促进公司规范经营和依法治理，公司应将相关文件妥善保管，已备查阅复制。

案件来源： 上海市第二中级人民法院（2019）沪 02 民终 10401 号 A 公司股东知情权纠纷案

基本案情

B 合伙企业向一审法院起诉请求：1. 判令 A 公司向 B 合伙企业提供自 2015 年 8 月 27 日至判决生效之日期间的股东会会议记录、董事会会议决议、监事履行职务所产生的工作报告、公司章程（含章程修正案）、财务报告（包括审计报告）供 B 合伙企业及其委托的会计师或律师查阅、复制；2. 判令 A 公司向 B 合伙企业提供自 2015 年 8 月 27 日至判决生效之日期间的会计账簿（包括总账、明细账、日记账和其他辅助性账簿）、原始凭证、记账凭证供 B 合伙企业及其委托的会计师或律师查阅。在一审中，B 合伙企业表示 2016 年 1 月 1 日之后的财务报告确已收到，故对财务报告的查阅复制时间变更为要求 A 公司提供 2015 年 8 月 27 日至 12 月 31

日期间的财务报告。

一审法院认定事实：A 公司于 2015 年 7 月 29 日登记成立。2015 年 8 月 27 日，B 合伙企业（甲方或投资人）、C（乙方或原股东）、A 公司（丙方或公司）三方签订《投资协议书》1 份，约定各方经友好协商，就甲方投资公司事宜达成如下协议：第二条增资 1. 甲方以货币出资向公司增资，公司增资前股权价值为 3,700 万元。2. 本次交易甲方增资 450 万元，其他投资人增资 150 万元，即公司增资后股权价值为 4,300 万元。3. 甲方增资后，甲方在公司股权比例共计 10.465%。第五条董事会构成 1. 本次增资后，公司董事会将由 3 名董事构成，其中 B 合伙企业有权委派 1 名。董事长由董事会选举产生。董事会至少每半年召开一次会议。第七条股东知情权和监督权 1. 增资后，甲方享有充分的知情权，公司应全力配合。2. 公司应定期按时向甲方及其他股东提供下列财务资料：（1）每年 4 月 30 日前提供公司年度财务报告和经营报告；（2）每年 8 月 31 日前向甲方提供公司半年度财务报告和经营报告；（3）每年 4 月 30 日前、10 月 30 日前向甲方提供公司第一季度和第三季度财务报告及经营报告；（4）每月 15 日前向甲方提供公司上一月度财务报告和经营报告；（5）上一年度结束前的 30 天内完成年度预算。3. 甲方有权查阅、复制公司财务报告、各种会议记录等公司资料、档案，有权查阅公司会计账簿。第十三条回购条款 1. 下列情况之一出现时，甲方有权要求原股东或公司以现金形式全部或部分回购甲方的股权：（1）公司原股东或公司高管出现个人诚信和道德品质问题，而该问题已经对公司股东和公司权益造成侵害，且问题已不能够通过公司内部治理机制予以妥善解决；（2）公司原股东或公司高管的个人诚信和道德品质问题已经严重影响公司有效存续，造成股东的投资目的无法实现；（3）公司原股东受到竞业禁止，造成股东的投资目的无法实现；（4）乙方未经甲方许可不再担任公司高管；（5）公司原股东或公司高管发生犯罪行为；（6）公司 3 年内再融资估值不能达到 1.5 亿元。2. 回购价格：甲方本次投资金额+（甲方本次投资金额×10%×

股权变更日起至回购日天数÷365)。……第二十条适用法律与争议解决……凡因本协议产生的争议所引起的各方承担的全部律师费、诉讼费及其他相关费用应由败诉方承担。上述协议签订后，B合伙企业自2015年12月起登记成为A公司的股东。

2015年12月22日，A公司形成《章程》1份，其中第二十八条约定："公司应当依照法律、行政法规和国务院财政主管部门的规定建立本公司的财务、会计制度，并应在每个会计年度终了时制作财务会计报告，委托国家承认的会计师事务所审计并出具书面报告。"

2019年1月7日，B合伙企业向A公司邮寄发送《B合伙企业关于A公司之检查会计账簿的书面请求》《B合伙企业关于A公司之财产及运营记录的检查清单》《B合伙企业关于A公司之检查清单》，主要内容为：根据A公司与B合伙企业于2015年8月27日签署的《投资协议书》，公司目前已触发第十三条"回购条款"，另根据《中华人民共和国公司法》及《投资协议书》第七条约定，B合伙企业有权查阅、复制公司财务报告、各种会议记录等公司资料、档案，有权查阅公司会计账簿，基于此，委托员工前往公司现场查阅及复制：公司自2015年8月27日至2018年12月31日期间的记账凭证及科目余额表、公司所有银行账户的流水清单、纳税申报表、财务报表，以及公司的财产、运营记录等，用于向B合伙企业管理层汇报实际运营情况及未来发展规划。A公司收到后于2019年1月28日向B合伙企业发送《回函》1份，回复的主要内容为：1. A公司2015年8月27日至2018年12月31日的纳税申报表及财务报表，已在B合伙企业入股后，于每月纳税申报完毕后将电子文本发送给贵单位，最新一期（2018年12月）的纳税申报刚刚完成，连同本函一并寄送给贵单位。2. A公司2015年8月27日至2018年12月31日的记账凭证及科目余额表、流水单，涉及公司的商业秘密，由于贵单位已委托律师发送了关于回购股权的律师函，且在2018年12月28日，曾有贵单位员工前来A公司要求查阅、复制财务资料，并在交谈中表示查账不是真实目的，真实目的是要求A公司的C先生签署回购备忘录，如果C先生签署了回购备忘录，则不再查账。故A公司有理由相信，贵单位要求查账的目的并非贵单位在来函中所说的“用于向B合伙企业管理层汇报公司实际运营情况及未来发展规划”，且A公司有理由相信，贵单位的查账行为可能给A公司的经营和发展造成不利影响和后果，故不同意贵单位的请求。3. 贵单位《财产及运营记录的检查清单》中所列内容，除A公司2015年8月27日至2018年12月31日的股东会、董事会、监事会会议资料外，其他均不属于《中华人民共和国公司法》规定的贵单位作为股东行使知情权可以查阅和复制的文件，也不属于贵单位与A公司签署的《投资协议书》中贵单位的知情权范围，且A公司有理由相信贵单位的检查行为可能给A公司的经营和发展造成不利影响和后果，故不同意贵单位的请求。4. A公司2015年8月27日至2018年12月31日期间仅召开过3次股东会，相关材料复印件随本函一并寄送贵单位。同时，A公司随函向B合伙企业送达了2018年12月的利润表、资产负债表、现金流量表、2015年11月3日的《股东会决议（原）》、2015年11月3日的《股东会决议（新）》、2015年12月14日的《股东会决议（原）》、2015年12月14日的《股东会决议（新）》、2015年12月22日的《股东会决议》等材料的复印件。

2019年4月24日，B合伙企业委托律师再次向A公司发函，认为A公司拒绝查阅账簿和资料的理由不能成立，要求A公司配合B合伙企业行使股东知情权。

一审审理中，B合伙企业、A公司均表示无需确定查阅地点，查阅期限为1个月。

审理要览

一审法院认为，股东知情权是公司法赋予股东通过查阅财务会计报告、会计账簿等公司特定文件材料，以实现了解公司运营状况和公司高级管理人员活动的权利。B合伙企业作为A公司工商登记备案的股东，有权查阅、复制公司财务会计报告，故B合伙企业要求A公司提供2015年8月27日至12月31日的财务报告，一审法院予以支持。对于B合伙企业主张的股东会会议记录、董事会会议决议、监事报告、公司章程及修正案，虽然A公司已向B合伙企业提供了相关材料，但A公司提供的是复印件，B合伙企业要求查阅原件，A公司予以同意，一审法院予以核准。A公司表示除已提供给B合伙企业的材料外，无其他材料；B合伙企业认为A公司提供的材料不全面。对此，一审法院认为，如若A公司处存在或至判决生效之日形成其他材料，B合伙企业享有相应的知情权。关于公司会计账簿的查阅，B合伙企业已向A公司发函提出书面申请，表明查阅目的是用于向B合伙企业管理层汇报实际运营情况及未来发展规划，因此B合伙企业已履行了查阅会计账簿的前置申请义务，且查阅目的并无不当。A公司辩称B合伙企业要求查账的目的是逼迫A公司的实际投资人回购B合伙企业的股权，转嫁投资风险，可能损害公司合法利益，存在不正当目的。对此，一审法院认为，根据《最高人民法院关于适用〈中华人民共和国公司法〉若干问题的规定（四）》第八条规定，股东行使知情权存在的“不正当目的”是指：1. 股东自营或者为他人经营与公司主营业务有实质性竞争关系业务的，但公司章程另有规定或者全体股东另有约定的除外；2. 股东为了向他人通报有关信息查阅公司会计账簿，可能损害公司合法利益的；3. 股东在向公司提出查阅请求之日前的三年内，曾通过查阅公司会计账簿，向他人通报有关信息损害公司合法利益的；4. 股东有不正当目的的其他情形。显然A公司的理由不属于我国法律规定的“不正当目的”之情形。因此，A公司表示B合伙企业行使知情权存在不正当目的之依据不充分、理由不能成立，A公司以此为由拒绝B合伙企业查阅公司会计账簿，一审法院不予采纳。关于B合伙企业诉请中列明的会计账簿的包括项，我国会计法明确会计账簿包括总账、明细账、日记账和其他辅助性账簿，故一审法院对上述列明项予以支持。关于B合伙企业主张的原始凭证和记账凭证，因会计凭证是会计账簿记账的原始依据，是一个公司经营情况的最真实反映，根据会计法的相关规定，会计凭证包括原始凭证和记账凭证，故B合伙企业主张的记账凭证、原始凭证也属于股东知情权的范围。关于行使知情权的主体，根据法律规定，股东依据人民法院生效判决查阅公司文件材料的，在该股东在场的情况下，可以由其委托的会计师、律师等依法或者依据执业行为规范负有保密义务的中介机构执业人员辅助进行。因此，在B合伙企业在场的情况下，可由B合伙企业委托的会计师、律师等中介机构执业人员辅助进行，但不得超过两人，不得单独由上述人员查阅。关于查阅期限，B合伙企业、A公司一致同意一个月，法院予以确认。

一审判决后，A公司提起上诉。

二审中，双方当事人均未提供新证据。

二审经审理查明，一审法院查明的事实属实，法院予以确认。

二审法院认为，股东知情权是法律赋予股东的固有权利。本案中，B合伙企业按法律规定的相关条件和程序行使股东查阅、复制公司特定财务资料的权利，与法不悖，理应予以支持。A公司虽主张其已提供了财务报表等相关资料，但B合伙企业要求进一步查阅会计账簿、会计凭证原件等资料符合法律规定，A公司要求不履行该义务于法无据。A公司主张B合伙企业提起本案诉讼存有不正当目的，法院认为查阅特定财务资料原件并不必然导致A公司实际控制人必须回购股权以及损害公司利益的结果产生，故其该上诉理由亦不能成立。

风险防范

股东知情权是法律赋予股东的固有权利和基础性权利，依法应当严格保护。公司法规定，公司股东依法享有资产收益、参与重大决策和选择管理者等权利。《公司法》第五十七条中规定，股东有权查阅、复制公司章程、股东名册、股东会会议记录、董事会会议决议、监事会会议决议和财务会计报告。股东可以要求查阅公司会计账簿、会计凭证。第一百一十条中规定："股东有权查阅、复制公司章程、股东名册、股东会会议记录、董事会会议决议、监事会会议决议、财务会计报告，对公司的经营提出建议或者质询。连续一百八十日以上单独或者合计持有公司百分之三以上股份的股东要求查阅公司的会计账簿、会计凭证……"可见，《公司法》第五十七条和第一百一十条规定的股东知情权是股东享有资产收益、参与重大决策和选择管理者等权利的基础。尤其对不参与公司实际经营的股东而言，了解公司经营现状和财务状况受阻时，提起股东知情权之诉成为维护自身合法权益的当然之选。

股东知情权的范围不是无限的，根据公司法的规定，有限公司股东知情权的范围限于公司章程、股东名册、股东会会议记录、董事会会议决议、监事会会议决议、财务会计报告和公司会计账簿和会计凭证。股份有限公司的股东知情权包括公司、全资子公司章程、股东名册、股东会会议记录、董事会会议决议、监事会会议决议、财务会计报告和公司、全资子公司的会计账簿和会计凭证，另外还可以对公司的经营提出建议或者质询。

我们注意到，公司法的规定中除了财务会计报告和公司会计账簿外，还包括会计凭证。会计凭证、会计账簿、财务会计报告都是会计资料。其中，会计凭证是记录经济业务、明确经济责任、按一定格式编制的据以登记会计账簿的书面证明。会计账簿则是以会计凭证为依据，是由专门格式并以一定形式联结在一起的账页所组成的，对全部经济业务进行全面、系统、连续、分类的记录和核算的簿籍。财务会计报告包括会计报表和会计报表附注，会计报表是财务会计报告的主体和核心，由会计账簿的数据整理得出。因此，在三者关系上，会计凭证是基础，把会计凭证上的信息归集登记后便是会计账簿，把账簿数据归集整理便形成了会计报告。因此，在行使股东知情权时，将会计凭证包含在知情权的范围中，更有利于实现行使知情权的目的。

《公司法司法解释四》进一步加强了对股东法定知情权的保护，《公司法司法解释四》第十条明确规定："人民法院审理股东请求查阅或者复制公司特定文件材料的案件，对原告诉讼请求予以支持的，应当在判决中明确查阅或者复制公司特定文件材料的时间、地点和特定文件材料的名录。股东依据人民法院生效判决查阅公司文件材料的，在该股东在场的情况下，可以由会计师、律师等依法或者依据执业行为规范负有保密义务的中介机构执业人员辅助进行。"由此可见，只要满足股东在场、负有保密义务的中介机构两个条件，股东就可以在专业人员的辅助下行使股东知情权，对于在财会和法律方面专业知识欠缺的股东来说，有效弥补了查阅特定文件的能力欠缺。按照《公司法》的规定，股东及其委托的会计师事务所、律师事务所等中介机构查阅、复制有关材料，应当遵守有关保护国家秘密、商业秘密、个人隐私、个人信息等法律、行政法规的规定。

股东知情权同样也有助于加强公司的规范经营和依法治理。对于公司而言，召开股东会、董事会和监事会，应当对所议事项的决定作成会议记录，出席会议的人员应当在会议记录上签名，会议记录和形成的书面决议应妥善保存。公司还必须依法设置会计账簿，并保证其真实、完整。必须根据实际发生的经济业务事项进行会计核算，填制会计凭证，登记会计账簿，编制财务会计报告。会计资料应当建立档案，妥善保管。之所以这样要求，其目的在于准确反映公司的经营状况以备核查，根据《会计档案管理办法》附表 1 的规定，会计凭证和会计账簿的保管期限是 30 年，财务会计报告至少 10 年，其中年度财务会计报告须永久保存。如发生移交、搬迁会计凭证、会计账簿和财务会计报告的，应做好相关的备案登记工作，并由相关人员签名以备核查，确保会计资料完整。公司还要规范会计制度，保证会计账簿真实、完整，必须根据实际发生的经济业务事项进行会计核算，填制会计凭证，登记会计账簿，编制财务会计报告。如果故意隐匿、销毁会计资料，导致无法真实、完整地反映公司该部分经营活动情况的，还有可能构成刑事犯罪。

法条链接

《中华人民共和国公司法》

第四条　有限责任公司的股东以其认缴的出资额为限对公司承担责任；股份有限公司的股东以其认购的股份为限对公司承担责任。

公司股东对公司依法享有资产收益、参与重大决策和选择管理者等权利。

第五十七条　股东有权查阅、复制公司章程、股东名册、股东会会议记录、董事会会议决议、监事会会议决议和财务会计报告。

股东可以要求查阅公司会计账簿、会计凭证。股东要求查阅公司会计账簿、会计凭证的，应当向公司提出书面请求，说明目的。公司有合理根据认为股东查阅会计账簿、会计凭证有不正当目的，可能损害公司合法利益的，可以拒绝提供查阅，并应当自股东提出书面请求之日起十五日内书面答复股东并说明理由。公司拒绝提供查阅的，股东可以向人民法院提起诉讼。

股东查阅前款规定的材料，可以委托会计师事务所、律师事务所等中介机构进行。

股东及其委托的会计师事务所、律师事务所等中介机构查阅、复制有关材料，应当遵守有关保护国家秘密、商业秘密、个人隐私、个人信息等法律、行政法规的规定。

股东要求查阅、复制公司全资子公司相关材料的，适用前四款的规定。

第一百一十条　股东有权查阅、复制公司章程、股东名册、股东会会议记录、董事会会议决议、监事会会议决议、财务会计报告，对公司的经营提出建议或者质询。

连续一百八十日以上单独或者合计持有公司百分之三以上股份的股东

要求查阅公司的会计账簿、会计凭证的，适用本法第五十七条第二款、第三款、第四款的规定。公司章程对持股比例有较低规定的，从其规定。

股东要求查阅、复制公司全资子公司相关材料的，适用前两款的规定。

上市公司股东查阅、复制相关材料的，应当遵守《中华人民共和国证券法》等法律、行政法规的规定。

《最高人民法院关于适用〈中华人民共和国公司法〉若干问题的规定（四）》

第十条 人民法院审理股东请求查阅或者复制公司特定文件材料的案件，对原告诉讼请求予以支持的，应当在判决中明确查阅或者复制公司特定文件材料的时间、地点和特定文件材料的名录。

股东依据人民法院生效判决查阅公司文件材料的，在该股东在场的情况下，可以由会计师、律师等依法或者依据执业行为规范负有保密义务的中介机构执业人员辅助进行。

第二章 股东会、董事会与公司控制权安排

一、股东会、董事会的职权范围能否改变

控制权解读

股东会是公司的最高权力机构，拥有对公司重大事项的决定权。董事会是公司的执行机构，向股东会报告工作。股东会与董事会如同公司控制权的天平两端，对公司的重要性不言而喻，对公司控制权的争夺会集中于两会席位和职权范围。股东会、董事会均有法定职权和章程规定两类职权，董事会还有股东会授予的职权。法律并未排除董事会和股东会之间赋予履行对方的职权的权利，所以在经全体股东（股东会）同意、通过公司章程将股东会职权赋予董事会，在不违反法律强制性规定也不损害他人利益时是合法有效的。

案件来源：贵州省高级人民法院（2015）黔高民商终字第 61 号徐某某等诉 A 公司公司决议效力确认纠纷案

基本案情

一审审理查明，2009年10月19日，徐某某与B公司为设立被告A公司共同拟定了《A公司章程》，该章程主要载明：由B公司发起，由B公司和徐某某共同出资租赁办公楼为场所，合股经营A公司；注册资本为250万元；股东为B公司和徐某某；出资方式为现金；出资额为：B公司51%（127.5万元）；徐某某49%（122.5万元）；营业期限12年，从2009年8月10日起至2021年8月10日止；章程由双方共同订立，自2009年10月19日起生效。章程第七条规定：公司设董事会，行使下列权利：1. 决定公司的经营方针和投资计划；2. 决定总经理、副总经理的报酬事项；3. 选择和更换由股东派出的监事；4. 审议批准公司总经理的报告；5. 审议批准公司监事会的报告；6. 审议批准公司的年度财务预算方案、决算方案；7. 审议批准公司的利润分配方案和弥补亏损方案；8. 对公司增加或者减少注册资本作出决议；9. 对股东向股东以外的人转让出资作出决议；10. 对公司合并、分立、变更、解散和清算等事项作出决议；11. 修改公司章程；12. 制定公司的基本管理制度。章程第三十二条规定：公司有下列情况之一，可以解散：1. 公司章程规定的营业期限届满；2. 董事会决议解散；3. 公司合并或者分立需要解散；4. 公司违反法律、行政法规被依法责令关闭；5. 因不可抗力事件致使公司无法继续经营；6. 宣告破产。上述章程签订后，A公司于2009年10月22日在工商局注册成立，登记股东为徐某某和B公司。

徐某某认为A公司章程第七条规定了应由股东行使的权利，第三十二条第二项也规定了董事会有权通过决议方式对A公司进行解散等应由股东行使的权利，违反公司法强制性规定，侵犯了股东合法权益。原告多次与第三人协商对该条款进行调整和规范，无法达成一致意见，故诉请确认A公司章程第七条、第三十二条第二项无效。

被告A公司在庭审中口头辩称章程有效，不能变更。

B公司在庭审中口头陈述：A公司章程未违反公司法规定，合法有效；该章程经全体股东一致同意后签订，并未侵犯任何股东的权益；原告并未与我方协商修改章程。请求驳回原告的诉讼请求。

一审宣判后，徐某某不服，提起上诉。

审理要览

一审法院认为：本案争议焦点是股东对公司章程内容能否提起确认无效之诉以及A公司章程是否部分无效。

公司作为由股东共同投资组成的联合体，股东之间需要对公司的组织和行为规则有共同的约定，形成共同的意志，其具体表现形式就是自愿制定书面的公司章程；同时，公司章程可以确定适应本公司实际情况的具体规则，体现高度自治，但必须在遵守法定规则的前提下。本案所涉公司章程由股东徐某某、B公司共同制定，对股东均有约束力。

根据《中华人民共和国公司法》的规定，股东会是公司的权力机构，其职权为：决定公司的经营方针和投资计划；选举和更换非由职工代表担任的董事、监事，决定有关董事、监事的报酬事项；审议批准董事会的报告；审议批准监事会或者监事的报告；审议批准公司的年度财务预算方案、决算方案；审议批准公司的利润分配方案和弥补亏损方案；对公司增加或者减少注册资本作出决议；对发行公司债券作出决议；对公司合并、分立、变更、解散和清算等事项作出决议；修改公司章程；公司章程规定的其他职权。本案所涉公司章程将上述股东会职权赋予了董事会，该职权的赋予是经全体股东即徐某某、B公司共同同意，法律并未排除董事会和股东会之间可以赋予履行对方的职权，所以在经全体股东（股东会）同意、不违反法律强制性规定也不损害他人利益时，可将股东会的职权赋予董事会，故徐某某主张公司章程将股东会的职权赋予董事会行使违反法律强制性规定的理由不成立。徐某某作为公司登记股东，如认为公司章程内容违反法律规定或不当，应当根据公司法规定提议股东会进行修改，不能就此提起诉讼。且其并未提交证据证明与其他股东协商的依据，故其主张已进行交涉的理由也不成立。

公司决议产生于公司设立之后，而本案请求确认的是公司设立前全体股东制定的公司章程部分无效；公司章程只有在公司成立后，由股东会或股东大会、董事会讨论修改才能形成修改公司章程决议。故徐某某主张公司章程部分无效即是主张公司决议效力无效的理由不符合公司法规定，应予驳回。

二审法院经审理后认为，公司章程是由公司发起人或全体股东共同制定的公司基本文件，也是公司成立的必备性法律文件，主要体现股东意志。《中华人民共和国公司法》第十一条中规定，设立公司必须依法制定公司章程。表明公司章程具有法定性，即它不仅是体现股东的自由意志，也必须遵守国家的法律规定。只要公司章程不违反国家强制性的、禁止性的法律规定，司法一般不应介入公司章程这种公司内部事务，即使司法要介入，也应保持适当的限度，即适度干预。

本案所涉公司章程规定了包括股东在内相应人员的权利和义务，对相应人员具有约束力，从有权利即有救济的角度看，如果股东认为公司章程的内容有违法或侵犯股东权利的情形，股东应有权通过诉讼维护自己的合法权利。因此，上诉人请求确认公司章程部分内容无效的权利是存在的，被上诉人 A 公司和 B 公司认为“上诉人诉请确认公司章程部分无效没有法律依据”的理由不成立。在确认上诉人徐某某享有相关的诉权后，本案的争议焦点在于 A 公司章程内容是否部分无效。《中华人民共和国公司法》第三十七条、第四十六条分别以列举的形式规定了股东会和董事会的职权，从两条法律规定来看，董事会、股东会均有法定职权和章程规定职权两类。无论是法定职权还是章程规定职权，强调的都是权利，在没有法律明确禁止的情况下，权利可以行使、可以放弃，也可以委托他人行使。

但《中华人民共和国公司法》第四十三条第二款规定“股东会会议作出修改公司章程、增加或者减少注册资本的决议，以及公司合并、分立、解散或者变更公司形式的决议，必须经代表三分之二以上表决权的股东通过”。从此条规定中的法律表述用语“必须”可以看出，修改公司章程、增加或者减少注册资本的决议，以及公司合并、分立、解散的决议有且只有公司股东会才有决定权，这是股东会的法定权利。A 公司章程第七条第八项、第十项、第十一项，第三十二条第二项将股东会的法定权利规定由董事会行使，违反了上述强制性法律规定，应属无效。因此，被上诉人 A 公司和 B 公司关于“该授权不违反《中华人民共和国公司法》的强制性规范”的辩解理由不成立，上诉人的上诉请求部分应予支持。

综上所述，判决撤销一审民事判决，确认 A 公司章程第七条第八项、第十项、第十一项，第三十二条第二项无效。

风险防范

股东会是公司的最高权力机构，拥有对公司重大事项的决定权。董事会是公司的执行机构，向股东会报告工作。股东会与董事会对公司的重要性不言而喻，对公司控制权的争夺会集中于两会席位和职权范围。在董事会中占有席位便于第一时间获取公司信息，能更好地监管公司并享有公司的日常经营管理与决策权，深入公司经营管理也更易于把握行业动向与公司未来的发展方向。但占据席位只是第一步，只有有效地拓展董事会的职权范围才能更好地掌控公司。

关于股东会与董事会的职权范围，《公司法》第五十九条和第六十七条用列举的方式明确规定。除此之外，《公司法》条文还涉及某些特定事项的决定权，比如公司向其他企业投资或者为他人提供担保、公司为公司股东或者实际控制人提供担保、公司从税后利润中提取法定公积金后继续提取任意公积金、公司聘用、解聘承办公司审计业务的会计师事务所等事项，分别由股东会或董事会决议或者两会都有权决议。

《公司法》第四条第二款规定：“公司股东对公司依法享有资产收益、参与重大决策和选择管理者等权利。”公司股东依法享有选择管理者的权利，基于这一规定，公司股东亦应享有决定该管理者权限的权利。《公司法》第五十九条和第六十七条在职权范围中最后一项都规定“公司章程规定的其他职权”，董事会的职权范围还包括“股东会授予的其他职权”。由此可见，公司法允许公司以公司章程的形式变动股东会和董事会的职权范围，具体操作中公司可以根据企业实际需要和行业特点，补充股东会和董事会的职权。

以上这些都是根据《公司法》的规定，在案例中，A公司通过章程规定的形式将股东会职权赋予了董事会，并且该职权的赋予是经全体股东即徐某某、B公司共同同意的，这样的赋权是有效的。《公司法》没有提及赋权的范围，那么，有没有可能存在无效的赋权呢？《民法典》第一百五十三条规定：“违反法律、行政法规的强制性规定的民事法律行为无效。但是，该强制性规定不导致该民事法律行为无效的除外。违背公序良俗的民事法律行为无效。”但书表明，违反效力性强制性规定的民事法律行为无效，违反管理性强制性规定并不必然导致民事法律行为无效。

关于效力性强制性规定和管理性强制性规定，《最高人民法院印发〈关于当前形势下审理民商事合同纠纷案件若干问题的指导意见〉的通知》第十五条规定：“……违反效力性强制规定的，人民法院应当认定合同无效；违反管理性强制规定的，人民法院应当根据具体情形认定其效力。”《最高人民法院关于印发〈全国法院民商事审判工作会议纪要〉的通知》第三十条第二款规定：“人民法院在审理合同纠纷案件时，要依据《民法总则》第153条第1款和合同法司法解释（二）第14条的规定慎重判断‘强制性规定’的性质，特别是要在考量强制性规定所保护的法益类型、违法行为的法律后果以及交易安全保护等因素的基础上认定其性质，并在裁判文书中充分说明理由。下列强制性规定，应当认定为‘效力性强制性规定’：强制性规定涉及金融安全、市场秩序、国家宏观政策等公序良俗的；交易标的禁止买卖的，如禁止人体器官、毒品、枪支等买卖；违反特许经营规定的，如场外配资合同；交易方式严重违法的，如违反招投标等竞争性缔约方式订立的合同；交易场所违法的，如在批准的交易场所之外进行期货交易。关于经营范围、交易时间、交易数量等行政管理性质的强制性规定，一般应当认定为‘管理性强制性规定’。”虽然《民法典》实施后，《中华人民共和国民法总则》和合同法司法解释已经失效，但最高人民法院在制定该纪要时，对《中华人民共和国民法总则》第一百五十三条第一款规定的“法律、行政法规的强制性规定”如何理解进行了充分研究。鉴于《民法典》完全吸收了《中华人民共和国民法总则》该条规定的内容，因此，纪要第三十条的精神在《民法典》实施后应当继续适用。[①]《公司法》第五十九条和第六十七条关于职权范围的规定并非效力性强制性规定，也就是说，股东会和董事会将职权赋予对方行使只要不违反法律强制性规定、不损害他人利益时是合法有效的。

由此可见，股东会赋权是有可能无效的。比如，《公司法》第六十六条第三款规定的“股东会作出修改公司章程、增加或者减少注册资本的决议，以及公司合并、分立、解散或者变更公司形式的决议”必须由股东会会议作出，该规定不属于公司自治范畴，不可以擅越。如果在公司章程中将这些权限赋予董事会行使，该规定应认定为无效。

法条链接

《中华人民共和国公司法》

第五十八条 有限责任公司股东会由全体股东组成。股东会是公司的权力机构，依照本法行使职权。

第五十九条 股东会行使下列职权：

（一）选举和更换董事、监事，决定有关董事、监事的报酬事项；

（二）审议批准董事会的报告；

① 最高人民法院民法典贯彻实施工作领导小组主编：《中华人民共和国民法典总则编理解与适用（下）》，人民法院出版社2020年版，第774页。

（三）审议批准监事会的报告；

（四）审议批准公司的利润分配方案和弥补亏损方案；

（五）对公司增加或者减少注册资本作出决议；

（六）对发行公司债券作出决议；

（七）对公司合并、分立、解散、清算或者变更公司形式作出决议；

（八）修改公司章程；

（九）公司章程规定的其他职权。

股东会可以授权董事会对发行公司债券作出决议。

对本条第一款所列事项股东以书面形式一致表示同意的，可以不召开股东会会议，直接作出决定，并由全体股东在决定文件上签名或者盖章。

第六十六条 股东会的议事方式和表决程序，除本法有规定的外，由公司章程规定。

股东会作出决议，应当经代表过半数表决权的股东通过。

股东会作出修改公司章程、增加或者减少注册资本的决议，以及公司合并、分立、解散或者变更公司形式的决议，应当经代表三分之二以上表决权的股东通过。

第六十七条 有限责任公司设董事会，本法第七十五条另有规定的除外。

董事会行使下列职权：

（一）召集股东会会议，并向股东会报告工作；

（二）执行股东会的决议；

（三）决定公司的经营计划和投资方案；

（四）制订公司的利润分配方案和弥补亏损方案；

（五）制订公司增加或者减少注册资本以及发行公司债券的方案；

（六）制订公司合并、分立、解散或者变更公司形式的方案；

（七）决定公司内部管理机构的设置；

（八）决定聘任或者解聘公司经理及其报酬事项，并根据经理的提名决定聘任或者解聘公司副经理、财务负责人及其报酬事项；

（九）制定公司的基本管理制度；

（十）公司章程规定或者股东会授予的其他职权。

公司章程对董事会职权的限制不得对抗善意相对人。

《中华人民共和国民法典》

第一百四十三条　具备下列条件的民事法律行为有效：

（一）行为人具有相应的民事行为能力；

（二）意思表示真实；

（三）不违反法律、行政法规的强制性规定，不违背公序良俗。

第一百五十三条　违反法律、行政法规的强制性规定的民事法律行为无效。但是，该强制性规定不导致该民事法律行为无效的除外。

违背公序良俗的民事法律行为无效。

二、董事会决议可否以电子邮件形式传签

控制权解读

公司法没有对董事会的议事方式和表决程序作出具体的规定，由公司在意思自治的精神下自行决定。以电子邮件表决召开董事会的形式，在信息发达、追求效率的今天，也非常常见。公司完全可以灵活制定会议方式，从召集程序、召集的通知、通知方式和内容、会议召开方式、会议记录的形式、如何表决等方面入手，用书面文件固定下来，保证会议决议成立。

案件来源：北京市第一中级人民法院（2019）京01民终6080号A公司与丁某公司决议效力确认纠纷案

基本案情

丁某向一审法院起诉请求：确认A公司2017年第6次临时董事会会议决议不成立。

一审法院认定事实：A公司章程记载：股东及认缴出资额为B公司255万元、C公司195万元、丁某50万元。公司设股东会，股东会行使下列职权：……（二）选举和更换非由职工代表担任的董事、监事，决定有关董事、监事的报酬事项。公司设董事会，其成员为5人，由股东会选举产生。董事任期三年，任期届满连选可以连任。董事会对股东会负责，行使下列职权：……（九）聘任或者解聘公司总经理，根据总经理的提名，聘任或者解聘公司副总经理、财务负责人等高级管理人员，并决定其报酬事项和奖惩事项。董事会议事规则：董事会实行一人一票表决制。董事会有4/5的董事参加方可举行，其中至少须有1名C公司派出的董事。董事会议定事项须经3/5的董事同意方可作出，其中至少须有1名C公司派出的董事。董事会会议每年至少召开一次，由董事长负责召集并主持。董事长不能召集时，由董事长委托副董事长或其他董事负责召集并主持董事会会议。每次会议提前10日通知各董事。重大事项可由董事长召开董事会临时会议。总经理、副总经理等高级管理人员有营私舞弊或严重失职的，经董事会决议可随时撤换。

A公司工商登记显示，董事长任某某，副董事长浩某某，董事丁某，刘某某，蒋某。其中浩某某为C公司委派的董事。

2017年3月20日，B公司出具《关于变更A公司董事的函》，通知A公司股东会，更换吴某某担任董事并任董事长及法定代表人。

2017年3月21日，蒋某签署一份授权委托书，载明：授权人蒋某、被授权人吴某某。兹授权吴某某代表并行使本人全部于A公司的董事权利。授权期限至吴某某董事变更程序完成。落款处有蒋某签字及B公司盖章。

2017年9月22日，B公司发出《关于提请A公司董事会撤换总经理丁某的提议》。2017年9月28日A公司2017年第6次临时董事会会议决议记载：会议时间2017年9月22—27日。会议方式电子邮件传签。传签董事：任某某、刘某某、吴某某、浩某某、丁某。邮件发送任某某。会议议题：审议撤换总经理丁某及相关事宜。经过各董事充分审议、表决，会议作出决议如下：一、鉴于总经理丁某已严重失职，按照A公司章程第三十八条规定，及与丁某劳动合同第四条、第七条、第八条的规定，会议决定解除丁某的总经理职务。董事会将通报各股东在2017年10月15日前提名新的总经理人选供董事会选聘，在此期间总经理职务暂由董事长任某某代为行使。二、即日起，丁某不再担任A公司总经理，为避免公司利益再受侵害，丁某应在2017年10月15日前交回其所持有的A公司的公章、合同章及财务章等公司印鉴。由于股东间正处于诉讼的非常时期，丁某涉及的各项费用、工资暂停支付，待诉讼结束，相关赔偿明确后，经董事会审议通过后再予以补发。落款处有任某某、刘某某、吴某某签名。

审理中，各方认可任某某提议召开涉案董事会，2017年9月22日任某某向刘某某、丁某、浩某某发送电子邮件，通知了董事会议题。浩某某回复表示不同意，丁某未回复。9月29日，任某某打印了书面的决议，任某某、刘某某、吴某某签名后，任某某通过电子邮件附件的方式将决议发送给丁某、浩某某。

任某某、A公司主张该公司董事会曾以传签方式两次召开，提交了2016年12月21日及2017年1月22日各方电子邮件。

一审判决后，A公司提起上诉，请求撤销一审判决，改判驳回丁某的一审全部诉讼请求。事实和理由：案涉董事会的召开履行了必要的程序且符合公司章程及董事会议事规则的规定，表决程序也遵循了公司法及公司章程规定的必要程序，合法有效。一、案涉临时董事会为实际召开的会议，召集和召开程序均符合公司章程及《A公司董事会议事规则》（以下简称《董事会议事规则》）的规定。A公司除公司章程外，制定有明确的《董事会议事规则》。2016 年 6 月 15 日，A 公司第一届第二次股东会会议审议通过了《董事会议事规则》，该规则具有法律效力，案涉董事会的召开和决议程序符合《董事会议事规则》的规定。根据章程及《董事会议事规则》约定，A 公司董事长可以召开董事会临时会议，任某某系 2017 年 9 月 22 日发出召开临时董事会会议通知。《董事会议事规则》规定，董事会召开临时董事会会议的通知方式为传真，通知时限为 3 日内。由于现在传真已不常用，通常采用电子邮件的方式。A 公司于 2016 年 12 月 21 日和 2017 年 1 月 22 日以邮件传签的方式成功召开过两次临时董事会，各位董事未提出异议，故可认定以邮件传签方式代替传真方式召开临时董事会是各董事认可的方式。案涉董事会通知 9 月 22 日发出，要求 27 日予以回复，其间有 5 天时间，符合《董事会议事规则》中对于召开临时董事会时间的要求。案涉董事会参会人数符合章程规定。二、案涉临时董事会遵循了法律、公司章程和《董事会议事规则》的表决程序。在董事蒋某辞职的情况下，B 公司委派吴某某继任董事符合公司章程和公司法的规定。案涉临时董事会通知 5 人，3 名董事同意决议事项并在董事会决议上签字，1 名董事表示反对未签字，1 名董事未发表意见，故案涉董事会表决程序符合董事会议事规则的规定。

丁某辩称，同意一审判决，不同意 A 公司的上诉请求，请求驳回上诉，维持原判。案涉董事会未实际召开，召集召开程序不符合公司法和公司章程的规定，应认定为不成立。

任某某、刘某某述称，同意 A 公司的上诉请求及事实理由。

蒋某、浩某某未参加二审询问，亦未提交书面陈述意见。

审理要览

一审法院认为：公司决议是一种团体性法律行为，法律行为欠缺成立要件时，为法律行为不成立；同理，当公司决议欠缺成立要件时，为决议不成立。根据公司法及相关司法解释规定，公司决议成立的前提是按照法律或者章程规定的议事方式和表决程序作出。《最高人民法院关于适用〈中华人民共和国公司法〉若干问题的规定（四）》第五条规定：“股东会或者股东大会、董事会决议存在下列情形之一，当事人主张决议不成立的，人民法院应当予以支持：（一）公司未召开会议的，但依据公司法第三十七条第二款或者公司章程规定可以不召开股东会或者股东大会而直接作出决定，并由全体股东在决定文件上签名、盖章的除外；（二）会议未对决议事项进行表决的；（三）出席会议的人数或者股东所持表决权不符合公司法或者公司章程规定的；（四）会议的表决结果未达到公司法或者公司章程规定的通过比例的；（五）导致决议不成立的其他情形。”即董事会决议成立的前提是必须依照公司法及公司章程规定的程序召集、召开会议，并且出席人数及表决结果达到一定的比例，如果根本未开会、未表决，应当归属于决议不成立的情形。

本案中，从董事会会议的召集及召开程序来看，A 公司章程规定，董事会需提前 10 日通知各董事，董事会有 4/5 的董事参加方可举行，且至少须有 1 名 C 公司派出的董事。A 公司主张涉案董事会为 2017 年 9 月 22 日由任某某通过电子邮件通知，通过由董事传签邮件的方式召开会议，并于 9 月 29 日由 3 名董事签字形成决议，上述召集、召开程序均不符合 A 公司章程的规定。本案涉诉董事会决议的作出，既无有效证据显示召开了该次董事会，又未遵循法律、公司章程规定的表决程序，丁某主张所涉董事会并未实际召开，法院予以采信，其要求确认所涉董事会决议不成立，法院予以支持。

二审法院审理后认为，《最高人民法院关于适用〈中华人民共和国公司法〉若干问题的规定（四）》第五条明确规定了董事会决议不成立的情形。具体到本案中，案涉董事会采用了电邮传签的方式召开，此种董事会召集方式无论是在 A 公司章程中，还是在二审 A 公司所提交的《董事会议事规则》的复印件中，均未被列为董事会的召集方式。A 公司主张公司曾有此种方式召开董事会的惯例，但从在先 A 公司董事会就具体审议事项进行电邮传签的事实，并不能推定得出各董事一致认可变更董事会会议召集方式，并同意对所有董事会审议事项进行电邮传签的证明结论。故应认定案涉董事会未召开，对丁某要求确认案涉董事会决议不成立的诉讼请求，予以支持。

综上所述，A 公司的上诉请求不能成立，应予驳回；一审判决认定事实清楚，适用法律正确，应予维持。判决驳回上诉，维持原判。

风险防范

本案例涉及董事会以电子邮件传签方式召开的效力问题。

股东会作为公司的决策机构，其决策由公司常设机构董事会执行和实施。《公司法》第二十四条规定，公司股东会、董事会、监事会召开会议和表决可以采用电子通信方式，公司章程另有规定的除外。第七十三条规定，董事会的议事方式和表决程序，除本法有规定的外，由公司章程规定……董事会应当对所议事项的决定作成会议记录，出席会议的董事应当在会议记录上签名。众所周知，议事方式是指董事会会议以何种方式召开，表决程序是指董事会会议对所议事项作出决定的流程和方式。值得注意的是，2023 年 12 月 29 日修订通过的《公司法》虽然没有对股东会、董事会、监事会的议事方式和表决程序作出具体的规定，由公司在意思自治的精神下自行决定，但明确了召开会议和表决可以采用电子通信方式，顺应了信息化和数字化的时代大背景。

结合案例，A 公司在上诉时称，其《董事会议事规则》规定董事会召开临时董事会会议的通知方式为传真，由于传真已不常用，故采用电子邮件的方式。且 A 公司两次以邮件传签的方式成功召开过临时董事会，各位董事未提出异议，进而认为以邮件传签方式代替传真方式召开临时董事会是各董事认可的方式。事实上，A 公司内部制定了较为完备的《董事会议事规则》是非常难能可贵的，对规范董事会会议流程，规避潜在的风险具有积极的意义。可惜的是，《董事会议事规则》对会议召开方式进行没有详细和可供操作的规定，在通过电子邮件传签方式顺利召开董事会后也没有及时完善《董事会议事规则》相关条款，将这种便捷且被大家认可的方式固定在公司章程或《董事会议事规则》中，最终直接导致本案中的败诉结果。

对于“邮件表决”召开公司董事会的形式，在信息网络发达、追求效率的今天，也非常常见。这种方式通常仅限于非常重要的问题，但这些问题又往往希望得到全体成员的意见，然而能够出席会议进行表决的成员有限，这个时候“邮件表决”就很有必要。而且，通过“邮件表决”的会议过程应非常小心，以确保“准确性”和“保密性”。[①]

实践中，随着科技的进步和会议形式的多样化，参会的成员可能距离遥远不便抵达会场，会议的召开就不应局限于通常的面对面的现场会议，公司完全可以灵活制定会议方式，从召集程序、召集的通知、通知方式和内容、会议召开方式、会议记录的形式、如何表决等方面入手，保证会议决议成立。同时，随着公司的发展，会议可能如案例中的公司一样发生变化，公司也应及时反应，并将该变化合理地固定在内部文件中。对于新的会议形式，公司也应完整保留会议流程的记录，客观呈现会议过程与决议的形成，消弭日后潜在的纷争。

法条链接

《中华人民共和国公司法》

第二十四条　公司股东会、董事会、监事会召开会议和表决可以采用电子通信方式，公司章程另有规定的除外。

第七十三条　董事会的议事方式和表决程序，除本法有规定的外，由公司章程规定。

① 参见［美］亨利·罗伯特：《罗伯特议事规则（第11版）》，袁天鹏、孙涤译，格致出版社、上海人民出版社2015年版，第313—314页。

董事会会议应当有过半数的董事出席方可举行。董事会作出决议，应当经全体董事的过半数通过。

董事会决议的表决，应当一人一票。

董事会应当对所议事项的决定作成会议记录，出席会议的董事应当在会议记录上签名。

《最高人民法院关于适用〈中华人民共和国公司法〉若干问题的规定（四）》

第五条 股东会或者股东大会、董事会决议存在下列情形之一，当事人主张决议不成立的，人民法院应当予以支持：

（一）公司未召开会议的，但依据公司法第三十七条第二款或者公司章程规定可以不召开股东会或者股东大会而直接作出决定，并由全体股东在决定文件上签名、盖章的除外；

（二）会议未对决议事项进行表决的；

（三）出席会议的人数或者股东所持表决权不符合公司法或者公司章程规定的；

（四）会议的表决结果未达到公司法或者公司章程规定的通过比例的；

（五）导致决议不成立的其他情形。

三、会议议事规则：为控制权安排保驾护航

控制权解读

实践中公司缺少股东会、董事会会议规则的比比皆是。完善会议流程和规则已经成为众多公司亟待解决的重大问题。“罗伯特议事规则”在完善公司治理结构，加强公司控制权安排，增强决策的科学性合理性，提升企业效率等方面都具有积极意义。完备的议事规则与公司控制权的安排与

落实关系重大。议事规则犹如程序法，可以保障公司控制权的实现。反之，没有议事规则的保驾护航，公司控制权安排的效果也会大打折扣甚至形同虚设。

案件来源：北京市第二中级人民法院（2021）京02民终11381号A公司等与B公司等公司决议撤销纠纷案

基本案情

李某、宛某某向一审法院起诉请求：1. 判令撤销2020年12月8日B公司作出的全部决议，包括《同意对B公司进行财务审计的决议》《同意改选钱某某为B公司法定代表人的决议》《同意改选钱某某为B公司执行董事的决议》。2. 诉讼费用由B公司负担。

一审法院认定事实：B公司成立于2018年5月22日。2020年12月8日前，股东为林某（出资73.5万元）、张某（出资98万元）、钱某某（出资73.5万元）、宛某某（出资73.5万元）、李某（出资171.5万元）、A公司（出资510万元）。张某为公司执行董事，林某为公司经理及法定代表人，刘某某为公司监事。

B公司章程（2020年8月27日）规定，召开股东会议，应当于会议召开15日以前通知全体股东。定期会议每年定时召开。代表1/10以上表决权的股东、执行董事、监事提议召开临时会议的，应当召开临时会议。股东会会议由执行董事召集和主持。执行董事不能履行或者不履行召集股东会会议职责的，由监事召集和主持，监事不召集和主持的，代表1/10以上表决权的股东可以自行召集和主持。股东会会议由股东按照出资比例行使表决权。公司不设董事会，设执行董事1人，由股东会选举产生。公司设经理，由执行董事决定聘任或者解聘。经理为公司的法定代表人。

2020年12月8日，B公司作出临时股东会会议决议并形成三份书面文本。3份文本均载明：本会议通知由公司监事刘某某于2020年11月23日以微信方式向各位股东发出，本次会议应出席股东6名，实到5名……

于2020年12月8日在公司会议室以现场会议方式召开了临时股东会议，本次会议由公司监事刘某某先生召集并主持会议，由代表82.85%表决权的股东参加，经代表58.35%表决权的股东通过，经逐项审议，作出如下决议：同意改选钱某某为公司执行董事、同意改选钱某某为公司法定代表人、同意对B公司进行财务审计。

李某、宛某某、B公司以及钱某某、A公司、刘某某确认，2020年12月8日股东会决议的内容包括：改选钱某某为公司执行董事、改选钱某某为公司法定代表人、进行财务审计。

钱某某、A公司、刘某某称，2020年12月8日的临时股东会系由A公司提议召开，由公司监事刘某某向各个股东发送会议通知并由刘某某主持会议；因为事先与执行董事张某沟通后，确定由刘某某主持。会议当天，除了李某外，其他股东或其代理人均到场参加会议。

李某要求撤销上述股东会决议，理由包括：李某没有收到任何形式的会议通知；股东会临时会议实际由A公司召集，而不是由执行董事召集，不符合章程规定；会议内容与公司章程不符，章程规定公司法定代表人由执行董事聘任的经理担任，选举或变更法定代表人不是股东会的职权。

宛某某要求撤销上述股东会决议，理由包括：B公司未按照章程和法律规定提前15日通知召开会议，而是在2020年12月7日由执行董事张某通过微信通知召开会议；会议内容与公司章程不符，章程规定公司法定代表人由执行董事聘任的经理担任，选举或变更法定代表人不是股东会的职权。

关于会议通知问题。钱某某、A公司、刘某某提交的短信及微信记录显示，公司监事刘某某于2020年11月23日和24日分别以微信和短信方式向李某、宛某某发送会议通知。李某称并未实际收到上述信息，但是也不能提供李某与刘某某的往来短信和微信记录。宛某某认可收到上述信息，但称由于股东之间存在矛盾认为刘某某作为监事无权召集股东会，所以没有回复对方信息，12月7日执行董事张某又给宛某某发送了会议通知并提交了微信聊天记录予以证明。根据该记录，张某在 2020 年 12 月 7 日添加宛某某微信并向对方发送股东会会议通知；宛某某在查验对方身份后表示，提前 1 天通知召开股东会不符合公司法规定，其没法安排时间，要求重新安排时间。张某表示："时间上确实太匆忙，我会把这个情况跟刘总（刘某某）反映。"宛某某回复："那我就等你正式通知。"

钱某某、A 公司、刘某某提交：1. 执行董事张某签字并加盖 B 公司公章的任免李某为公司总经理的任命书，拟证明 B 公司由李某实际控制，而 B 公司代理人的答辩及应诉行为均系其所指挥和授意，本案属于事先串通的恶意虚假诉讼，以及执行董事张某在未召开会议及未经股东同意及知情的情况下擅自进行经理（法定代表人）任免，执行董事已经无法尽到董事职责，公司监事刘某某召集并主持股东会符合公司章程，具有正当性。2. 股东会议邀请函、临时股东会通知，拟证明在以前召开临时股东会时均未做到提前 15 日通知，而各股东均无异议，说明公司股东对于通知时间不按章程规定进行已经形成了相关惯例。

另查明，根据会议当天的现场录音，张某的配偶周某峰表示其并没有同意由刘某某发起会议，而是让刘某某起草召集会议的提议。

一审法院判决后，钱某某、刘某某、A 公司上诉请求：撤销一审判决，驳回李某、宛某某的一审诉讼请求。事实与理由：一审判决认定事实错误，有违法律规定，侵害了上诉人的合法权益。一、一审判决认定刘某某于 2020 年 11 月 23 日及 24 日的会议通知不属于有效会议召集通知，与事实不符。根据公司章程规定，作为持股 51%的股东 A 公司及监事刘某某均有权提议召开临时会议，在提议后，公司应当召开临时会议，2020 年 12 月 8 日《临时股东大会会议纪要》已经明确了该临时会议的组织召开是事先与执行董事张某沟通确定的，刘某某的召集并无不当。各股东对于刘某某的会议通知均已收到。刘某某的召集通知有效。根据公司章程规定，在监事或 10%以上股权股东提议召开临时会议后，执行董事负有召集与主持会议的责任，但执行董事张某并未积极主动履行该职责，其在收到会议通知时未提出任何异议，认可并转发刘某某的召集，2020 年 12 月 8 日临时会议召开时仅委托代理人出席，张某以其事实行为表明其不能履行职责或放弃了职责的履行，一审判决中“没有证据证明 B 公司执行董事张某不能履行或者不履行职责”的认定错误。二、一审判决对于召集程序违反章程，不属于轻微瑕疵的认定错误。本案股东会会议于开会 15 日前通知了公司的各股东，各股东收到了通知，故本次股东会的召集程序并不影响李某、宛某某获取参会的信息或参与表决所需信息，李某未参会系其自己对其股东权利的处分；股东会的召集仅是表决前的发起程序，涉案股东会是否由执行董事召集并不导致李某无法参加表决、无法公平参与多数意思的形成；对于会议表决事项，参会股东所持表决权占公司表决权的 82.85%，对于最后形成的三个议案，分别由代表公司 68.15%、58.35%、58.35%的表决权股东表决同意。涉案议案属于股东会的职权范围，且不属于公司章程中规定的必须经代表 2/3 以上表决权的股东通过的事项，符合公司章程决议比例。故本次股东会非由执行董事召集并未对决议结果产生实质性影响。因此，本案临时会议的召集程序即便有瑕疵，也应认定为轻微瑕疵，股东会决议依法不应当被撤销。三、一审判决关于“变更公司法定代表人的股东会决议内容违反了公司章程”的认定错误。在公司不设董事会只有一名执行董事的情况下，法定代表人变更的法定依据只能是股东会决议，不能采取执行董事的个人意思表示形成的决议，本案临时会议作出的变更公司法定代表人的决议符合相关法律法规之规定，并无不当。

李某、宛某某辩称，同意一审判决，不同意上诉人的上诉请求。一审判决事实清楚、适用法律准确，应予维持。一、刘某某于 2020 年 11 月 23 日、24 日发给其他股东的《B 公司关于召开临时股东会会议的通知》不是有效通知。依据公司法及公司章程，股东会第一召集人为执行董事张某，上诉人没有证据证明张某同意其代为召集主持股东会，A 公司或刘某某召集主持股东会不符合公司章程。二、执行董事张某在股东会前一天即 12 月 7 日还在给宛某某发开会通知，说明张某没有放弃履行职责也没有拒绝履行职责。股东派代理人参会合理合法，不代表张某放弃履行职责。张某没有让刘某某召集股东开会，仅是让刘某某起草召集股东会的提议。三、本次股东会严重侵害了被上诉人的利益，依法应予撤销。李某未收到开会通知，不能正确表达自己的意志，剥夺了李某作为股东的权利。此次股东会决议属重大事项变动，实质损害了李某的利益。宛某某虽然收到开会通知，但距离开会仅有一天时间。12 月 7 日当时已明确要求改期延后 15 天，其无法做开会准备，无法作出正确表达，开会内容严重损害了其作为小股东的利益。四、本次股东会会议议题违反公司章程规定。依据公司章程，公司法定代表人由经理担任，因此改选法定代表人非股东会的职权，此次股东会无权处理。

B 公司辩称，同意一审判决，不同意上诉人的上诉请求。

审理要览

一审法院认为，《中华人民共和国公司法》第二十二条第二款规定，股东会或者股东大会、董事会的会议召集程序、表决方式违反法律、行政法规或者公司章程，或者决议内容违反公司章程的，股东可以自决议作出之日起六十日内，请求人民法院撤销。《最高人民法院关于适用〈中华人民共和国公司法〉若干问题的规定（四）》第四条规定，股东请求撤销股东会或者股东大会、董事会决议，符合民法典第八十五条、公司法第二十二条第二款规定的，人民法院应当予以支持，但会议召集程序或者表决方式仅有轻微瑕疵，且对决议未产生实质影响的，人民法院不予支持。

钱某某、A 公司、刘某某提交的短信及微信记录显示，公司监事刘某某于 2020 年 11 月 23 日和 24 日分别以微信和短信方式向李某、宛某某发送会议通知。其中，宛某某认可收到信息，李某主张未收到信息，而信息发送界面并未提示异常情况，且其未提交相反证据，故对其未予收到信息的主张不予采信。2020 年 12 月 8 日临时股东会由 A 公司提议召开，而 A 公司具备公司章程规定的提议权限，故其提议召开临时股东会并无不当。

但是，B 公司章程规定，股东会会议由执行董事召集和主持。执行董事不能履行或者不履行召集股东会会议职责的，由监事召集和主持。然而，没有证据证明 B 公司执行董事张某不能履行或者不履行职责，而且现场录音显示张某并未与刘某某协商由其召集和主持股东会。故，刘某某于 2020 年 11 月 23 日以及 24 日的微信及短信通知，不属于有效的会议召集通知，不能据此认为 B 公司提前 15 日通知股东参加会议。除了微信及短信外，没有证据证明 B 公司以其他形式通知李某，而执行董事张某虽系合法召集主体，但其仅提前 1 日通知宛某某，且宛某某当即提出异议。因此，B 公司 12 月 8 日股东会的召集程序违反了公司章程，且不属于轻微瑕疵。

另外，关于决议内容是否违反公司章程的问题。2020 年 12 月 8 日的股东会决议涉及变更公司执行董事、变更公司法定代表人以及对公司进行财务审计。其中，变更公司执行董事属于 B 公司章程及公司法规定的股东会职责，该项决议内容未违反公司章程。B 公司章程规定公司法定代表人由公司经理担任，而经理由公司执行董事决定聘任或者解聘，故变更公司法定代表人的股东会决议内容违反了公司章程。B 公司章程中并未具体规定决定公司审计的职权主体，在公司章程未明确将该事项排除于股东会职责范围的情况下，由股东会作出对公司进行财务审计的决议，该内容并不违反公司章程。

综上，B 公司 2020 年 12 月 8 日股东会召集程序不符合章程规定，且不属于轻微瑕疵；变更公司法定代表人的股东会决议内容违反了公司章程。故李某、宛某某要求撤销会议作出的三项决议（改选钱某某为公司执行董事、改选钱某某为公司法定代表人、进行财务审计），有事实和法律依据，一审法院予以支持。

二审期间，各方当事人均未提交新的证据，本院对一审查明的事实予以确认。法院另查明，刘某某向各位股东发送的《B 公司关于召开临时股东会会议的通知》中记载的会议拟审议事项为：1. 关于 B 公司财务审计议案。2. 关于调整 B 公司组织架构议案。

二审法院认为，本案争议焦点为B公司2020年12月8日的股东会决议是否应予以撤销。《最高人民法院关于适用〈中华人民共和国公司法〉若干问题的规定（四）》第四条规定："股东请求撤销股东会或者股东大会、董事会决议，符合民法典第八十五条、公司法第二十二条第二款规定的，人民法院应当予以支持，但会议召集程序或者表决方式仅有轻微瑕疵，且对决议未产生实质影响的，人民法院不予支持。"经查，本案临时股东会会议通知中所记载的会议审议事项与临时股东会议召开时的实际审议与表决事项不一致，故临时股东会的召集程序违反了《中华人民共和国公司法》第一百零二条第三款关于"股东大会不得对前两款通知中未列明的事项作出决议"的规定，且不属于轻微瑕疵，故一审法院判决撤销B公司于2020年12月8日作出的股东会决议并无不当，遂判决驳回上诉，维持原判。

风险防范

实践中公司缺少股东会、董事会会议规则的比比皆是，有的公司制定了会议规则，但章程规定与会议规则内容并不一致，或者不具有现实可操作性。这些瑕疵客观上造成了公司重要会议的搁置，即便勉强召开也很可能难以形成有效决议。因此，完善公司会议流程和规则已经成为众多公司亟待解决的重大问题。

"罗伯特议事规则"是广为人知、享誉世界的通用议事规则，为会议运营提供了大量的标准、手段和具体的机制设计案，在全世界范围内都有广泛运用。这套规则在完善公司治理结构，加强公司控制权安排，增强决策的科学性合理性，提升企业效率等方面都具有十分积极的意义。

参照"罗伯特议事规则"，对于股东会的会议规则，建议公司可以从以下几个方面着手完善。[1]

一、股东会会议的召集和主持。股东会分为定期会议和临时会议，监事会或者股东提议召开临时会议后，董事会应及时回应。股东会会议的召开通知除会议的时间地点和参会人员等基本信息外，还有必要对会议议题详加说明，让每一位参会股东有充足的准备时间。

二、法定人数。参会的股东人数必须满足法定人数，方能正式召开。一般来说，超过代表一半表决权的股东参会是最低标准。同时，自然人股东与法人股东的参会要求有所区别，有必要作出规定。

三、完整的会议议题。议题应在会议召开前的合理时间内书面提出，议题应保证内容完整，意图明确，没有歧义。

四、会议主持人。会议必须设置主持人，主持会议、维持秩序，并处理会议过程中的程序问题。

五、充分辩论和公平发言。会议应保证给予每一位股东自由表达的权利，允许参会股东提出询问，在某些情况下还应允许股东集体讨论相关问题，避免"一言堂"和"随大溜"现象的出现。

六、会议的表决。表决方式多种多样，可以是举手表决、起立表决、鼓掌表决、记名和不记名表决等，表决方式应明确规定。同时，也要明确股东行使表决权的标准，可以是按照认缴出资比例、实缴出资比例、一人一票中的一种。

七、一事一议。一个会议议题一旦被表决，不得轻易更改或者否定其结果，保证表决的权威性。

八、会议记录。会议的整个过程应有专人记录，并予以长久保留。

当然，各个公司在制定自己的议事规则时会因为所处行业和自身经营情况而有所不同，绝不能照搬照抄。实践证明，完备的议事规则与公司控

---

① 参见何飞：《罗伯特议事规则实践指南：如何进行高效沟通和科学决策》，百花洲文艺出版社 2018 年版，第八章 186—190 页。

制权的安排与落实关系密切。议事规则犹如程序法，保障公司控制权的实现。反之，没有议事规则的保驾护航，公司控制权安排的效果也会大打折扣。

法条链接

《中华人民共和国公司法》

第六十五条　股东会会议由股东按照出资比例行使表决权；但是，公司章程另有规定的除外。

第六十六条　股东会的议事方式和表决程序，除本法有规定的外，由公司章程规定。

股东会作出决议，应当经代表过半数表决权的股东通过。

股东会作出修改公司章程、增加或者减少注册资本的决议，以及公司合并、分立、解散或者变更公司形式的决议，应当经代表三分之二以上表决权的股东通过。

第七十三条　董事会的议事方式和表决程序，除本法有规定的外，由公司章程规定。

董事会会议应当有过半数的董事出席方可举行。董事会作出决议，应当经全体董事的过半数通过。

董事会决议的表决，应当一人一票。

董事会应当对所议事项的决定作成会议记录，出席会议的董事应当在会议记录上签名。

第一百一十六条　股东出席股东会会议，所持每一股份有一表决权，类别股股东除外。公司持有的本公司股份没有表决权。

股东会作出决议，应当经出席会议的股东所持表决权过半数通过。

股东会作出修改公司章程、增加或者减少注册资本的决议，以及公司合并、分立、解散或者变更公司形式的决议，应当经出席会议的股东所持表决权的三分之二以上通过。

第一百二十四条 董事会会议应当有过半数的董事出席方可举行。董事会作出决议，应当经全体董事的过半数通过。

董事会决议的表决，应当一人一票。

董事会应当对所议事项的决定作成会议记录，出席会议的董事应当在会议记录上签名。

第三章 公司实际控制人与公司控制权安排

实际控制人不得利用关联关系损害公司利益

控制权解读

实际控制人广泛存在，其滥用公司控制权的情况也时有发生。实际控制人控制公司的手段比较复杂，对公司的控制比较隐秘，不易被公司外部人察觉，有别于股东通过表决权控制股东会或者董事会进而控制公司的方式。实际控制人的存在有时会掩盖公司面临的法律风险，对于公司股东而言，应对实际控制人利用关联关系侵害公司利益有所防范。

案件来源：上海市第一中级人民法院（2019）沪01民终6081号A公司诉B公司房屋租赁合同纠纷案

基本案情

B公司向一审法院提出诉讼请求：1. C公司与A公司2014年3月1日

签订的关于上海市闵行区××路××号××室及二、三、四层房屋的《房屋租赁合同》于2018年8月4日《解除合同通知书》送达之日解除；2. A公司搬离上海市闵行区××路××号××室及二、三、四层，将房屋返还B公司；3. A公司支付B公司至2018年8月4日止的欠租2,158,514.19元；4. A公司支付B公司逾期支付租金的违约金718,064元；5. A公司应支付自2018年8月5日起至A公司搬离争议房屋之日止的房屋占用期间的使用费，暂计至2018年11月30日共计1,388,918.81元；6. A公司支付B公司自2018年4月1日起至2018年10月31日止按6,244辆×3元/辆计算的停车费18,732元；7. 诉讼费、财产保全费由A公司负担。

一审法院认定事实：坐落于上海市闵行区××路××号的房屋登记的产权人为D公司，建筑面积为5,352.29平方米。另坐落于闵行区××路××弄××号的房屋登记的产权人为D公司。经查D公司的股东及股权结构为：B公司持股78.3%、上海××房地产开发（集团）有限公司持股18.98%、陆某持股1.63%、侯某持股1.02%，D公司的董事长为陆某某。

2016年4月22日，D公司召开临时股东会，并作出关于存量资产处置的股东会决议，决议载明：D公司的现股东结构为：上海××房地产开发（集团）有限公司（持股比例51.67%）、侯某（持股比例2.78%）（以下简称东苑股东方）；B公司（持股比例41.11%）、陆某（持股比例4.44%）（以下简称东厦股东方）；截至2016年3月31日，公司现有存量房屋建筑面积共计9,883.98平方米，结合双方股东持股比例，现将存量房屋分成A、B两份资产套餐，具体搭配及作价方式如下：A套餐，存量面积5,292.29平方米，作价91,910,000元，备注为商铺；垃圾房存量面积60平方米，备注由东厦股东方负责处理；双方股东通过随机抽签方式，确定：A资产套餐归东厦股东方所有并处置，B资产套餐归东苑股东方所有并处置；双方股东同意自2016年6月1日起开始接管、维护、收租并承担相应的法律责任，并于2017年5月31日前将存量资产处置完毕（市场化销售或者股东自行购入）。东厦股东方逾期不能处置完毕的资产，东苑股东方可按照本协议作价标准的70%价格收购，东苑股东方逾期不能处置完毕的资产，东厦股东方可按照本协议作价标准的70%价格收购。股东会决议尾部由上海××房地产开发（集团）有限公司加盖公章，并由侯某签字；B公司加盖公章，并由陆某签字。

2016年4月22日，D公司召开临时股东会，并作出关于小区存量车位及商业车库处置的股东会决议1份，决议载明：一、公司现有小区存量停车位约25个，自2016年4月1日起办理销售手续，对小区业主进行销售，销售收入归D公司；二、公司现有××路××弄××号地下车库，共有停车位337个，自2016年4月1日起对该车库内的临时仓储以及办公场地进行清理，并进行维修改造，同时在小区出入口处增设闸机管理系统，详见车库平面图；三、××路××弄××号地下车库改造完成后，按车库平面图纵向第11轴线为界进行车位分配，其中东苑股东方可分得车位181个，总计面积约5,493.35平方米；东厦股东方可分得车位156个，总计面积约4,734.60平方米。股东会决议尾部由上海××房地产开发（集团）有限公司加盖公章，并由侯某签字；B公司加盖公章，并由陆某签字。

2014年3月1日，由D公司作为出租方（协议甲方）、C公司作为承租方（协议乙方）签订上海市房屋租赁合同一份，合同约定：一、出租房屋情况：房屋权利人为D公司，房屋坐落上海市闵行区××路××号××室及二、三、四层，建筑面积4,292.29平方米。二、租赁用途：乙方向甲方承诺，租赁该房屋作为酒店使用。三、交付日期和租赁期限：1. 甲、乙双方约定，甲方于2014年3月1日前向乙方交付该房屋。房屋租赁期限自2015年1月1日起至2026年12月31日止。2. 租赁期满，甲方有权收回该房屋，乙方应如期返还。乙方需要继续承租该房屋的，则应于租赁期届满前3个月，向甲方提出续租书面要求，经甲方同意后重新签订租赁合同。四、租金、支付方式和期限：甲、乙双方约定，该房屋月租金总计为65,147元。五、解除本合同的条件：甲乙双方同意，有下列情形之一的，一方可书面通知另一方解除本合同。违反合同的一方，应向另一方按月租金的双倍支付违约金；给另一方造成损失的，支付的违约金不足以抵付损失的，还应赔偿造成的损失与违约金的差额部分：1. 甲方未按时交付该房屋，经乙方催告后三日内仍未交付的；2. 甲方交付的该房屋不符合本合同的约定，致使不能实现租赁目的的；或甲方交付的房屋存在瑕疵，危及乙方安全的；3. 乙方未征得甲方同意改变房屋用途，致使房屋损坏的；4. 因乙方原因造成房屋主体结构损坏的；5. 乙方擅自转租该房屋、转让该房屋承租权或与他人交换各自承租的房屋的。

2014 年 3 月 1 日，由 C 公司作为出租方（协议甲方）、A 公司作为承租方（协议乙方）签订上海市房屋租赁合同 1 份，合同约定：一、出租房屋情况：房屋权利人为 D 公司，房屋坐落上海市闵行区××路××号××室及二、三、四层，建筑面积 4,292.29 平方米。二、租赁用途：乙方向甲方承诺，租赁该房屋作为酒店使用。三、交付日期和租赁期限：1. 甲、乙双方约定，甲方于 2014 年 3 月 1 日前向乙方交付该房屋。房屋租赁期限自 2015 年 1 月 1 日起至 2026 年 12 月 31 日止。2. 租赁期满，甲方有权收回该房屋，乙方应如期返还。乙方需要继续承租该房屋的，则应于租赁期届满前 3 个月，向甲方提出续租书面要求，经甲方同意后重新签订租赁合同。四、租金、支付方式和期限：1. 甲、乙双方约定，该房屋月租金总计为 326,392 元；该房屋租金 3 年内不变，自第 4 年起，双方可协商对租金进行调整。有关调整事宜由甲乙双方在补充条款中约定。2. 乙方应于每月 5 日前向甲方支付租金。逾期支付的，逾期 1 日，则乙方需按日租金的 5%支付违约金。3. 乙方支付租金的方式如下：付三押一，先付后用。五、保证金和其他费用：1. 甲乙双方约定，甲方交付该房屋时，乙方应向甲方支付房屋租赁保证金，保证金为 1 个月的租金即 326,392 元。甲方收取保证金后应向乙方开具收款凭证。租赁关系终止时，甲方收取的房屋租赁保证金除用以抵充合同约定的由乙方承担的费用外，剩余部分无需归还乙方。2. 租赁期间，使用该房屋所发生的水、电、燃气、通信、有线电视、物业管理等费用由乙方承担，其他有关费用，均由甲方承担。

3. 甲、乙方承担的上述费用，计算或分摊办法、支付方式和时间为按实结算。六、房屋返还时的状态：1. 除甲方同意乙方续租外，乙方应在本合同的租期届满之日返还该房地产，未经甲方同意逾期返还房屋的，每逾期一日，乙方应按5元/平方米向甲方支付该房屋占用期间使用费。2. 乙方返还该房屋应当符合正常使用后的状态。返还时，应经甲方验收认可，并相互结清各自应当承担的费用。七、解除本合同的条件：甲乙双方同意，有下列情形之一的，一方可书面通知另一方解除本合同。违反合同的一方，应向另一方按月租金的双倍支付违约金，给另一方造成损失的，支付的违约金不足以抵付损失的，还应赔偿造成的损失与违约金的差额部分：1. 甲方未按时交付该房屋，经乙方催告后3日内仍未交付的。2. 甲方交付的该房屋不符合本合同的约定，致使不能实现租赁目的的；或甲方交付的房屋存在瑕疵，危及乙方安全的。3. 乙方未征得甲方同意改变房屋用途，致使房屋损坏的。4. 因乙方原因造成房屋主体结构损坏的。5. 乙方擅自转租该房屋、转让该房屋承租权或与他人交换各自承租的房屋的。八、违约责任：1. 租赁期间，非本合同规定的情况甲方擅自解除本合同，提前收回该房屋的，甲方应按提前收回天数的租金的双倍向乙方支付违约金。若支付的违约金不足抵付乙方损失的，甲方还应负责赔偿。2. 租赁期间，非本合同规定的情况，乙方中途擅自退租的，乙方应按提前退租天数的租金双倍向甲方支付违约金。若违约金不足以抵付甲方损失的，乙方还应负责赔偿。甲方可从租赁保证金中抵扣。保证金不足抵扣的，不足部分则由乙方另行支付。另合同所附的租金价格表中载明：2015年1月1日至2017年12月31日，租赁面积4,292.29平方米，租赁价格为2.50元/平方米/天，月租金为326,392元，年租金为3,916,704元；2018年1月1日至2019年12月31日的租赁价格为2.75元/平方米/天，月租金为359,032元，年租金为4,308,384元；2020年1月1日至2021年12月31日的租赁价格为3.02元/平方米/天，月租金为394,282元，年租金为4,731,384元；2022年1月1日至2023年12月31日的租赁价格为

3.32元/平方米/天，月租金为433,449元，年租金为5,201,388元；2024年1月1日至2026年12月31日的租赁价格为3.65元/平方米/天，月租金为476,533元，年租金为5,718,396元。另合同附件二补充条款中载明：1. 甲乙双方约定，该房屋不得转租，如要转租，必须征得甲方书面同意。2. 退房时，对房屋内的装修，要求乙方恢复原状，不能恢复原状的，在确保能正常使用的前提下，装修归甲方所有。3. 甲方应积极配合乙方办理有关执照证件，乙方承诺在开业前办理好必需的执照证件。4. 甲方同意乙方在××路××弄××号屋顶搭建部分临时建筑，产权归甲方所有，在合同期内不收取租金。合同到期后如乙方续租该房屋的，必须支付该临时建筑的租金，租金价格在续租合同中另行约定。附件三补充条款约定：甲乙双方协商一致，对进入乙方酒店消费的客户使用地下车库泊车收费标准约定如下：1. 乙方在租赁期限内，对乙方客户使用地下停车泊位享受收费标准为：2015年1月1日至2018年12月31日，3元/辆；2019年1月1日至2022年12月31日，4元/辆；2023年1月1日至2026年12月31日，5元/辆。2. 停车费每季度缴付一次，由甲方凭停车单据向乙方按实结算。

2015年7月1日，由C公司作为甲方，A公司作为乙方签订补充协议1份，协议载明：甲乙双方于2014年3月1日签订房屋租赁合同，约定由乙方承租甲方位于上海市闵行区××路××号房屋，共计面积4,292.29平方米，并约定租金费用及相关内容。现甲乙双方就房屋租金达成补充协议：1. 上海市××路××号的租金由原每天每平方米2.5元，调整至每天每平方米2.2元；2. 上述租金调整周期自2015年1月1日起，至2016年12月31日结束；3. 2017年1月1日起，租金标准恢复至原合同约定的同时段标准；4. 原租赁合同内其他条款不变。本协议为补充协议，原《房屋租赁合同》内条款与本协议有冲突的，以本协议条款为准。

2016年4月30日，由C公司作为甲方（原出租方）、A公司作为乙方（承租方）、B公司作为丙方（现出租方）签订房屋租赁合同主体变更补充协议一份，协议载明：甲乙双方于2014年3月1日签订了关于××路×

××号××室及二、三、四层的房屋租赁合同。现因房屋产权人资产清理工作需要，将该房屋的出租管理及收益权转让给丙方，经甲乙丙三方协商一致，签订本主体变更补充协议。1. 乙方继续享有租赁合同中作为承租人的权利和承租人的义务；2. 租赁合同中的出租方变更为本协议中的丙方，丙方完全承继租赁合同有效期限内甲方作为出租人的全部权利义务；3. 自2016年6月1日起，丙方开始收取房屋租金，并在收款后开具相应的发票或收据；4. 原租赁合同中的租赁保证金326,392元，自本协议生效之日起转由丙方收取；5. 原合同中的其他条款保持不变，并与本协议共同构成各方履约依据。

2018年4月26日，B公司向A公司发出催款通知书，通知书中载明：自2016年6月1日起，A公司应向B公司支付房屋租金截止到2018年4月30日欠付租金共计1,034,203元。A公司应于2018年5月1日前向B公司支付所欠的租金，如A公司未在前述日期前向B公司支付租金，B公司将授权律师通过法律途径依法保护自己的合法权益，并保留向A公司追索一切损失赔偿及追究相关法律责任的权利。A公司方的店长洪某在该份通知书中签字。经查实，洪某与A公司之间存在劳动合同关系，劳动合同期限自2018年1月1日起至2018年12月31日止。

闵行区法院执行庭在处理涉及A公司一方的执行案件中，执行法官对洪某所作的谈话笔录中，洪某称其在2017年1月之前担任A公司的办公室主任，自2017年1月开始担任A公司的运营经理，同时认为任命其作为A公司方的运营经理是上海××控股（集团）有限公司（以下简称××控股公司）的办公室主任吴某，而且其认为A公司成立至今，一直都是由××控股公司在控制。同时其称A公司的财务经理叫姜某，同时该人担任××控股公司的财务经理。A公司的具体运营、人员管理都是由洪某负责，其向陆某某汇报工作。闵行区法院执行庭法官在对姜某所作的谈话笔录中载明，姜某称其在2000年在××控股公司任职，从2016年3月开始兼职A公司的财务，且兼职系由陆某某所安排。A公司从成立至今的财务数据及财务报表都在其手中。另闵行区法院执行庭法官对陆某某所作的谈话笔录中载明，陆某某表示其会保证A公司的正常经营，同时其称是E公司（E公司的股东及股权结构为：××控股公司持股80%、陆某持股20%）对A公司负责经营管理。

一审法院另查明：××控股公司的股东及股权结构为：陆某持股68%，陆某某持股32%，××控股公司的法定代表人为陆某某。而B公司的股东及股权结构为：××控股公司持股60.61%，陆某某持股35.39%，陆某持股4%，B公司的法定代表人为陆某某。A公司于2014年12月29日成立，注册资本为6,660,000元，法定代表人及执行董事为施某某，A公司的股东为施某某，出资额133,200元，出资比例为2%，营业执照签发之日起10年内缴足，施某出资额6,526,800元，出资比例为98%，营业执照签发之日起10年内缴足，公司不设董事会，设执行董事1名。

一审法院再查明：2017年5月22日，E公司以A公司作为被告、案外人施某作为第三人提起了股东资格确认之诉，E公司诉请要求确认A公司的55%股权归E公司所有。闵行区法院于2017年9月21日作出一审判决，驳回了E公司的全部诉请。该份判决书中记载：E公司的法定代表人陆某某于2015年7月开始更换A公司所经营酒店的店长并派员掌管A公司财务的事实，案外人施某表示因当时酒店经营状况不佳，其与陆某某多年相识，基于对陆某某的信任才接受了陆某某更换酒店管理人员的建议，但陆某某却借此强行掌握了酒店的管理权，案外人施某对酒店目前的状况并不认可。之后E公司对闵行区法院作出的一审判决不服，遂提出上诉，上海市第一中级人民法院于2018年2月13日驳回了E公司的上诉，维持了一审判决。

2017年9月30日，由A公司作为甲方、案外人F公司作为乙方、B公司作为丙方签订《三方协议》1份，协议约定：截止到2017年9月30日，乙方欠甲方款项1,350,000元，甲方欠丙方房屋租金2,068,869元，现甲乙丙经友好协商，在平等自愿的基础上，达成如下协议：1. 三方一致同意由乙方将款项直接支付给丙方抵充甲方所欠乙方的房屋租金;2. 租金不足部分及日后房屋继续租赁所发生的租金，仍由甲方向丙方支付。而F公司的股东及股权结构为：××控股公司持股51%、E公司持股48%、B公司持股1%。

2018年4月2日，A公司的法定代表人施某某出具公证的声明书载明：A公司因保管不慎，遗失了公章、财务专用章、法定代表人印章各一枚，特此声明。上述遗失的公章、财务专用章、法定代表人印章均作废，由于原印章遗失所产生的有关法律及经济责任由A公司承担。现A公司决定启用新的公章、财务专用章、法定代表人印章，并向有关银行备案。声明书中对于新的印章样式加以确定。对此A公司庭审解释称，施某某为何要将公章等印章挂失重新刻制，是因为其因工资问题与A公司存在矛盾。

一审法院还查明：A公司的股东施某因涉及多起民事诉讼，因其持有A公司98%的股权，闵行区法院执行庭在2018年5月24日所作的竞买公告中对于施某所持A公司98%的股权进行拍卖公告。正式的拍卖从2018年7月初开始，而案外人杨某即通过上述司法拍卖的形式取得了施某所持有的A公司的98%股权，并支付了相应的拍卖对价2,000,000元。现A公司登记的股东为施某某、杨某，其中杨某持有98%股权。另至2018年11月23日在闵行区法院执行庭组织下，由施某某与杨某完成了酒店的接管手续，当日施某某向杨某移交了A公司的公章、财务章等。当日A公司委托律师事务所向B公司发出律师函称，A公司98%股权已由上海市闵行区人民法院通过拍卖的形式转让给了杨某，其已在工商登记部门办理了股权变更手续，现正式接收管理A公司。特函告B公司，A公司愿意履行租金支付义务，继续履行房屋租赁合同。新股东刚接手A公司经营，公司财务比较混乱。现对A公司的租金支付情况未能核算清楚，请B公司考虑到A公司长期的经营混乱情况，与A公司联系人员确定相关沟通负责人及时间，双方就租金支付情况及后续租金支付事宜进行面商。

本案一审庭审中，B公司确认截止到2018年5月31日A公司拖欠的租金为2,743,169元，上述欠付的租金中应扣除1,350,000元，另自2018年6月1日起，按照每月359,032元标准计付租金。B公司确认A公司已付的租金为4,979,270元+127,728.14元=5,106,998.14元，加上应扣除的1,350,000元，合计金额为6,456,998.14元；上述已付款金额与A公司所主张的已付款金额8,331,972.14元，差额部分为1,874,974元。即A公司所主张的2016年5月25日支付给C公司的300,000元、2016年7月27日支付给C公司的500,000元、2016年8月11日支付给C公司的400,000元、2016年9月6日支付给C公司的388,324元；另2017年11月28日支付给D公司的100,000元、2017年12月28日支付给D公司的186,650元。对于上述存在争议的六笔付款，B公司认为上述六笔系A公司支付给C公司的租金，部分支付给D公司的租金系由于C公司当时处于清算阶段，C公司账户无法收取租金，故由D公司予以代收。但A公司认为上述六笔付款都应归属于支付给B公司的租金，因为其认为按照三方协议的约定在2016年6月1日之后有权收取租金的主体是B公司。另本案一审庭审中，A公司对于B公司主张的18,732元予以确认。

审理要览

一审法院认为，案外人C公司与A公司所签订的房屋租赁合同、B公司与A公司以及案外人C公司所签订的租赁合同主体变更协议均系各方当事人真实意思表示，合同及变更协议均依法成立，且未违反法律、行政法规中的效力性强制性规定，合同及变更协议当属有效，对各方当事人均具有合同约束力，各方均应按照房屋租赁合同及主体变更协议的约定全面善意地履行各自的合同义务。依据主体变更协议的约定，在变更协议签订之后，B公司已经取代案外人C公司作为房屋租赁合同的出租人，享受房屋租赁合同中作为出租人的权利，承担出租人的义务。

而本案主要的争议焦点是B公司是否有权解除B公司与A公司之间

的房屋租赁合同。但在确定B公司是否享有合同解除权之前，首先需要先界定一下D公司、B公司、××控股公司、F公司这四家公司是否可认定为关联公司。所谓关联公司是指两个或者两个以上公司主体之间形成的一种组织联盟，他们之间存在控制与被控制或者是组织与协调的关系。关联公司的出现，打破了公司法人人格独立的界限，公司之间通过某种手段建立了控制与被控制或者相互控制关系，在关联公司成员内部，一家公司成为另一家公司的经营客体，被控制的公司失去了独立意志。而关联公司的认定主要有以下构成要件：公司之间构成关联关系，形成关联公司。关联公司有纵向建立的，也有横向建立的。通过纵向投资关系建立的关联公司，往往是单向的控制，即上级公司对下级公司的控制，即公司和控股公司之间的关系。而本案中D公司、B公司、××控股公司的法定代表人均为陆某某，D公司的控股股东为B公司，陆某某亦持有××控股公司的股份，F公司的控股股东为××控股公司，而且上述4家公司股东或者董事均存在重复，足以说明陆某某通过对上述4家公司的股权控制、人事控制、财务控制、业务经营控制关系等实现了上述4家公司之间的控制与从属关系。这点从B公司与A公司、F公司所签订的三方协议也可以得以证明，虽然A公司与B公司及F公司之间存在不同的合同关系，但经过关联企业之间的关联交易实现了相应债权债务的部分抵销，故足以说明上述4家公司之间存在关联关系。综上所述，一审法院认为上述4家公司之间的这种控制与从属或者相互控制的持续关系，一般被认为可以构成关联关系，也符合我国公司法所规定的关联关系，即公司的控股股东、实际控制人、董事、监事、高级管理人员与其直接或者间接控制的企业之间的关系，以及可能导致公司利益转移的其他关系，故足以认定上述4家公司之间系关联公司，而陆某某系上述关联公司的实际控制人。

鉴于上述对4家公司构成关联公司的认定，再结合法院执行法官对A公司的经营店长洪某、财务主管姜某、陆某某的谈话笔录的内容，就可以理解为何××控股公司、F公司、实际控制人陆某某可以实现对A公司的实际经营管理。同时结合法院所作的生效判决书中所载明的事实，也足以解释为何A公司的控股股东施某愿意由陆某某来负责A公司的实际经营管理。而A公司的店长洪某、财务主管姜某自认的其均是向陆某某汇报工作、对陆某某负责的事实，也说明了陆某某作为上述4家关联公司的法定代表人通过对上述店长的任命、对财务主管的指派实际控制着A公司的实际经营管理活动。虽然陆某某称其并未直接通过其个人对A公司进行经营管理，而是通过其担任法定代表人的E公司实现了对A公司的经营管理，但是根据法院生效判决书的认定，E公司与A公司的控股股东施某之间并不具有股权代持合同关系，生效判决书中并未认定E公司系A公司的隐名股东。故陆某某所称的其通过E公司来实现对A公司经营管理的说法并不成立，相反却可以说明陆某某利用其作为上述4家关联公司的实际控制人的身份实现了对A公司的经营管理，使得A公司丧失了自主的经营权，A公司丧失了独立意志和利益，成为实际控制人陆某某谋取利益的工具，即A公司实则成为由陆某某所过度控制的形骸公司。基于上述认定，即使A公司在租赁合同期限内确实存在拖欠租金的行为，但其实A公司已经由上述四家关联公司的实际控制人陆某某所控制，A公司的控股股东施某已经无法实现对A公司的经营管理。更何况按照财务负责人姜某的表述，A公司的财务账册一直由其在负责保管，A公司是否存在拖欠B公司租金的行为也必须通过相应财务账册的核实进一步查明。即使确实A公司在租赁期限存在拖欠租金的行为，也不能简单赋予B公司方合同解除权。

而A公司的新股东杨某系通过司法拍卖的形式取得了A公司控股股东施某的股权，然其直至2018年11月23日在法院执行庭的组织下才实现了对A公司的实际经营管理，进而取得了对A公司的实际控制权。而法院在对施某的股权进行拍卖之时，明确记载了施某所持股权所对应的A公司尚有部分未到期的承租权，虽然法院执行庭发出相应拍卖公告之时，B公司与A公司之间已经产生了之前的民事诉讼，但是A公司并未向法院执行庭披露过B公司提起诉讼要求解除租赁合同的事实，故一审法院认为通过司法拍卖形式取得A公司股权的杨某系善意的，其对于取得股权之前的A公司的经营管理状况是不知情的，但是其在实际取得A公司实际控制权之后即向B公司发出相应的函件，表示愿意履行A公司与B公司之间租赁合同项下的租金支付义务，也充分体现了其愿意继续履行租赁合同项下承租人义务的诚意。另考虑到B公司对A公司提起过诉讼，而在该次诉讼期间，A公司认为由于双方产生了诉讼争议，遂未能再支付诉讼期间的租金，亦属于正当的法定事由，不能将未付租金的责任归责于A公司。综上所述，一审法院认为B公司作为出租人不能简单以A公司拖欠租金为由提起合同解除权，对于B公司提出的合同解除的诉请不予支持。基于B公司无权解除系争租赁合同，故对于B公司主张的第二项诉请亦不予支持。

另结合B公司、A公司庭审中对拖欠租金、停车费的核实。对于双方争议较大的六笔付款，从付款的时间及收款主体而言，上述收款主体为C公司与D公司，而A公司与D公司之间并无直接的合同关系，但A公司在与B公司、C公司之间签订三方协议之前，确实与C公司之间存在租赁合同关系，结合B公司提供的2015年1月1日至2016年5月31日期间的A公司已付款金额、C公司开具的发票总金额，可以说明虽然上述六笔付款大部分确实发生在2016年6月1日之后，但是上述付款系A公司支付拖欠C公司未付的租金。虽然三方协议约定2016年6月1日有权收取租金的主体是B公司，但是A公司支付尚欠C公司的租金的行为并无不当，不能仅以时间节点作为有权收取租金主体的唯一标准。故一审法院认为上述六笔付款既然收款主体是C公司、D公司，B公司对于D公司代为收取部分租金也是给予了合理的解释，故一审法院认为上述6笔款项理应认定为A公司支付给C公司的租金，不应计入已付B公司的租金中。据此，经核查，扣除三方协议确定的应扣除的1,350,000元，结合A公司最后支付租金的时间，故截止到2018年5月31日A公司应支付给B公司的租金为1,393,169元，且自2018年6月1日起的租金A公司均未能支付，故自2018年6月1日A公司应按每月359,032元的标准支付租金。至于A公司抗辩称其应从2018年7月12日开始支付租金，即使诚如A公司所述其在2018年7月12日从陆某某处取得了对A公司的控制权，但是对A公司控制权的转接，仅是A公司内部实际控制人的更替，并不影响A公司对外债务的承担，故对此辩称不予采信。另考虑到A公司对B公司所主张的停车费予以确认，故对于B公司主张的停车费诉请予以支持。另，对于后续租赁期限内产生的租金，A公司理应根据合同约定按约支付。同时考虑到A公司未能及时支付租金的行为存在诸多客观合理的事由，一审法院综合认为A公司并不存在违约行为，对于B公司主张的违约金诉请亦不予支持。

一审法院审理后于2019年1月21日作出判决：一、A公司于判决生效之日起10日内支付给B公司截止到2018年5月31日的租金1,393,169元；另自2018年6月1日起至判决生效之日止，A公司应按每月359,032元的标准支付租金给B公司。二、A公司于判决生效之日起10日内支付给B公司自2018年4月1日起至2018年10月31日止的停车费18,732元。三、驳回B公司的其余诉讼请求。如果未按一审判决指定的期间履行给付金钱义务，应当依照《中华人民共和国民事诉讼法》第二百五十三条之规定，加倍支付迟延履行期间的债务利息。案件受理费减半收取计20,571.19元，财产保全费5,000元，合计25,571.19元。由B公司负担10,000元，由A公司负担15,571.19元。

A公司上诉请求：维持一审判决第二项、第三项，撤销一审判决第一项，改判A公司自2018年11月23日起按每月359,032元的标准向B公司支付租金；驳回B公司要求A公司支付2018年11月23日之前的租金的诉讼请求。

二审法院认为，当事人对自己提出的诉讼请求所依据的事实或者反驳对方诉讼请求所依据的事实有责任提供证据加以证明。没有证据或者证据不足以证明当事人的事实主张的，由负有举证责任的当事人承担不利后果。A公司现任股东虽然于2018年11月23日方接管酒店，并接收了A公司的公章、财务章等，实际控制了A公司。但A公司控制权的转接，仅是A公司内部实际控制人及新老股东的更替，属于A公司内部事务，并不影响A公司股东更替前后公司对外债务的承担。A公司要求以现任股东杨某实际控制公司的时间作为支付租金起点的上诉意见，缺乏法律依据，二审法院不予采纳。同时，A公司也无证据证明其已实际支付了2018年11月23日前的租金。故A公司负有支付欠缴租金之合同义务。一审法院对A公司应付之租金数额、支付期限、支付标准的认定并无不当，二审法院予以维持。上诉人的上诉请求，二审法院予以驳回。

综上所述，一审法院根据查明的事实所作的判决并无不当，二审法院予以维持。上诉人A公司上诉请求，缺乏事实基础及法律依据，二审法院予以驳回。据此，依据《中华人民共和国民事诉讼法》第一百七十条第一款第一项之规定，判决驳回上诉，维持原判。

风险防范

在公司实践中，实际控制人广泛存在，其滥用公司控制权的情况也时有发生。关于实际控制人的定义，《公司法》第二百六十五条中规定："实际控制人，是指通过投资关系、协议或者其他安排，能够实际支配公司行为的人。"可见，实际控制人对公司的控制比较隐秘，不易被公司外部人察觉，有别于股东通过表决权控制股东会或者董事会进而控制公司的方式。关于关联关系，《公司法》第二百六十五条中规定："关联关系，是指公司控股股东、实际控制人、董事、监事、高级管理人员与其直接或者间接控制的企业之间的关系，以及可能导致公司利益转移的其他关系。但是，国家控股的企业之间不仅因为同受国家控股而具有关联关系。"可见，关联关系涵盖了可能导致公司利益转移的各种关系。

实际控制人如果利用关联关系损害公司利益的，应当承担赔偿责任。《公司法》第二十二条规定："公司的控股股东、实际控制人、董事、监事、高级管理人员不得利用其关联关系损害公司利益。违反前款规定，给公司造成损失的，应当承担赔偿责任。”同时，《最高人民法院关于适用〈中华人民共和国公司法〉若干问题的规定（五）》（以下简称《公司法司法解释五》）第一条第一款规定：“关联交易损害公司利益，原告公司依据民法典第八十四条、公司法第二十一条规定请求控股股东、实际控制人、董事、监事、高级管理人员赔偿所造成的损失，被告仅以该交易已经履行了信息披露、经股东会或者股东大会同意等法律、行政法规或者公司章程规定的程序为由抗辩的，人民法院不予支持。”由于关联交易的公司之间存在控制与被控制的关系，受损害的公司已丧失独立意志，所以，已履行了公司内部程序不能成为抗辩理由。

结合上述案例，一审法院从陆某某对四家公司的股权控制、人事控制、财务控制、业务经营控制关系等实现了四家公司之间的控制与从属关系，以此认定D公司、B公司、××控股公司、F公司这四家公司为关联公司，陆某某系上述关联公司的实际控制人，也是A公司经营管理的实际控制人。至于实际控制的起始时间，根据另案的生效判决书的记载：E公司的法定代表人陆某某于2015年7月开始更换A公司所经营酒店的店长并派员掌管A公司财务的事实，案外人施某表示因当时酒店经营状况不佳，其与陆某某多年相识，基于对陆某某的信任才接受了陆某某更换酒店管理人员的建议，但陆某某却借此强行掌握了酒店的管理权。可以确定，陆某某控制A公司的时间始于2015年7月。另据新股东杨某系通过司法拍卖的形式取得了A公司控股股东施某的股权，然其直至2018年11月23日在法院执行庭的组织下才实现了对A公司的实际经营管理，进而取得了对A公司的实际控制权。可见，陆某某实际控制A公司的期间为2015年7月至2018年11月23日。而B公司起诉要求A公司支付拖欠的租金的期间与陆某某控制A公司的期间重合，查明租金成为案件的关键点。

笔者注意到，法院执行庭法官在对姜某所作的谈话笔录中载明，姜某称其2000年在××控股公司任职，从2016年3月开始兼职A公司的财务，且兼职系由陆某某所安排。A公司成立至今的财务数据及财务报表都在其手中。但是，令人不解的是，A公司新股东接手A公司经营后，很快发现A公司财务混乱。在此情况下，为表达履约诚意，A公司委托律师事务所向B公司发出愿意履行租金支付义务的律师函。从措辞上看，律师函发出时，A公司完全没有核实清楚租金支付情况。但是，姜某作为从2000年就任职××控股公司的有经验的财务人员，按常理不应犯财务数据不清的低级错误。唯一合理的解释就是，A公司新股东实现经营管理时，实际控制人陆某某及其控制的相关人员没有将包括财务资料在内的公司资料一并移交。暂且不论资料未顺利移交的过错方，法院最终对租金的认定系依据B公司、A公司在庭审中对拖欠租金的核实就值得商榷。如前所述，A公司由于未取得完整的财务资料，其无从核实财务数据，而掌握A公司完整财务资料且起诉本案主张支付租金的B公司显然未向法庭提交该证据。而A公司是否存在拖欠B公司租金必须通过相应财务账册的核实进一步查明，如果由于资料的缺失，导致租金支付情况无法核实，那么B公司诉请求权所依据的事实势必真伪不明。

由于实际控制人的存在，A公司与B公司的证据资源天然不平衡，又由于A公司履约过程中受陆某某控制，处于形式上平等而实质上不平等的状态，A公司处于无法举证的弱势地位。B公司的法定代表人为陆某某，涉案的房屋产权人为D公司，而B公司是D公司大股东，持有D公司78.3%的股份，且D公司的法定代表人也是陆某某。因此，法院在论证关联公司的基础上，完全可以进一步根据《最高人民法院关于民事诉讼证据的若干规定》第九十五条的规定，将拖欠租金的举证责任主动分配给B公司。或者，A公司作为本案的当事人，在庭审中对拖欠租金的举证责任由B公司承担充分说明理由并据理力争，如此，本案例的判决结果可能完全不同。

再退一步讲，对于A公司来说，公司的财务数据和财务资料是公司的合法财产，任何人不得侵犯。法院执行庭的谈话笔录可以证实财务资料由姜某掌握，实为实际控制人陆某某掌控。在实现经营管理权交接后，A公司应第一时间根据《公司法》的规定，要求实际控制人陆某某归还其侵占的公司财务资料，保障公司及新股东的合法权益。

实际控制人的存在会使公司的命运与实际控制人的品行、能力、诚信度紧密关联，也会掩盖公司面临的各种法律风险。实际控制人控制公司的手段比较复杂，可以通过投资关系，通过专利技术实施许可，通过上下游关系，甚至通过夫妻关系、亲戚朋友关系达到控制目的。对于公司股东而言，应对实际控制人利用关联关系侵害公司利益有所防范。在必要时，对实际控制人在股权控制、人事控制、财务控制、业务经营控制以及关联交易对公司造成损害等方面收集并保留相关证据，在必要时及时采取法律手段维护合法权益。

法条链接

《中华人民共和国公司法》

第二十二条 公司的控股股东、实际控制人、董事、监事、高级管理人员不得利用关联关系损害公司利益。

违反前款规定，给公司造成损失的，应当承担赔偿责任。

第二百六十五条 本法下列用语的含义：

（一）高级管理人员，是指公司的经理、副经理、财务负责人，上市公司董事会秘书和公司章程规定的其他人员。

（二）控股股东，是指其出资额占有限责任公司资本总额超过百分之五十或者其持有的股份占股份有限公司股本总额超过百分之五十的股东；出资额或者持有股份的比例虽然低于百分之五十，但依其出资额或者持有的股份所享有的表决权已足以对股东会的决议产生重大影响的股东。

（三）实际控制人，是指通过投资关系、协议或者其他安排，能够实际支配公司行为的人。

（四）关联关系，是指公司控股股东、实际控制人、董事、监事、高级管理人员与其直接或者间接控制的企业之间的关系，以及可能导致公司利益转移的其他关系。但是，国家控股的企业之间不仅因为同受国家控股而具有关联关系。

《最高人民法院关于适用〈中华人民共和国公司法〉若干问题的规定（五）》

第一条　关联交易损害公司利益，原告公司依据民法典第八十四条、公司法第二十一条规定请求控股股东、实际控制人、董事、监事、高级管理人员赔偿所造成的损失，被告仅以该交易已经履行了信息披露、经股东会或者股东大会同意等法律、行政法规或者公司章程规定的程序为由抗辩的，人民法院不予支持。

公司没有提起诉讼的，符合公司法第一百五十一条第一款规定条件的股东，可以依据公司法第一百五十一条第二款、第三款规定向人民法院提起诉讼。

《最高人民法院关于民事诉讼证据的若干规定》

第九十五条　一方当事人控制证据无正当理由拒不提交，对待证事实负有举证责任的当事人主张该证据的内容不利于控制人的，人民法院可以认定该主张成立。

第四章
公司董事、监事和高级管理人员与公司控制权安排

一、监事能否担任公司法定代表人

控制权解读

公司的组织机构由股东会、董事会和监事会组成。股东会是公司权力机关，董事会是公司代表和执行机关，监事会为监督机关。董事会与监事会处于平行关系，都由股东会选举或聘任，职权来源于股东会的授权。其中，监事会有权对董事、高级管理人员执行公司职务的行为进行监督与制衡。鉴于监事会的监督制衡职能，公司的董事、高级管理人员不得兼任监事。

案件来源：北京市第三中级人民法院（2017）京03民终4907号孙某与A公司等公司登记纠纷案

基本案情

孙某向一审法院起诉请求：A公司及任某某协助孙某办理将A公司法

定代表人由任某某变更为孙某的工商登记手续。

一审法院认定事实：A 公司成立于 2004 年 1 月 18 日，该公司 2006 年 2 月 10 日的章程修正案记载注册资本 1,500 万元，股东及其出资情况为孙某出资 720 万元、任某某出资 480 万元、B 公司出资 300 万元。A 公司章程规定，公司设 1 名执行董事，由股东会选举；公司设经理 1 名，由股东会聘任或解聘；公司设监事 1 名，由股东会选举；公司董事、经理及财务负责人不得兼任监事；执行董事为公司的法定代表人。该公司登记的执行董事为任某某、监事为孙某、经理为夏某某。

2008 年 1 月 12 日，A 公司作出股东临时决议，内容为：1. 股东一致同意任某某不再担任 A 公司法人代表，选举董事长孙某担任法人代表；2. 根据此决议修改相关章程；3. 任某某不享有公司经营利益，退出公司决策权；4. 股东会一致同意，孙某处理有关 A 公司某项目的善后事宜。该决议股东签字处有任某某、孙某、夏某某的签名，并加盖了 B 公司的公章。

任某某曾作为原告在一审法院起诉被告 A 公司、第三人 B 公司、孙某公司决议效力确认纠纷一案中，要求法院确认 2008 年 1 月 12 日的 A 公司股东临时决议的第 1 条、第 2 条、第 3 条的内容无效。2016 年 3 月 29 日，一审法院作出判决，驳回任某某的诉讼请求。之后，任某某提起上诉，2016 年 11 月 7 日，二审法院作出判决，驳回上诉，维持原判。2014 年 6 月 25 日，孙某提起本次诉讼。

审理要览

一审法院认为，2008 年 1 月 12 日的 A 公司股东临时决议，法院已经判决对任某某提出的确认其中第 1 条、第 2 条、第 3 条无效的请求予以驳回，故该条款应为有效。现孙某依据该决议要求 A 公司办理法定代表人的工商变更登记，但《中华人民共和国市场主体登记管理条例》第二十四条第一款规定："市场主体变更登记事项，应当自作出变更决议、决定或者法定变更事项发生之日起 30 日内向登记机关申请变更登记。”A 公司未在行政法规规定的期限内办理变更登记，孙某应当在决议作出之日起 30 日后的两年内提起诉讼，而孙某提起本次诉讼时已超过两年的诉讼时效期间。对于孙某的诉讼请求，一审法院不予支持。

一审判决后，孙某提起上诉。

二审法院审理后认为，本案二审期间的争议焦点在于：其一，孙某的诉讼请求是否适用诉讼时效；其二，孙某的诉讼请求依法应否予以支持。

关于争议焦点一。《最高人民法院关于审理民事案件适用诉讼时效制度若干问题的规定》第一条规定：“当事人可以对债权请求权提出诉讼时效抗辩，但对下列债权请求权提出诉讼时效抗辩的，人民法院不予支持：（一）支付存款本金及利息请求权；（二）兑付国债、金融债券以及向不特定对象发行的企业债券本息请求权；（三）基于投资关系产生的缴付出资请求权；（四）其他依法不适用诉讼时效规定的债权请求权。”由此可见，由于债权请求权以财产利益为内容，不具支配性，若权利人长期怠于行使权利，会使法律关系处于不确定状态，不利于维护社会交易秩序稳定，故债权请求权适用诉讼时效的规定。本案中，孙某依据 2008 年的股东会决议所主张的将 A 公司法定代表人由任某某变更为孙某之诉讼请求并非以财产利益为内容的债权请求权，故不应适用诉讼时效的规定。孙某关于诉讼时效部分的上诉理由成立，法院予以采纳。

关于争议焦点二。《中华人民共和国公司法》第三十七条规定，股东会行使下列职权：（一）决定公司的经营方针和投资计划；（二）选举和更换非由职工代表担任的董事、监事，决定有关董事、监事的报酬事项；（三）审议批准董事会的报告；（四）审议批准监事会或者监事的报告……第一百零五条第一款规定，股东大会选举董事、监事，可以依照公司章程的规定或者股东大会的决议，实行累积投票制。第一百一十七条第四款规定，董事、高级管理人员不得兼任监事。本案中，根据 A 公司的章程规定，公司设一名执行董事，由股东会选举；公司设经理一名，由股东会聘任或解聘；公司设监事 1 名，由股东会选举；公司董事、经理及财务负责人不得兼任监事；执行董事为公司的法定代表人。2008 年股东会决议之前及现在，孙某一直被工商登记为 A 公司的监事，2008 年股东会虽选举董事长孙某为 A 公司的法人代表，但并未对监事作出选举和任免，此后亦未通过召开股东会的形式对监事作出安排，故在股东会未对监事进行选举任免并变更工商登记的情况下，孙某在客观上亦无法变更登记为 A 公司的法定代表人。故，法院对孙某的诉讼请求亦难以支持。

综上，孙某关于诉讼时效部分的上诉理由成立，法院予以采纳。但孙某的上诉请求不能成立，应予驳回；一审判决认定事实清楚，判决结果正确，法院对其结果予以维持。判决驳回上诉，维持原判。

风险防范

法定代表人是依法律或法人章程规定代表法人行使职权的负责人，以公司名义代表公司从事民事活动。《公司法》第十条第一款规定："公司的法定代表人按照公司章程的规定，由代表公司执行公司事务的董事或者经理担任。"公司控制权争夺无法避免地也会体现在法定代表人的争夺上。具备法定代表人身份的人，有权对内实施管理、对外代表公司实施民事行为。结合上述案例，涉及的以下几个法律问题需要特别予以关注。

第一个法律问题，关于诉讼时效。根据《最高人民法院关于审理民事案件适用诉讼时效制度若干问题的规定》第一条的规定，当事人可以对债权请求权提出诉讼时效抗辩。所谓请求权，是指请求他人为一定行为或不为一定行为的权利。债权请求权，是指权利人基于债的关系而产生的、请求特定人为特定行为的权利。上述案例中，孙某主张 A 公司法定代表人由任某某变更为孙某并非债权请求权，故不应适用诉讼时效的规定。

第二个法律问题，关于公司的组织机构。从我国《公司法》的规定看，公司的组织机构由股东会、董事会和监事会组成。股东会是公司权力机关，董事会是公司代表和执行机关，监事会为监督机关。董事会与监事会处于平行关系，都由股东会选举或聘任，职权来源于股东会的授权。其中，监事会有权对董事、高级管理人员执行公司职务的行为进行监督与制衡。正因如此，《公司法》第七十六条第四款规定，董事、高级管理人员不得兼任监事。当然，在实践中，公司还可以根据自身需要，在公司章程中扩大不得兼任监事的人员范围。

第三个法律问题，关于公司法定代表人的任职条件。根据《公司法》的规定，公司法定代表人由代表公司执行公司事务的董事或者经理担任。《公司法》虽没有直接规定担任公司法定代表人的条件，但《公司法》第一百七十八条对董事、监事和高级管理人员的任职条件的规定，可适用于法定代表人的任职规定。另外，《中华人民共和国市场主体登记管理条例》第十二条规定直接列举了不得担任法定代表人的情形，在制定或修改公司章程时也应予以考虑。

法条链接

《中华人民共和国民法典》

第六十一条 依照法律或者法人章程的规定，代表法人从事民事活动的负责人，为法人的法定代表人。

法定代表人以法人名义从事的民事活动，其法律后果由法人承受。

法人章程或者法人权力机构对法定代表人代表权的限制，不得对抗善意相对人。

《中华人民共和国公司法》

第十条 公司的法定代表人按照公司章程的规定，由代表公司执行公司事务的董事或者经理担任。

担任法定代表人的董事或者经理辞任的，视为同时辞去法定代表人。

法定代表人辞任的，公司应当在法定代表人辞任之日起三十日内确定新的法定代表人。

第七十六条　有限责任公司设监事会，本法第六十九条、第八十三条另有规定的除外。

监事会成员为三人以上。监事会成员应当包括股东代表和适当比例的公司职工代表，其中职工代表的比例不得低于三分之一，具体比例由公司章程规定。监事会中的职工代表由公司职工通过职工代表大会、职工大会或者其他形式民主选举产生。

监事会设主席一人，由全体监事过半数选举产生。监事会主席召集和主持监事会会议；监事会主席不能履行职务或者不履行职务的，由过半数的监事共同推举一名监事召集和主持监事会会议。

董事、高级管理人员不得兼任监事。

第七十八条　监事会行使下列职权：

（一）检查公司财务；

（二）对董事、高级管理人员执行职务的行为进行监督，对违反法律、行政法规、公司章程或者股东会决议的董事、高级管理人员提出解任的建议；

（三）当董事、高级管理人员的行为损害公司的利益时，要求董事、高级管理人员予以纠正；

（四）提议召开临时股东会会议，在董事会不履行本法规定的召集和主持股东会会议职责时召集和主持股东会会议；

（五）向股东会会议提出提案；

（六）依照本法第一百八十九条的规定，对董事、高级管理人员提起诉讼；

（七）公司章程规定的其他职权。

第一百七十八条　有下列情形之一的，不得担任公司的董事、监事、高级管理人员：

（一）无民事行为能力或者限制民事行为能力；

（二）因贪污、贿赂、侵占财产、挪用财产或者破坏社会主义市场经济秩序，被判处刑罚，或者因犯罪被剥夺政治权利，执行期满未逾五年，被宣告缓刑的，自缓刑考验期满之日起未逾二年；

（三）担任破产清算的公司、企业的董事或者厂长、经理，对该公司、企业的破产负有个人责任的，自该公司、企业破产清算完结之日起未逾三年；

（四）担任因违法被吊销营业执照、责令关闭的公司、企业的法定代表人，并负有个人责任的，自该公司、企业被吊销营业执照、责令关闭之日起未逾三年；

（五）个人因所负数额较大债务到期未清偿被人民法院列为失信被执行人。

违反前款规定选举、委派董事、监事或者聘任高级管理人员的，该选举、委派或者聘任无效。

董事、监事、高级管理人员在任职期间出现本条第一款所列情形的，公司应当解除其职务。

第一百八十七条　股东会要求董事、监事、高级管理人员列席会议的，董事、监事、高级管理人员应当列席并接受股东的质询。

《中华人民共和国市场主体登记管理条例》

第十二条　有下列情形之一的，不得担任公司、非公司企业法人的法定代表人：

（一）无民事行为能力或者限制民事行为能力；

（二）因贪污、贿赂、侵占财产、挪用财产或者破坏社会主义市场经济秩序被判处刑罚，执行期满未逾5年，或者因犯罪被剥夺政治权利，执行期满未逾5年；

（三）担任破产清算的公司、非公司企业法人的法定代表人、董事或者厂长、经理，对破产负有个人责任的，自破产清算完结之日起未逾3年；

（四）担任因违法被吊销营业执照、责令关闭的公司、非公司企业法人的法定代表人，并负有个人责任的，自被吊销营业执照之日起未逾3年；

（五）个人所负数额较大的债务到期未清偿；

（六）法律、行政法规规定的其他情形。

二、高级管理人员的认定

控制权解读

高级管理人员是公司运营的重要人员，拥有公司经营管理权，也会对公司控制权产生影响。根据《公司法》的规定，高级管理人员，是指公司的经理、副经理、财务负责人，上市公司董事会秘书和公司章程规定的其他人员。对于可由公司章程规定的其他人员，公司有必要严格按照公司法规定的程序，通过修改公司章程，将该类人员规定在高级管理人员之列，保证公司章程对其具有法律约束力，同时其行为也将受《公司法》的约束。

案件来源：上海市第二中级人民法院（2019）沪02民终11313号A艺术公司与戴某损害公司利益责任纠纷案

基本案情

A艺术公司向一审法院起诉请求：戴某赔偿A艺术公司经济损失9,581,863.6元。

一审法院认定事实如下：

一、2010年4月10日A集团公司（原为深圳A彩色印刷有限公司，2013年7月22日变更为现名称）与戴某签订一份无固定期限《劳动合同》，合同期限自2010年5月1日起，戴某的工作内容（岗位或工种）为上海印刷公司总经理。

2012年9月12日，戴某与上海A彩色印刷有限公司（2014年7月25日公司名称变更为A艺术公司）签订了一份《劳动合同》，合同期限为2012年8月1日至2015年8月31日，戴某工作内容（岗位或工种）为总经理。本合同一式两份，双方各执一份。

2013年4月27日，A集团公司发布了《关于印刷事业部上海印刷公司组织架构设置及经营班子人员任命的通知》，该通知载明：基于新的组织架构，对上海印刷公司经营班子人员安排如下：华东运营中心总经理戴某兼任上海印刷公司总经理，任期3年。

2014年6月16日，A集团公司发布《关于印刷事业部经营班子成员的人事调整通知》，戴某被任命为华东运营中心总经理、事业部副总经理，负责华东运营中心全面运营管理。

2014年10月1日，戴某与A艺术公司签订一份《劳动合同》，合同为无固定期限，从2014年10月1日起，戴某工作内容（岗位或工种）为总经理。本合同一式两份，双方各执一份。

2014年1月至2016年4月期间，A艺术公司为戴某缴纳了社保。

二、2011年1月28日，A发展公司（受让方）与嘉定区嘉定镇粮油管理所（转让方）签订一份《资产转让协议书》，主要约定：转让资产范围为嘉定区菊园小区×××街坊×××丘（沪宜公路×××号）【后被编订临时门牌号为沪宜公路×××号至4479号（均为单号）】，土地总面积13,154平方米；建筑面积12,808平方米（其中产证面积为6,792平方米，未办理产证面积为6,016平方米）。

2014年8月21日，A发展公司出具一份《资产使用授权书》给A艺术公司，载明：2011年1月28日，我公司与嘉定区粮油管理所签订《资产转让协议书》，受让嘉定区菊园小区×××街坊×××丘（沪宜公路×××号）13,154平方米土地及地上建筑面积。为合理使用该项资产，经集团公司同意，现免费授权你公司对沪宜公路×××号房地产资产进行管理使用，使用方式：自用、出租及其他，使用期限：长期。你公司须合理使用上述资产，在未经我公司同意及政府有关部门审批的情况下不得对地上建筑物进行改建或拆除，不得进行违法搭建，否则，须自担因此而产生的一切后果。

2014 年 11 月 18 日，A 艺术公司行政部胡某某就涉案仓库租赁事宜向 A 集团公司法务仝某发送了一份电子邮件并抄送戴某。仝某审核修改后于次日将涉案的《仓库租赁合同》发送给胡某某并抄送给戴某。

2014 年 11 月 20 日，A 艺术公司（甲方，出租方）与 B 公司（乙方，承租方）签订了一份《仓库租赁合同》，主要约定：A 艺术公司将位于沪宜公路×××号的部分空闲仓库租赁给 B 公司使用，面积为 1,200 平方米，功能为仓储，包租给 B 公司使用；本租赁合同为临时租赁合同，合同期限暂定为 3 年，因为所租赁仓库空闲已久，都为漏雨屋顶，所以给 B 公司 3 个月的维修清理期即从 2014 年 12 月 1 日起至 2015 年 2 月 28 日止。合同租期从 2015 年 3 月 1 日起至 2018 年 2 月 28 日止；房屋租金每平方米 0. 35 元，每月 12,600 元；付款方式为按季度支付，另付押金 1 万元，租房终止，A 艺术公司验收无误后，将押金退还 B 公司，不计利息；B 公司不得擅自改变房屋室内结构；B 公司在使用租赁物时必须遵守中华人民共和国的法律、地方法规以及有关租赁物物业管理的规定，如有违反，应承担相应责任。在该合同落款处，出租方由 A 艺术公司盖章并由其行政部工作人员胡某某签字，承租方由 B 公司盖章并由其时任的法定代表人郝某某签字。

上述《仓库租赁合同》签订后，郝某某于 2015 年 4 月 8 日支付 A 艺术公司 2015 年 3 月至 5 月的租金及押金共计 47,800 元。

2015 年 4 月 17 日，A 艺术公司向 B 公司发送了《关于租赁仓库恢复原状的通知函》，载明：该公司在租赁我公司沪宜公路×××号仓库合同期间，不能按照合同规定执行，严重违反合同条款，未经我方同意擅自改变房屋结构，造成原房屋严重损坏。根据合同要求，限该公司在 4 月 25 日之前必须恢复原3间被拆除木制梁结构房屋和瓦片……我公司将对沪宜公路×××号仓库实施断电断水，终止租赁并起诉该公司追究其法律责任及要求其赔偿实际全部损失。

2015年4月19日，A艺术公司再次向B公司发送了《责令立即改正通知书》，载明：根据《仓库租赁合同》的规定，A艺术印刷公司在4月17日对仓库监督检查时，发现以下严重违反《仓库租赁合同》的行为，限该公司在4月25日之前，恢复原房屋外观结构及室内设施。一、原房屋墙面严重人为损坏（1号、2号、9号仓库）；二、房屋屋顶被拆除；三、违规搭建；四、地面喷漆……该通知书还载明了整改意见。

2015年4月22日，嘉定区某镇粮油管理所向A发展公司发送了一份整改通知，载明：我所对下属资产进行检查时发现沪宜公路×××号内正在进行改造，把原54仓、55仓、1、2、3、9、10、11号仓木结构屋顶全部拆除，新建3幢钢结构棚屋……要求立即停止违章搭建的行为，限期对损坏物业进行恢复。

2015年5月17日，A艺术公司与B公司签订一份《仓库租赁合同补充协议书》，主要约定：B公司在租赁A艺术公司仓库期间，未经A艺术公司同意，擅自修改漏雨屋顶，导致房屋损坏；协议内容变更部分为：B公司按照A艺术公司要求恢复租赁厂房原状；B公司向A艺术公司支付押金15万元，本协议签订日起5日内B公司向A艺术公司支付押金。租房终止，A艺术公司验收无误后，将押金退还B公司，不计利息；房屋修复期限为1个月，即此协议双方签字生效日期起算。如在规定时间内未完成房屋修复工作，A艺术公司有权终止2014年11月20日与B公司签订的《仓库租赁合同》，追究B公司责任并要求B公司赔偿。

2015年5月26日，郝某某（甲方）与刘某某（乙方）签订一份《合作协议书》，主要约定：经甲乙双方友好协商共同经营管理甲方与上海A艺术中心签订《仓库租赁合同》的上海市沪宜公路×××-×××号仓库；乙方负责按照原甲方即上海A艺术中心要求恢复1号库、2号库、9号库；

乙方负责按照甲方与上海 A 艺术中心所签订《仓库租赁合同》内所约定支付方式缴纳租金及押金；甲方与上海 A 艺术中心签订的《仓库租赁合同》、《补充协议书》和《厂房租赁安全协议书》以及与……经甲乙双方签字认可，随本合同附上。

2015 年 9 月 28 日，菊园新区整治违法建筑办公室出具一份《责令限期自行拆除通知书》，该通知载明：经查，上海 A 艺术公司擅自进行违法搭建。依照……现责令你户接本通知书之日起 3 天内，自行拆除所有违法建筑。

因 B 公司未按上述 2015 年 5 月 17 日《仓库租赁合同补充协议书》完成房屋的修复，A 艺术公司于 9 月 30 日向 B 公司发送了《解除合同通知书》，通知其解除双方于 2014 年 11 月 20 日签订的《仓库租赁合同》并要求其将尚未修复的房屋在一周时间内恢复原状。

2016 年 3 月，涉案仓库所在区域开展“五违”整治综合治理工作。

2016 年 4 月 18 日，A 艺术公司委托嘉定区嘉定镇粮油管理所协助给予对粮仓仓库进行停水停电的处理，以配合嘉定区菊园综治办对嘉定沪宜公路×××号外租人员违规搭建和侵占仓库的综合整治行动。

2016 年 5 月 6 日，A 集团公司向戴某了解涉案仓库出租问题。在上海粮仓出租问题笔录中，询问人问“粮仓为什么要出租”，戴某答“2014 年 11 月初，津度绿化公司找到我，考虑到当时粮仓较旧，且一直在发生保安费用，出租可以节省费用，因此觉得出租可行”；询问人问“谁决策的”，戴某答“我决策的……”；询问人问“为什么没有向集团汇报”，戴某答“我认为对公司无损害，且上海公司自己租用或借用仓库，都是上海公司自己可以决定的。且经过法务的审核”；询问人问“为何 A 方面由胡某某签字？是谁决定由胡签字的”，戴某答“仓库归行政部管理，具体对接由相关部门负责。当时我的职务是华东运营的总经理。我认为作为总经理，我已经安排了具体部门对接，由对接部门继续执行后续的工作”；询问人问“相关方面何时通知上海公司粮仓违建事情的”，戴某答“具体我记不清楚了。通知我之后，我通知物业部和行政部采取了措施……我要求行政部责令对方拆除违建并恢复原状……我要求行政部立即与对方终止合同”。

2016 年 5 月 18 日，A 艺术公司与案外人 C 公司签订了一份《建设工程施工合同》，工程名称为沪宜公路×××号违法建筑拆除，工程内容为违法建筑的拆除与现场清理，合同价款为 803，280 元。同年 5 月 30 日、8 月 23 日 A 艺术公司向 C 公司分别支付了 24 万元、563，280 元。

2016 年 5 月至 6 月期间，涉案的租赁房屋陆续移交相关政府部门进行整治，最后部分房屋移交日期为 2016 年 6 月 30 日，政府部门在全部收房后才对违章建筑予以拆除。

2018 年 6 月 15 日，A 艺术公司支付菊园经济管理服务中心 680 万元，用以补偿上海市沪宜公路×××号“五违”整治范围内的租户。

三、案外人刘某某以沪宜公路×××-×××号仓库被整治导致其与郝某某签订的《合作协议书》不能继续履行为由，起诉要求郝某某及本案 A 艺术公司赔偿恢复原状的损失 163 万元、退还 2016 年 3 月 1 日至 7 月 1 日期间的租金及返还 15 万元租赁押金。一审判决后刘某某、A 艺术公司均不服判决提起上诉，二审判决驳回刘某某的全部诉讼请求。该生效判决书认定，《合作协议书》签订后，刘某某支付 A 艺术公司押金 15 万元及截至 2016 年 6 月 30 日的租金。

四、一审庭审中，A 艺术公司、戴某均确认：1. 上海印刷公司系 A 艺术公司；2. 华东运营中心管理五家公司，分别为 A 艺术公司、A 发展公司、上海 A 文化发展公司、北京 A 艺术图书有限公司上海分公司、浙江 A 文化发展有限公司；3. 事业部系 A 集团公司的印刷事业部，印刷事业部上海公司即为 A 艺术公司；4.《合作协议书》中的上海 A 艺术中心系 A 艺术公司。

五、2014 年 7 月 3 日，A 艺术公司章程载明：第十条　公司设经理一名，由执行董事决定聘任或者解聘。经理对执行董事负责，行使下列职权：（一）主持公司的生产经营管理工作，组织实施执行董事决定……第十七条 执行董事、监事、高级管理人员应当遵守法律、行政法规和公司章程，对公司负有忠实义务和勤勉义务，不得利用职权收受贿赂或者其他非法收入，不得侵占公司的财产。

六、B 公司现已注销工商登记。

审理要览

一审法院认为，本案争议焦点为：1. 涉案《仓库租赁合同》签署至履行期间，戴某是否系 A 艺术公司的高级管理人员；2. 如果肯定前问，则戴某在任职期间是否违反忠实勤勉义务，损害 A 艺术公司利益。

对于争议焦点 1，一审法院认为，对公司负有忠实勤勉义务的主体是董事、监事和其他高级管理人员。首先，戴某虽辩称在涉案《仓库租赁合同》签署至履行期间，其职务系华东运营中心总经理、事业部副总经理。但一审庭审中，戴某亦确认 A 艺术公司系华东运营中心管理的五家公司中的一家。其次，戴某在粮仓出租问题的笔录中承认出租粮仓系由其决策。戴某提供证据 2 和证据 3 意在证明戴某得知承租人违约后，其已及时指派工作人员采取了责令承租人整改等措施。显然，该一系列行为应属戴某的履职行为。最后，戴某于 2012 年 9 月 12 日、2014 年 10 月 1 日与 A 艺术公司签订了《劳动合同》，合同中的岗位均为总经理。戴某虽认为两份《劳动合同》中手填的劳动期限、工作岗位等内容在其签署时系空白，但《劳动合同》一式两份，戴某未举证证明手写部分系在其签字后填写，且签署无岗位、期限等重要事项的空白合同亦与常理不符。再结合 A 艺术公司于 2014 年 1 月至 2016 年 4 月期间为戴某缴纳的社保情况，可以认定戴某在涉案《仓库租赁合同》签署至履行期间系 A 艺术公司的高级管理人员。

对于争议焦点 2，一审法院认为，《中华人民共和国公司法》第一百四十七条第一款规定了董事、监事、高级管理人员对公司负有忠实义务和勤勉义务，第一百四十八条明确列举了董事、高级管理人员违反公司忠实义务的各种行为，但尚未对上述人员违反勤勉义务的行为作具体规定。立法设定勤勉义务在于督促公司高管在从事公司经营管理活动时应当恪尽职守，尽职地为公司利益工作。因此，公司高管的行为出于善意，为了公司的根本利益而非个人利益，且尽到了审慎注意义务，即可免予承担法律上的责任。结合本案，戴某在任职期间并未违反忠实勤勉义务，未损害A艺术公司利益。理由如下：第一，在涉案《仓库租赁合同》签署前，A集团公司法务人员已就临时的仓库租赁合同进行了审核修改，戴某作为非法律专业人士已尽到了合理注意义务。涉案仓库系A发展公司授权A艺术公司免费自用、出租及其他方式使用。A艺术公司诉称戴某出租仓库需向A集团公司汇报，无事实和法律依据，一审法院不予采信。第二，从《仓库租赁合同》约定的条款可看出，涉案仓库空闲已久且多为漏雨屋顶，并产生大量保安费用，且涉案仓库的租金、押金均系由A艺术公司收取。仓库出租符合A艺术公司的利益。另外，合同条款亦对承租人使用仓库作了相应的约束即不得改变房屋室内结构、违反法律、法规及物业管理规定。第三，在发现违法建筑后，戴某指派工作人员以A艺术公司的名义向B公司发出了相应的责令整改通知书、签订了补充协议书、发出解除合同通知书、委托嘉定区嘉定镇粮油管理所采取停水停电等措施。第四，A艺术公司诉请的损失包括租金损失及拆违费、整治补偿费，上述损失系因承租方超出合同约定的建筑面积、政府部门“五违”整治而产生，故A艺术公司应向承租方主张合同违约责任或向实际违法建设行为人主张侵权责任。现A艺术公司放弃对承租方或侵权人的主张转而要求戴某承担责任，无事实和法律依据，一审法院不予支持。A艺术公司称因B公司已注销而无法主张权利，无法律依据，一审法院不予采信。一审法院判决：驳回A艺术公司的全部诉讼请求。

二审法院认为，本案的争议焦点为：戴某是否尽到了高级管理人员的勤勉义务。《中华人民共和国公司法》第一百四十七条第一款规定，董事、监事、高级管理人员应当遵守法律、行政法规和公司章程，对公司负有忠实义务和勤勉义务。法院认为，该条规范项下的勤勉义务是指，董事、监事、高级管理人员在作出经营决策前，应当尽到一个理性主体在相似处境下应尽的谨慎注意义务，诚实且有正当的理由相信决策符合公司最佳利益。本案中，涉案仓库出租前空置已久且多为漏雨屋顶，处于产生费用而非盈利的状态。戴某所述，其系基于涉案仓库出租能够为A艺术公司减少安保成本、增加租金收益的考量而作出对外出租的决策，有其合理性。在戴某作出出租决策后，涉案仓库出租的具体事项交由A艺术公司的工作人员经办，出租合同经A集团公司法务部门审核后签订。在发现承租方实施违法行为后，戴某指派A艺术公司工作人员采取发送整改通知书、解除合同通知书等措施予以补救。前述事实，能够认定戴某在就涉案仓库事项出租决策、履行、承租方违约后的补救方面，尽到了合理的注意义务。

对于A艺术公司所提出的上诉理由，二审法院回应如下：1. A艺术公司认为，涉案仓库出租属于非经常性经营事项，需要向A集团公司董事长履行汇报程序。该项主张无章程和法律依据，法院不予采信。2. 租赁合同的具体条款设置合理与否的判断，并非戴某作为高级管理人员的职权范围，涉案合同在签订前交由A集团公司法务部门审核，程序合理。3. 涉案合同约定的租赁面积为1,200平方米，实际使用场地面积12,808平方米系B公司非法占有所致，A艺术公司主张戴某将12,808平方米交由B公司使用，缺乏事实依据。而B公司在接到A艺术公司的责令停止违法行为通知后，继续实施违法行为，亦为B公司的过错。现无证据证明戴某存在与承租方实施共同侵权的故意，由此产生的进一步损失亦不应归责于戴某。

综上，虽然从客观结果看，涉案仓库对外出租产生了损失，但是，戴某就涉案仓库的出租已经尽到了勤勉义务，符合商事判断原则，得据此主张责任豁免。一审判决认定事实清楚，适用法律正确，应予维持。判决驳回上诉，维持原判。

风险防范

高级管理人员是公司运营的重要人员，拥有公司经营管理权。关于高级管理人员，《公司法》第二百六十五条规定的范围包括经理、副经理、财务负责人，上市公司董事会秘书和公司章程规定的其他人员。可见，公司法中的高级管理人员专指两类公司人员，一类是根据公司法的规定，由董事会聘任的经理、副经理、财务负责人和上市公司董事会秘书；另一类是通过公司章程形式由公司自行规定的，除经理、副经理、财务负责人和上市公司董事会秘书之外的其他人员。这两类人员在公司经营中都具有举足轻重的地位，也会对公司控制权产生影响。

一般而言，公司的组织机构大同小异，但公司对于内部高级管理人员的设定可以自由决定，造成实践中部门和岗位名称远比公司法规定得复杂。一般情况下，相关高管的职位可以在劳动合同中体现，也可以以任命书的形式确认。无论采取何种形式，公司都有必要严格按照公司法的规定执行。如果人员任职岗位名称没有在《公司法》第二百六十五条所列范围的，或者岗位名称不能与之对应的，公司有必要未雨绸缪，事先修改公司章程，明确本公司高级管理人员的职位名称并将该类人员规定在高级管理人员之列，以保证公司章程对其具有法律约束力。

认定员工为高级管理人员的意义在于其行为将受《公司法》第一百八十条至第一百八十四条的约束。公司的董事、监事、高级管理人员对公司负有忠实与勤勉义务。《公司法》第一百八十一条规定了忠实义务的具体表现形式，第一百八十六条规定了董事、监事、高级管理人员执行公司职务时违反忠实、勤勉义务，应当承担民事责任。结合到案例中，涉案仓库空闲且有瑕疵，已产生大量保安费用，租金、押金均由公司收取，仓库的出租符合公司利益，戴某个人没有从中谋取私利。戴某在《仓库租赁合同》签署时，也审慎地注意到了可能存在的风险，由公司法务人员就租赁合同进行了审核修改。合同履行过程中，在发现违法建筑后，戴某及时指令工作人员以公司名义发出责令整改通知书、与B公司签订补充协议书、发出解除合同通知书，并采取停水停电等措施，戴某的行为均为公司最大利益履行职责。公司经营活动具有一定的商业风险，经营的后果具有不可预测性，戴某已经尽到合理和谨慎的注意义务。因此，公司损失不应归责于戴某。

可见，公司的董事、监事、高级管理人员对公司所负忠实勤勉义务，不仅是对其个人品质的要求，也要求公司以现代企业治理的标准完善公司内部规章制度，做到有“法”可依，防患未然。从公司角度而言，有必要对高级管理人员的职责范围以工作守则的形式予以明确，在加强内部防范机制的同时应定期对公司的法律风险进行分析评估。对董事、监事、高级管理人员来说，应提高法律意识，在职权范围内履职，避免超越职权范围或自身决策失误给公司带来经济损失，否则自己有可能承担包括刑事风险在内的法律责任。

法条链接

《中华人民共和国公司法》

第一百八十条　董事、监事、高级管理人员对公司负有忠实义务，应当采取措施避免自身利益与公司利益冲突，不得利用职权牟取不正当利益。

董事、监事、高级管理人员对公司负有勤勉义务，执行职务应当为公司的最大利益尽到管理者通常应有的合理注意。

公司的控股股东、实际控制人不担任公司董事但实际执行公司事务的，适用前两款规定。

第一百八十一条　董事、监事、高级管理人员不得有下列行为：

（一）侵占公司财产、挪用公司资金；

（二）将公司资金以其个人名义或者以其他个人名义开立账户存储；

（三）利用职权贿赂或者收受其他非法收入；

（四）接受他人与公司交易的佣金归为己有；

（五）擅自披露公司秘密；

（六）违反对公司忠实义务的其他行为。

第一百八十二条 董事、监事、高级管理人员，直接或者间接与本公司订立合同或者进行交易，应当就与订立合同或者进行交易有关的事项向董事会或者股东会报告，并按照公司章程的规定经董事会或者股东会决议通过。

董事、监事、高级管理人员的近亲属，董事、监事、高级管理人员或者其近亲属直接或者间接控制的企业，以及与董事、监事、高级管理人员有其他关联关系的关联人，与公司订立合同或者进行交易，适用前款规定。

第一百八十三条 董事、监事、高级管理人员，不得利用职务便利为自己或者他人谋取属于公司的商业机会。但是，有下列情形之一的除外：

（一）向董事会或者股东会报告，并按照公司章程的规定经董事会或者股东会决议通过；

（二）根据法律、行政法规或者公司章程的规定，公司不能利用该商业机会。

第一百八十四条 董事、监事、高级管理人员未向董事会或者股东会报告，并按照公司章程的规定经董事会或者股东会决议通过，不得自营或者为他人经营与其任职公司同类的业务。

第一百八十六条 董事、监事、高级管理人员违反本法第一百八十一条至第一百八十四条规定所得的收入应当归公司所有。

第二百六十五条 本法下列用语的含义：

（一）高级管理人员，是指公司的经理、副经理、财务负责人，上市公司董事会秘书和公司章程规定的其他人员。

（二）控股股东，是指其出资额占有限责任公司资本总额超过百分之五十或者其持有的股份占股份有限公司股本总额超过百分之五十的股东；出资额或者持有股份的比例虽然低于百分之五十，但依其出资额或者持有的股份所享有的表决权已足以对股东会的决议产生重大影响的股东。

（三）实际控制人，是指通过投资关系、协议或者其他安排，能够实际支配公司行为的人。

（四）关联关系，是指公司控股股东、实际控制人、董事、监事、高级管理人员与其直接或者间接控制的企业之间的关系，以及可能导致公司利益转移的其他关系。但是，国家控股的企业之间不仅因为同受国家控股而具有关联关系。

三、董事席位的安排

控制权解读

董事会是公司的常设执行机关，董事会在公司从事商业运营过程中具有举足轻重的地位，在一人一票的董事会表决制度下，拥有更多的董事会席位意味着享有更多董事会表决优势。董事会的高效运转源于每一位董事出色的个人能力和董事会整体架构的完善。公司可以考虑聘请外部专业人士担任公司独立董事，为公司日常经营提供更为客观的专业意见，弥补公司董事中某个专业领域知识储备的不足。最终董事会席位应以奇数为宜，便于董事会议表决形成多数决。

案件来源：安徽省合肥市中级人民法院（2019）皖01民终2864号B公司、A公司与公司有关的民事纠纷案

基本案情

B公司向一审法院诉讼请求：判令A公司依照2009年3月章程的规

定，恢复B公司在A公司董事会中的2个董事席位，并将上述章程进行工商登记备案。

一审法院认定事实：2009年3月16日，A公司经工商机关批准登记设立，注册资本5，200万元，股东为C公司（出资2,496万元，占注册资本金48%）、D公司（出资416万元，占注册资本金8%）及B公司（出资2,288万元，占注册资本金44%）。公司董事会由5人组成，其中C公司委派2人，B公司委派2人，D公司委派1人，董事长由C公司委派担任。

2012年6月14日，浙江省绍兴市中级人民法院作出执行裁定书，裁定将B公司在A公司26%的股权作价1,848万元抵偿给E公司。同年10月18日，A公司作出章程修正案，主要内容为将公司股东、出资情况及董事会组成中的B公司修正为E公司。

2013年5月21日，浙江省绍兴市中级人民法院作出执行裁定书，裁定E公司应向B公司返还已取得的A公司26%股权。2017年4月7日，B公司在工商登记中恢复为A公司股东。同年8月15日，B公司向A公司发出“关于提议召开临时股东会的函”，要求召开临时股东会，修改公司章程恢复股东身份、选举新一届董事会并恢复董事席位、分取税后利润等。

审理要览

一审法院认为，B公司依据浙江省绍兴市中级人民法院的执行回转裁定恢复为A公司股东，其向公司提出召开股东会修改章程恢复其股东身份及董事会席位未果，因而诉至法院。而根据公司法相关规定，章程是公司自治的宪章，修改公司章程属于公司股东会的职权。虽然A公司未按照B公司的申请召开股东会并修改公司章程，但并不影响B公司行使股东权利，司法权并不能直接干涉公司内部事务，公司股东在权益受到侵害的情形下可以通过其他救济途径解决，而非直接要求法院判令恢复股东身份及董事席位，B公司的诉请没有法律依据，也有违公司法的立法精神，不予支持。判决驳回B公司的诉讼请求。

二审法院经审理后认为，有限责任公司作为企业法人，具有独立的财产权和人格权，享有进行独立经营管理的权利。《中华人民共和国公司法》第四十四条第一款规定，有限责任公司设董事会，其成员为三人至十三人。董事为董事会的组成人员，属于公司管理人员范畴。第三十七条第一款第二项、第四十四条第二款规定，公司董事由股东会或职工代表大会等选举产生。据此，公司董事经由公司内部程序选举而产生，由公司自主决定，为公司自治事项，属于公司行使管理权的职能范围，非司法能够直接干预内容。本案中，A公司因股权的变动，其董事作出了相应的调整，现B公司登记为A公司股东后，要求恢复原董事席位，应与其他股东协商，由公司自行决定，其要求人民法院判令恢复于法无据。判决驳回上诉，维持原判。

风险防范

董事会是公司的常设执行机关，根据《公司法》第六十七条的规定，董事会的职权包括决定公司的经营计划和投资方案、决定公司内部管理机构的设置、制定公司的基本管理制度、制定公司的利润分配方案和弥补亏损方案等法定职权，以及公司章程规定或者股东会授予的其他职权。可见，董事会在公司从事商业运营中具有举足轻重的地位，对董事席位的安排势必成为公司控制权的必争之地。

除职工董事外，董事由股东会选举和聘任。有限责任公司董事会的人数为3人以上，都实行一人一票的表决制度，规模较小或者股东人数较少的股份有限公司，可以不设董事会，设1名董事。在董事会的成员法定人数和表决制度下，拥有更多的董事会席位意味着享有更多董事会表决优势。无论是公司控股股东还是小股东，都应尽力推举董事成为董事会成员并在董事会中充分表达意见。

关于董事的产生，《公司法》第一百一十七条规定："股东会选举董事、监事，可以按照公司章程的规定或者股东会的决议，实行累积投票制。本法所称累积投票制，是指股东会选举董事或者监事时，每一股份拥有与应选董事或者监事人数相同的表决权，股东拥有的表决权可以集中使用。"《上市公司治理准则》第十七条规定："董事、监事的选举，应当充分反映中小股东意见。股东大会在董事、监事选举中应当积极推行累积投票制。单一股东及其一致行动人拥有权益的股份比例在30%及以上的上市公司，应当采用累积投票制。采用累积投票制的上市公司应当在公司章程中规定实施细则。"累积投票制作为中小股东利益保护机制之一，其价值在于使中小股东有机会选出代表自己利益的董事或监事入驻管理层，扩大小股东话语权，弱化控股股东的话语霸权。作为普通的有限责任公司，同样可以借鉴上市公司的做法，实行累积投票制选举董事和监事，制衡大股东对董事会、监事会的控制局面。但对于拟采用累积投票制的公司应当注意到，该投票制的采用应以书面形式事先规定于公司章程中，或者对某个重大问题拟采用累积投票时，应该先就该问题采用的投票方式提交股东会表决，充分体现公平公正和诚实信用原则。

关于董事长与副董事长，其产生办法与普通董事不同。《公司法》第六十八条第二款规定："董事会设董事长一人，可以设副董事长。董事长、副董事长的产生办法由公司章程规定。"董事长与副董事长的产生办法可以由公司股东自由约定在公司章程中。公司法定代表人依照公司章程的规定，由代表公司执行公司事务的董事或者经理担任。对绝大多数公司而言，法定代表人多由董事长直接担任，这也凸显出董事长和副董事长产生办法的重要性。

董事会人选事项属于公司内部治理事项，司法机关不会对公司自治事项进行过度干预与介入。同理，对于公司作出的更换增免董事的决议，出于尊重公司自治的考虑，司法机关应当给予认可。由于董事多与股东有联系，不少中小企业直接由股东担任董事。在这种情况下，公司章程中可以规定涉及与股东有利害关系的表决时，相关董事回避的制度，当董事表决出现僵局时，董事长拥有额外投票权等，以保证董事会的顺利运行。

董事会的高效运转源于每一位董事出色的个人能力和董事会整体架构的完善。一方面，为了充分保障董事表达意见，正常行使表决权，公司应选取德才兼备的人员成为公司董事会成员；另一方面，董事会的召集程序、议事规则应符合我国公司法及公司章程的规定，行之有效的程序规则可以让公司运行更有效率、董事关系更团结紧密。同时，公司可以考虑聘请外部专业人士担任公司独立董事，为公司日常经营提供更为客观的专业意见，弥补公司董事中某个专业领域知识储备的不足。另外，董事会的席位应以奇数为宜，便于董事会会议表决形成多数决。

法条链接

《中华人民共和国公司法》

第六十八条　有限责任公司董事会成员为三人以上，其成员中可以有公司职工代表。职工人数三百人以上的有限责任公司，除依法设监事会并有公司职工代表的外，其董事会成员中应当有公司职工代表。董事会中的职工代表由公司职工通过职工代表大会、职工大会或者其他形式民主选举产生。

董事会设董事长一人，可以设副董事长。董事长、副董事长的产生办法由公司章程规定。

第七十三条　董事会的议事方式和表决程序，除本法有规定的外，由公司章程规定。

董事会会议应当有过半数的董事出席方可举行。董事会作出决议，应当经全体董事的过半数通过。

董事会决议的表决，应当一人一票。

董事会应当对所议事项的决定作成会议记录，出席会议的董事应当在会议记录上签名。

第七十五条 规模较小或者股东人数较少的有限责任公司，可以不设董事会，设一名董事，行使本法规定的董事会的职权。该董事可以兼任公司经理。

第一百二十二条 董事会设董事长一人，可以设副董事长。董事长和副董事长由董事会以全体董事的过半数选举产生。

董事长召集和主持董事会会议，检查董事会决议的实施情况。副董事长协助董事长工作，董事长不能履行职务或者不履行职务的，由副董事长履行职务；副董事长不能履行职务或者不履行职务的，由过半数的董事共同推举一名董事履行职务。

第一百二十四条 董事会会议应当有过半数的董事出席方可举行。董事会作出决议，应当经全体董事的过半数通过。

董事会决议的表决，应当一人一票。

董事会应当对所议事项的决定作成会议记录，出席会议的董事应当在会议记录上签名。

第一百二十八条 规模较小或者股东人数较少的股份有限公司，可以不设董事会，设一名董事，行使本法规定的董事会的职权。该董事可以兼任公司经理。

四、经理岗位的安排

控制权解读

经理与公司的经营管理权相关，经理岗位之争隐含于公司控制权的安排与争夺中，对公司影响重大。经理岗位之争往往会表现为对股东会和董事会决议效力的纷争。因此，对公司而言，有必要完整细致地在公司章程或者股东会、董事会议事规则中规定会议的召集、表决方式等内容。

案件来源：广东省广州市中级人民法院（2019）粤01民终20992号黎某某、A公司公司决议效力确认纠纷案

基本案情

黎某某向一审法院起诉请求：1. 判决确认A公司于2019年3月11日作出的临时股东会决议无效；2. 本案案件受理费由A公司负担。

一审法院经审理查明：A公司于2017年8月3日成立，注册资本为1,100万元，股东为黎某某（认缴出资额为385万元，占35%股份）、黄某某（认缴出资额为385万元，占35%股份）、董某某（认缴出资额为330万元，占30%股份），工商登记信息显示的法定代表人为黎某某，监事为黄某某。公司注册地为广州市黄埔区南岗后山路××号××。

A公司的公司章程第十一条第一部分“股东会的职权”规定，本公司股东会由全体股东组成，为公司的权力机构。其职权包括：……2. 选举或更换执行董事、决定执行董事的报酬；3. 选举和更换由股东代表出任的监事，决定有关监事的报酬。第二部分“股东会的议事规则”规定：……3. 股东会会议由股东按照出资比例行使表决权。……5. 股东会会议分为定期会议和临时会议。6. 定期会议应当按照本章程的规定按时召开（股东会每年召开2次）。代表1/10以上表决权的股东，1/3以上监事，可以提议召开临时会议。7. 股东会会议由执行董事召集主持。8. 召开股东会会议，应当于会议召开15日以前通知全体股东。第三部分规定，公司设执行董事，执行董事对股东负责。第四部分规定，公司设经理，由股东会聘任或解聘，经理对股东会负责。第五部分规定，公司设监事1名，由股东会决定选派。监事任期为3年，任期届满，可连选连任。执行董事、经理及财务负责人不得兼任监事。章程第十二条规定，公司的法定代表人为执行董事（经理），任期3年（任期不超过3年）。

2019年1月29日，黄某某向黎某某发出《提议召开公司股东会临时会议的请求》，主要内容为：黄某某作为公司监事、持有公司35%出资份

额和表决权的股东，提议召开公司股东会临时会议；会议议题为：选举更换公司本届监事，选举更换公司本届执行董事、法定代表人，改聘公司新一任经理。并要求黎某某在收到本函后15日内，决定在15日后召开临时股东会议。该请求函分别被寄往广州市黄埔区南岗后山路××号××以及广州市黄埔区夏园兴贤坊街××号，但均未妥投成功。其中寄往广州市黄埔区南岗后山路××号××的邮件未妥投的原因为“收件人不在指定地址”，寄往广州市黄埔区夏园兴贤坊街××号的邮件未妥投的原因为“收件人拒收”。同日，黄某某将该请求函通过电子邮件以及彩信的方式发送给黎某某。

2019年2月20日，黄某某向黎某某发出《A公司关于召开临时股东会会议的通知》，主要内容为：因A公司的执行董事（经理及法定代表人）未能合格履职，黄某某现自行召集临时股东会议，会议召开时间为2019年3月11日10时，召开地点为广州市黄埔区南岗后山路××号102A公司一楼会议室，会议审议事项包括：《关于选举更换公司本届监事的议案》《关于选举更换公司本届执行董事、法定代表人的议案》《关于改聘公司新一任经理的议案》。该通知分别被寄往广州市黄埔区南岗后山路××号××以及广州市黄埔区夏园兴贤坊街××号，邮件封面亦载明了召开股东会的时间、地点、审议事项等内容，但邮件亦未妥投成功。其中寄往广州市黄埔区南岗后山路××号××的邮件未妥投的原因为“收件人不在指定地址”，寄往广州市黄埔区夏园兴贤坊街××号的邮件未妥投的原因为“收件人拒收”。同日，黄某某将该召开会议通知通过电子邮件以及彩信的方式发送给黎某某。

2019年3月11日，A公司召开临时股东会会议，出席股东为黄某某、董某某，决议内容为：1. 选举董某某为公司监事，免去黄某某的公司监事职务；2. 选举黄某某为公司执行董事，免去黎某某的公司执行董事职务；3. 聘用黄某某为公司的经理，免去黎某某的公司经理职务。同日，黄某某将股东会决议内容通过电子邮件的方式发送给黎某某。次日，黄某某将决议内容邮寄至广州市黄埔区夏园兴贤坊街××号，但邮件未妥投成功，原因为“收件人拒收”。

黄某某向黎某某发送的快递中载明的收件人联系电话为138××××3033，收件邮箱为109×××@ qq. com。根据工商内档登记信息显示，138××××3033为黎某某的联系电话，109×××@ qq. com为黎某某的电子邮箱。黎某某主张其不使用电子邮箱进行工作联络，也没有查看邮箱的习惯。关于黄某某邮寄给黎某某的两个收件地址，其中广州市黄埔区南岗后山路××号××A公司的地址，广州市黄埔区夏园兴贤坊街××号系黎某某的身份证地址。黎某某主张其现在的上班地址为A公司的住所地以及距离A公司两三公里外的一家公司；经常居住地要视工作情况而定，有时候在公司，有时候在夏园；董某某、黄某某均送过黎某某回家，知道黎某某的实际居住地址并非身份证地址，其往黎某某的身份证地址寄送材料的目的就是想让黎某某收不到。关于黄某某向黎某某发送的彩信，黎某某表示其与黄某某、董某某发生纠纷后就把其微信和电话拉黑，故不能收到其发送的彩信。

2019年3月20日，黎某某向广州市黄埔区市场和质量监督管理局出具了一份《异议函》，主要内容为：该局于2019年3月15日告知A公司关于黄某某、董某某提出营业执照副本遗失补领和法定代表人变更申请的情况，但实际上营业执照副本并未丢失，黎某某亦于2017年3月15日向该局当场出示A公司的营业执照副本原件，故请求该局对黄某某、董某某关于补办营业执照副本的遗失补领申请予以驳回；黎某某已于2019年2月21日向该局提交《A公司关于请求暂缓办理变更法定代表人事宜的函》，告知该局黄某某、董某某存在互相勾结、非法侵占公司财产的事实。黄某某、董某某于2019年3月11日召开的临时股东会议，黎某某并不在场，决议作出之后也未告知黎某某，请求该局暂缓办理A公司的法定代表人、执行董事的变更申请。

另查明，A公司与董某某、黄某某损害公司利益责任纠纷一案［案号：（2018）粤0112民初5550号］（以下简称5550号案），本院于2019年4月29日作出《民事判决书》，认定A公司的资金收支没有通过统一的公司账户进行收付，董某某在其负责经营A公司期间，A公司的收入和支出是通过董某某的个人账户进行收支，对于其中的部分支出一审法院不予认可，董某某应返还A公司。据此，一审法院判令董某某向A公司返还630,257.7元。董某某对该判决不服，提起上诉，二审尚未审理终结。

在5550号案中，A公司向一审法院提交了一份《关于我司两次致函工商部门的情况说明》，其中提到："2019年1月29日，我司了解到公司股东及监事黄某某欲更换我司执行董事及法定代表人黎某某……对此，我司于2019年2月21日向广州市黄埔区市场和质量监督管理局呈交了《A公司关于请求暂缓办理变更法定代表人事宜的函》等材料，在函中告知广州市黄埔区市场和质量监督管理局我司监事黄某某和股东董某某2人互相勾结、非法侵占公司财产的事实，并阐明对于这一纠纷我司已提起诉讼，目前正在审理阶段，请求在生效判决做出前暂缓办理我司变更法定代表人的事宜。"该情况说明落款处有黎某某的签名。

黎某某主张黄某某、董某某存在恶意串通、滥用股东权利，以合法形式掩盖非法目的作出的股东会决议的行为，并提交了广州市某会计师事务所作出的《审核说明》、银行流水、报销单及票据等予以证明，上述证据与A公司在5550号案中提交的证据一致。

一审判决后，黎某某提起上诉，请求撤销一审判决并改判确认A公司于2019年3月11日作出的临时股东会决议无效。

审理要览

一审法院认为，本案为公司决议效力确认纠纷，争议焦点是：2019年3月11日的《A公司临时股东会决议》是否有效。

《中华人民共和国公司法》第二十二条第一款、第二款规定："公司股东会或者股东大会、董事会的决议内容违反法律、行政法规的无效。股东会或者股东大会、董事会的会议召集程序、表决方式违反法律、行政法规或者公司章程，或者决议内容违反公司章程的，股东可以自决议作出之日起六十日内，请求人民法院撤销。”第三十九条规定：“股东会会议分为定期会议和临时会议。定期会议应当依照公司章程的规定按时召开。代表十分之一以上表决权的股东，三分之一以上的董事，监事会或者不设监事会的公司的监事提议召开临时会议的，应当召开临时会议。”第四十条第二款、第三款规定：“有限责任公司不设董事会的，股东会会议由执行董事召集和主持。董事会或者执行董事不能履行或者不履行召集股东会会议职责的，由监事会或者不设监事会的公司的监事召集和主持；监事会或者监事不召集和主持的，代表十分之一以上表决权的股东可以自行召集和主持。”《最高人民法院关于适用〈中华人民共和国公司法〉若干问题的规定（四）》第五条规定：“股东会或者股东大会、董事会决议存在下列情形之一，当事人主张决议不成立的，人民法院应当予以支持：（一）公司未召开会议的，但依据公司法第三十七条第二款或者公司章程规定可以不召开股东会或者股东大会而直接作出决定，并由全体股东在决定文件上签名、盖章的除外；（二）会议未对决议事项进行表决的；（三）出席会议的人数或者股东所持表决权不符合公司法或者公司章程规定的；（四）会议的表决结果未达到公司法或者公司章程规定的通过比例的；（五）导致决议不成立的其他情形。”上述法律和司法解释对股东会的召集程序作了明确的规定，并对股东会决议无效、可撤销及不成立的情形作了列举性的规定。案涉股东会决议是否无效或不成立应当从股东会的召集程序和决议内容两个方面进行审查。

首先，从本案所涉股东会会议的召集程序来看。根据《中华人民共和国公司法》第四十条的规定，监事可以自行召集和主持股东会会议的前提是执行董事不召集和主持。一审法院认为，黄某某作为 A 公司的监事，其自行召集和主持股东会会议的前提是执行董事不召集和主持股东会会议且在黄某某提议后仍不召集和主持。黄某某于 2019 年 1 月 29 日通过邮寄、电子邮件以及手机彩信的方式向作为公司执行董事的黎某某提议要求召开临时股东会。从黄某某邮寄的收件地址来看，两处地址分别是黎某某的工作地址及身份证地址，收受电子邮件及彩信的方式亦是黎某某的有效联系方式，故黄某某采用的通知方式应属直接有效的通知方式。从黄某某邮寄的邮件看，邮件封面载明了黄某某提议召开股东会会议的主要事项，且寄往身份证地址的快递未妥投的原因是黎某某拒收，故黎某某没有收取该邮件不能证明其对黄某某的提议不知情。黎某某主张其不使用电子邮箱进行工作联络，也没有查看邮箱的习惯，其已将黄某某、董某某的联系电话拉黑，也无法收到其发送的彩信。但在有黎某某本人签名的《关于我司两次致函工商部门的情况说明》中，其中提到其是于2019年1月29日知悉黄某某欲更换执行董事及法定代表人事宜的，该时间与黄某某发送提议召开股东会议通知的时间一致，该表述与黎某某在本案中的主张相矛盾。综上，黎某某主张其未收到黄某某要求召开临时股东会会议的提议，理由不成立，一审法院不予采纳。黎某某在收到提议后并未召集临时股东会会议，黄某某作为公司监事进行召集，并在临时股东会开会时间（2019年3月11日）15日前（2019年2月20日）向黎某某发出了会议通知及会议议题。因此，本次临时股东会召集程序符合法定程序。

其次，从股东会决议的内容上来看。股东会决议的内容应当符合法律、法规以及公司章程的规定。从本案所涉股东会决议的内容来看，决议选举或更换执行董事、监事均属于股东会决定内容，聘任或解聘公司经理亦属于公司章程规定的股东会职权范围。黄某某、董某某合计持有公司65%的股权，双方一致表决同意通过上述决议，符合公司法及章程规定。黎某某主张上述决议事项应经过2/3以上表决权的股东通过，但公司章程中并无此规定，亦无相关法律依据，故一审法院对其主张不予采纳。

最后，关于黎某某主张黄某某、董某某存在恶意串通、滥用股东权利的问题。一审法院认为，黎某某的该项主张是否属实，均不影响本案对公司决议效力的确认，本案中无需对黎某某的该项主张进行审查。如果黎某某认为黄某某、董某某的行为侵害了公司或股东的利益，可另循法律途径解决。

综合分析，一审法院认定案涉股东会决议不存在无效的情形。现黎某某请求确认案涉股东会决议无效，理据不足，一审法院不予支持。

二审法院审理后认为，根据《最高人民法院关于适用〈中华人民共和国民事诉讼法〉的解释》第三百二十三条第一款“第二审人民法院应当围绕当事人的上诉请求进行审理”的规定，二审案件的审理应当围绕当事人上诉请求的范围进行。综合双方的诉辩意见，本案争议的焦点问题为:一、2019 年 3 月 11 日的临时股东会程序是否合法；二、涉案决议是否存在无效情形。

关于第一个争议焦点问题。根据黎某某主张涉案决议无效的理由来看，其认为 A 公司另外两位股东在召开该次股东会时未履行法定程序向其送达《A 公司关于召开临时股东会会议的通知》。对此，二审法院认为，A 公司为证明其股东黄某某、董某某已履行了该义务，向一审法院提交了 2019 年 1 月 29 日、2019 年 2 月 20 日的 4 份 EMS 快递单，黎某某虽对 A 公司就该 4 份快递单的证明内容不确认，但未提供相反的证据否定该 4 份单据所记载内容的真实性。因此，二审法院对于该 4 份快递单的真实性予以确认。根据该 4 份快递单载明的内容来看，收件人均为黎某某，邮件封面均载明寄件人黄某某提议召开股东会会议的主要事项，被退回的原因则分别为“收件人拒收”“收件人不在指定地址”。由于该 4 份快递单上载明的收件人手机号码均为黎某某所使用的号码，且结合黎某某本人签名的《关于我司两次致函工商部门的情况说明》中提到其是于 2019 年 1 月 29 日知悉黄某某欲更换执行董事及法定代表人事宜的，从其一审陈述的“其与黄某某、董某某发生纠纷后就把其微信和电话拉黑”的陈述内容来看，黎某某对 A 公司股东黄某某、董某某向其发送提议召开及召开 A 公司临时股东会应该是清楚的，只是为了逃避 3 人之间的矛盾而故意拒绝接受其 2 人所寄送的资料及传递的信息。况且，从涉案临时股东会会议召开的地点来看，地点为 A 公司一楼的会议室。若 A 公司股东黄某某、董某某有意隐瞒 A 公司召开临时股东会，故意剥夺其权利，依照常理在明知黎某某当时为 A 公司法定代表人的情况下，其 2 人是不会将会议的地点确定为上述地点。因此，二审法院对于黎某某上诉称 A 公司股东黄某某、董某某召开 2019 年 3 月 11 日前未依照法律规定提议并通知其参会不予采信。黎某某在收到提议后并未召集临时股东会会议，黄某某作为公司监事依照法律规定进行召集，并在临时股东会开会时间（2019 年 3 月 11 日）15 日前（2019 年 2 月 20 日）向黎某某发出了会议通知及会议议题程序合法，二审法院维持一审法院的认定。

关于第二个争议焦点问题。根据涉案股东会决议的内容来看，决议选举或更换执行董事、监事均属于股东会决定内容，聘任或解聘公司经理亦属于公司章程规定的股东会职权范围。黄某某、董某某合计持有公司 65% 的股权，双方一致表决同意通过上述决议，符合公司法及章程规定。黎某某称该决议无效，但未提供相应的事实及法律依据，故二审法院对该主张不予支持。一审法院对此认定正确，二审法院予以维持。

至于黎某某主张黄某某、董某某恶意串通、滥用股东权利的问题，经审查，与决议内容无关。若黎某某认为黄某某、董某某的行为侵害了公司或股东的利益，对此则可另循法律途径解决。

综上所述，黎某某上诉请求不能成立，应予驳回。一审判决认定事实清楚，适用法律正确，二审法院予以维持。判决驳回上诉，维持原判。

风险防范

经理岗位与公司的经营管理权相关，经理岗位之争往往隐含于公司控制权的安排与争夺中，对公司影响重大。

根据《公司法》的规定，公司的法定代表人按照公司章程的规定，由代表公司执行公司事务的董事或者经理担任。同时，《公司法》第五十九条股东会职权范围和第六十七条董事会职权范围中最后一项都规定“公司章程规定的其他职权”，董事会职权中还有股东会授予的其他职权。可见，经理是极其重要的岗位。虽然《公司法》第七十四条和第一百二十六条规定，经理由董事会决定聘任或者解聘，公司仍可以以公司章程的形式自行决定由股东会或者董事会聘任或者解聘公司经理。案例中的A公司就是通过章程规定经理由股东会聘任或解聘，经理对股东会负责。但是，无论聘任和解聘经理的权利落在股东会还是董事会，经理岗位之争都会表现为对相关股东会、董事会决议效力的纷争。《公司法》第二十五条规定，公司股东会、董事会的决议内容违反法律、行政法规的无效。第二十六条第一款中规定，公司股东会、董事会的会议召集程序、表决方式违反法律、行政法规或者公司章程，或者决议内容违反公司章程的，股东自决议作出之日起60日内，可以请求人民法院撤销。第二十七条规定了4种公司股东会、董事会决议不成立的情形。根据《公司法司法解释四》第五条的规定，符合相应情形的股东会、董事会决议不成立。上述主张决议无效、可撤销和不成立的主体范围并不相同。《公司法》第二十二条规定股东可以提起诉讼，其他主体是否可以起诉并未明确。根据《公司法司法解释四》的规定，请求确认股东会或者股东大会、董事会决议无效或者不成立的主体包括公司股东、董事、监事等，具体来说，包括股东、董事、监事、与董事会决议内容有直接利害关系的高级管理人员、公司员工、公司债权人。[①] 请求撤销董事会决议的主体是公司股东，并且在起诉时应当具有公司股东资格。

结合上述案例，黎某某主张确认A公司股东会决议无效，则需要举证证明股东会程序是否合法以及决议是否存在无效情形。在此，除法律法规的规定外，公司章程也会成为重要的裁量依据。因此，对公司而言，有必要完整细致地在公司章程或股东会、董事会议事规则中规定会议的召集程

① 参见杜万华主编、最高人民法院民事审判庭第二庭编著：《最高人民法院关于公司法解释（四）理解与适用》，人民法院出版社2017年版，第26页、第27页。

序、表决方式等内容。

公司瑕疵决议撤销之诉在一定程度上反映了公司股东对公司控制权、主导权和话语权的争夺。司法实践中，法院一般只审查“召集程序是否违反法律、行政法规或者公司章程；表决方式是否违反法律、行政法规或者公司章程；决议内容是否违反公司章程”这3个方面的法律问题，至于作出的解聘或聘任所依据的理由是否成立，往往不属于司法审查的范围。由此，解聘或聘任经理权会演变成表决占优的部分股东、董事的专属权利。根据《公司法》第六十五条的规定，股东会会议由股东按照出资比例行使表决权；但是，公司章程另有规定的除外。第七十三条中规定，董事会的议事方式和表决程序，除本法有规定的外，由公司章程规定。有限责任公司可以根据自身特点对表决权加以调整。比如，借鉴《公司法》累积投票制的规定，将投票方式定为累积投票并规定在公司章程中，以限制资本多数决和保护小股东利益。如果公司章程没有相关规定的，适用累积投票制须由代表2/3以上表决权的股东表决通过。另外，也可以尝试将聘任经理的要求和解聘经理的情形在章程中详加规定，将此作为程序的一部分，也可以在一定程度上避免大股东滥用权利，还能保障经理的权益。

对于股东人数较少或者规模较小的有限责任公司而言，《公司法》规定可以不设董事会，可以设一名董事，行使公司法规定的董事会的职权。一般来说，可以直接将包括决定聘任或者解聘经理在内的董事会职权交由该名董事行使。

法条链接

《中华人民共和国公司法》

第十条 公司的法定代表人按照公司章程的规定，由代表公司执行公司事务的董事或者经理担任。

担任法定代表人的董事或者经理辞任的，视为同时辞去法定代表人。

法定代表人辞任的，公司应当在法定代表人辞任之日起三十日内确定新的法定代表人。

第二十五条　公司股东会、董事会的决议内容违反法律、行政法规的无效。

第二十六条　公司股东会、董事会的会议召集程序、表决方式违反法律、行政法规或者公司章程，或者决议内容违反公司章程的，股东自决议作出之日起六十日内，可以请求人民法院撤销。但是，股东会、董事会的会议召集程序或者表决方式仅有轻微瑕疵，对决议未产生实质影响的除外。

未被通知参加股东会会议的股东自知道或者应当知道股东会决议作出之日起六十日内，可以请求人民法院撤销；自决议作出之日起一年内没有行使撤销权的，撤销权消灭。

第二十七条　有下列情形之一的，公司股东会、董事会的决议不成立：

（一）未召开股东会、董事会会议作出决议；

（二）股东会、董事会会议未对决议事项进行表决；

（三）出席会议的人数或者所持表决权数未达到本法或者公司章程规定的人数或者所持表决权数；

（四）同意决议事项的人数或者所持表决权数未达到本法或者公司章程规定的人数或者所持表决权数。

第七十四条　有限责任公司可以设经理，由董事会决定聘任或者解聘。

经理对董事会负责，根据公司章程的规定或者董事会的授权行使职权。经理列席董事会会议。

第七十五条　规模较小或者股东人数较少的有限责任公司，可以不设董事会，设一名董事，行使本法规定的董事会的职权。该董事可以兼任公司经理。

《最高人民法院关于适用〈中华人民共和国公司法〉若干问题的规定（四）》

第五条 股东会或者股东大会、董事会决议存在下列情形之一，当事人主张决议不成立的，人民法院应当予以支持：

（一）公司未召开会议的，但依据公司法第三十七条第二款或者公司章程规定可以不召开股东会或者股东大会而直接作出决定，并由全体股东在决定文件上签名、盖章的除外；

（二）会议未对决议事项进行表决的；

（三）出席会议的人数或者股东所持表决权不符合公司法或者公司章程规定的；

（四）会议的表决结果未达到公司法或者公司章程规定的通过比例的；

（五）导致决议不成立的其他情形。

第五章 公司债权人与公司控制权安排

债权人能否要求出资未届期股东承担补充赔偿责任

控制权解读

在注册资本认缴制下，股东的出资时间向全社会进行公示，股东因此享有期限利益。但在公司破产、解散时情况会发生变化，仍然可以强制股东出资加速到期。《公司法》还规定，公司不能清偿到期债务的，公司或者已到期债权的债权人有权要求已认缴出资但未届出资期限的股东提前缴纳出资。因此，公司股东应认识到股东的有限责任不等于无责任，还是需要务实慎重地确定认缴资本并诚信地履行缴纳义务。动辄设立几千万元甚至上亿元注册资本的公司并不足取，股东须按照认缴金额为限对公司债务承担责任。

案件来源：上海市第二中级人民法院（2017）沪02民终608号A公司与沈某某等债权人代位权纠纷案

基本案情

A公司向一审法院起诉请求：沈某某在未出资的出资额450万元本息范围内、王某某在未出资的出资额1,125万元本息范围内对案外人B公司向A公司负有的141.14万元及其利息中不能清偿部分承担补充赔偿责任。

一审法院认定事实：2014年4月3日，上海市杨浦区人民法院判决B公司返还A公司租赁经营权转让费200万元。此后，双方当事人均提起上诉。同年8月21日，二审法院出具民事判决书，判决驳回上诉，维持原判。2015年，上海市杨浦区人民法院出具执行裁定书，认定B公司暂无财产可供执行，故裁定终结本次执行程序。

一审另查明，根据市场监督管理局档案材料显示：2007年6月27日，B公司成立，注册资本10万元，股东为王某某。2010年6月，B公司注册资本增至100万元，全部实缴，股东为王某某及龚某。2011年12月，B公司注册资本增至500万元，全部实缴。同月，B公司股东变更为王某某、龚某和沈某某。2014年4月10日，B公司增加注册资本至5,000万元，其中龚某出资额为3,250万元、王某某出资额为1,250万元、沈某某出资额为500万元，B公司章程载明出资时间均为2030年7月30日前。

审理要览

一审法院认为，A公司提出诉请的依据为《最高人民法院关于适用〈中华人民共和国公司法〉若干问题的规定（三）》第十三条所规定的公司债权人有权要求未履行或者未全面履行出资义务的股东在未出资本息范围内对公司债务不能清偿的部分承担补充赔偿责任。对此，一审法院认为，上述规定中股东未履行或未全面履行出资义务应当指股东根据法律规定或者约定已经负有缴纳出资义务的情形。本案中，B公司章程明确约定各股东的出资时间为2030年7月30日前，A公司提出，上述公司章程的约定表明股东在2030年7月30日前任何一天均负有缴纳出资义务。一审法院认为，上述公司章程的约定系附期限的义务，只有到2030年7月30日时，B公司股东仍未履行出资义务的，才承担相应责任；如果按照A公司理解，则无须设定股东缴纳出资的期限。因此，B公司股东除已经实缴的500万元外，其余出资额尚未到缴纳期限。故A公司起诉所依据的规定在本案中难以适用。此外，对于A公司提出可以类比适用有关被执行人的规定。一审法院认为，法律适用中应当严格依据法律规定，不应当进行类比适用；我国法律未规定只要公司不能清偿对外债务，公司股东尚未届满缴纳期限的出资即视为到期，故对于A公司该项意见，一审法院不予认可。综上所述，A公司要求沈某某、王某某承担补充赔偿责任缺乏法律依据，一审法院依法不予支持。

一审判决后，A公司提起上诉。

二审法院经审理后认为，《最高人民法院关于适用〈中华人民共和国公司法〉若干问题的规定（三）》第十三条是关于股东未履行或者未全面履行出资义务的责任的规定，该规定的适用要件应指向股东出资义务期限届满时的情形。本案中，B公司章程约定股东增资出资缴款期限为2030年7月30日，沈某某、王某某作为B公司认缴增资的股东至本案诉讼时并不存在未履行或者未全面履行出资义务的情形。B公司虽不能清偿到期债务，但A公司据此主张股东未届履行期限的出资义务加速到期，将未到期出资等同视为股东未履行或未全面履行出资义务，法院认为尚不能对司法解释相关规定作出如此延伸和扩张解释。故A公司主张沈某某、王某某二人对B公司不能清偿的债务承担补充赔偿责任缺乏法律依据。

综上所述，A公司的上诉请求不能成立，应予驳回；一审判决认定事实清楚，适用法律正确，应予维持。判决驳回上诉，维持原判。

风险防范

在注册资本认缴制下，股东的出资时间向全社会进行公示，股东因此享有期限利益。《公司法司法解释三》第十三条第二款规定："公司债权人请求未履行或者未全面履行出资义务的股东在未出资本息范围内对公司债务不能清偿的部分承担补充赔偿责任的，人民法院应予支持；未履行或者未全面履行出资义务的股东已经承担上述责任，其他债权人提出相同请求的，人民法院不予支持。”该规定所指的股东出资义务是指股东按期足额缴纳其所认缴的出资额的义务，如果认缴期限未到，则股东不负有出资义务。

但需要注意，在公司破产、解散时情况会发生变化，仍然可以强制股东出资加速到期。《中华人民共和国企业破产法》（以下简称《破产法》）第三十五条规定：“人民法院受理破产申请后，债务人的出资人尚未完全履行出资义务的，管理人应当要求该出资人缴纳所认缴的出资，而不受出资期限的限制。”另外，《公司法司法解释二》第二十二条规定：“公司解散时，股东尚未缴纳的出资均应作为清算财产。股东尚未缴纳的出资，包括到期应缴未缴的出资，以及依照公司法第二十六条和第八十条的规定分期缴纳尚未届满缴纳期限的出资。公司财产不足以清偿债务时，债权人主张未缴出资股东，以及公司设立时的其他股东或者发起人在未缴出资范围内对公司债务承担连带清偿责任的，人民法院应依法予以支持。”根据上述法律规定，虽然股东出资缴纳期限未届至，公司对股东享有的缴纳出资的债权未到履行期，但由于破产解散程序必须了结公司外部和内部的所有法律关系，因此，股东的出资义务期限视为已届满。

最高人民法院《全国法院民商事审判工作会议纪要》在股东出资加速到期问题上也有新的裁判指导意见。其中第六条规定在两种情形下股东在未出资范围内对公司不能清偿的债务承担补充赔偿责任，一是公司作为被执行人的案件，人民法院穷尽执行措施无财产可供执行，已具备破产原因，但不申请破产的；二是在公司债务产生后，公司股东（大）会决议或以其他方式延长股东出资期限的。

关于第一种情形，具备破产原因系指《最高人民法院关于适用〈中华人民共和国企业破产法〉若干问题的规定（一）》（以下简称《破产法司法解释一》）第一条规定的资产不足以清偿全部债务或者明显缺乏清偿能力。根据《破产法司法解释一》第二条和第三条的规定，资产不足以清偿全部债务是指同时满足债权债务关系依法成立、债务履行期限已经届满、债务人未完全清偿债务的情形或者债务人的资产负债表，或者审计报告、资产评估报告等显示其全部资产不足以偿付全部负债的情形。根据《破产法司法解释一》第四条的规定，明显缺乏清偿能力是指因资金严重不足或者财产不能变现等原因，无法清偿债务；法定代表人下落不明且无其他人员负责管理财产，无法清偿债务；经人民法院强制执行，无法清偿债务；长期亏损且经营扭亏困难，无法清偿债务或者导致债务人丧失清偿能力的其他情形。

关于第二种情形，在公司债务产生后，公司股东（大）会决议或以其他方式延长股东出资期限。在此情形下，公司无法清偿债务，股东也要在未出资范围内对公司不能清偿的债务承担补充赔偿责任。

以上规定都是以"不得请求股东提前缴纳出资义务"为原则，为平衡股东出资期限利益与债权人利益，弥补注册资本认缴制的漏洞，新修订的《公司法》对股东出资加速到期作出了新的规定。《公司法》第五十四条规定，公司不能清偿到期债务的，公司或者已到期债权的债权人有权要求已认缴出资但未届出资期限的股东提前缴纳出资。该法律规定不再依托《企业破产法》的规定，只要公司不能清偿到期债务，股东的出资义务就允许加速到期。

对于广大公司股东而言，普遍存在认缴的资本金额大小可以随意定、认缴期限未到不用承担责任等错误认识，造成随处可见动辄几千万元甚至上亿元注册资本、认缴期限数十年的公司。但是，上述裁判观点和法律规定尤其是《公司法》第五十四条已明确告诉我们，股东的有限责任不等于无责任，在满足条件的情形下，股东的认缴的期限利益将消失，注册资本缴纳会加速到期。并且，股东须按照认缴金额为限对公司债务承担责任。因此，对股东而言，还是需要务实慎重地确定认缴资本并诚信地履行缴纳义务。如果注册资本虚高的，不妨在综合考虑各种因素的情况下先作减资处理。

法条链接

《最高人民法院关于适用〈中华人民共和国公司法〉若干问题的规定（三）》

第十三条第一款、第二款　股东未履行或者未全面履行出资义务，公司或者其他股东请求其向公司依法全面履行出资义务的，人民法院应予支持。

公司债权人请求未履行或者未全面履行出资义务的股东在未出资本息范围内对公司债务不能清偿的部分承担补充赔偿责任的，人民法院应予支持；未履行或者未全面履行出资义务的股东已经承担上述责任，其他债权人提出相同请求的，人民法院不予支持。

《中华人民共和国企业破产法》

第三十五条　人民法院受理破产申请后，债务人的出资人尚未完全履行出资义务的，管理人应当要求该出资人缴纳所认缴的出资，而不受出资期限的限制。

《最高人民法院关于适用〈中华人民共和国企业破产法〉若干问题的规定（一）》

第一条　债务人不能清偿到期债务并且具有下列情形之一的，人民法院应当认定其具备破产原因：

（一）资产不足以清偿全部债务；

（二）明显缺乏清偿能力。

相关当事人以对债务人的债务负有连带责任的人未丧失清偿能力为由，主张债务人不具备破产原因的，人民法院应不予支持。

第二条　下列情形同时存在的，人民法院应当认定债务人不能清偿到期债务：

（一）债权债务关系依法成立；

（二）债务履行期限已经届满；

（三）债务人未完全清偿债务。

第三条　债务人的资产负债表，或者审计报告、资产评估报告等显示其全部资产不足以偿付全部负债的，人民法院应当认定债务人资产不足以清偿全部债务，但有相反证据足以证明债务人资产能够偿付全部负债的除外。

第四条　债务人账面资产虽大于负债，但存在下列情形之一的，人民法院应当认定其明显缺乏清偿能力：

（一）因资金严重不足或者财产不能变现等原因，无法清偿债务；

（二）法定代表人下落不明且无其他人员负责管理财产，无法清偿债务；

（三）经人民法院强制执行，无法清偿债务；

（四）长期亏损且经营扭亏困难，无法清偿债务；

（五）导致债务人丧失清偿能力的其他情形。

《最高人民法院关于适用〈中华人民共和国公司法〉若干问题的规定（二）》

第二十二条　公司解散时，股东尚未缴纳的出资均应作为清算财产。股东尚未缴纳的出资，包括到期应缴未缴的出资，以及依照公司法第二十六条和第八十条的规定分期缴纳尚未届满缴纳期限的出资。

公司财产不足以清偿债务时，债权人主张未缴出资股东，以及公司设立时的其他股东或者发起人在未缴出资范围内对公司债务承担连带清偿责任的，人民法院应依法予以支持。

《全国法院民商事审判工作会议纪要》

6.【股东出资应否加速到期】在注册资本认缴制下，股东依法享有期限利益。债权人以公司不能清偿到期债务为由，请求未届出资期限的股东在未出资范围内对公司不能清偿的债务承担补充赔偿责任的，人民法院不予支持。但是，下列情形除外：

（1）公司作为被执行人的案件，人民法院穷尽执行措施无财产可供执行，已具备破产原因，但不申请破产的；

（2）在公司债务产生后，公司股东（大）会决议或以其他方式延长股东出资期限的。

《中华人民共和国公司法》

第五十四条 公司不能清偿到期债务的，公司或者已到期债权的债权人有权要求已认缴出资但未届出资期限的股东提前缴纳出资。

第六章
股权激励与公司控制权安排

一、股权激励的员工能否要求公司显名登记

控制权解读

股权激励作为长期激励措施，能够吸引优秀人才，可以使管理者利益与公司利益趋同，还能缓解企业资金压力，对企业裨益良多。实股激励可以让员工实实在在地享有股权，具有更强更直接的激励效果，但这种激励方式在使员工成为股东的同时也会改变公司股权结构、动摇公司的控制权；虚股激励则不同，员工只享有相应的利润分配权，不享有股权，不会改变公司股权结构，对公司控制权不构成影响。

案件来源：福建省高级人民法院（2019）闽民申3894号彭某某诉A公司股东资格确认纠纷案

基本案情

彭某某申请再审称，根据《中华人民共和国民事诉讼法》第二百条第二项、第六项规定的事由申请再审。事实和理由：（一）原判决认定彭某某未能提交其与A公司原股东B公司或其他股东之间存在书面代持协议等明确股权代持或其他依法享有公司相应比例的股权等有效证据属认定错误。1. 彭某某与B公司形成事实上的股权代持关系。彭某某也向A公司财务总监詹某某转账15万元，A公司出具收款收据备注“壹拾伍万股股票款”。2008年至2015年间，彭某某多次收到股权分红款。结合D公司于2015年10月19日出具的《限期退股通知》及彭某某在二审提供的《公证书》中邮件往来的内容，均表明彭某某与B公司已经形成股权代持关系。2. 彭某某持有A公司的股权比例为1.5%。原判决已认定彭某某于2003年3月向A公司实际出资之事实。A公司的全部认缴出资的实缴完成于2003年4月2日，注册资本为1,000万元，而彭某某出资的15万元在完成实缴之前，由此证明，彭某某持有A公司1.5%股权。（二）A公司股东默认彭某某为其公司股东。A公司、B公司及C公司的高管对彭某某出资知情且未反对，其行为表明认可彭某某为A公司股东。A公司董事郑某某在与彭某某邮寄来往中提到“关于退股事情我请A公司直接和你联系处理。公司事情就让公司去处理吧，公私分明更好……”从退股的说法可以反证彭某某已是A公司股东。（三）原判决适用法律错误。原判决已认定彭某某于2003年3月向A公司出资之事实，A公司股东也以其行为表明认可彭某某为A公司股东。本案应当适用《最高人民法院关于适用〈中华人民共和国公司法〉若干问题的规定（三）》第二十二条、第二十三条的规定。

审理要览

本院经审查认为，A公司是一家有限责任公司，成立于2002年9月

19 日。企业类型为中外合资经营企业，注册资本为 1,000 万元，C 公司投资 600 万元，占股 60%，英属维尔京群岛 B 公司投资 400 万元，占股 40%。2007 年后，A 公司经过多次增加注册资本，目前公司注册资本为 8,000 万元，C 公司与 B 公司按照出资比例认缴新增资本，并已经实际出资。2014 年 5 月 26 日，B 公司将所持有 A 公司 40%的股权转让给 D 公司。以上事实可以看出，A 公司的两个股东已经认缴了 100%出资。A 公司作为具有独立人格的主体，其只能根据股东名册认定自己的股东。因此，彭某某请求确认其系 A 公司股东并享有 A 公司 1.5%的股权，不能成立。彭某某在再审申请书中自认其与 B 公司形成事实上的股权代持关系。故其应当依据股权代持合同向 B 公司主张权利而不是向 A 公司主张权利。C 公司与 D 公司系 A 公司的股东，其没有为彭某某办理工商登记的义务。彭某某要求 C 公司、D 公司为其办理确认股东身份的工商登记手续，没有法律根据。原判决认定事实依据充分，适用法律正确。

综上，彭某某的再审事由不能成立。裁定驳回彭某某的再审申请。

风险防范

股权激励是近年来的热门话题，越来越多的企业家认识到人才的重要性。股权激励是指对公司员工赠与或者折价出售部分公司股权，使员工能够以股东身份参与公司决策、分享利润和承担风险，从而勤勉尽责地为公司的长期发展服务的激励方式。随着企业的不断发展壮大，企业所有者没有足够的时间、精力和能力完成全部的公司管理工作，需要委托经营者代为管理。现在，包括中小企业在内的众多企业已经意识到，股权激励作为长期激励措施，能够吸引优秀人才，可以使管理者利益与公司利益趋同，还能缓解企业资金压力，对企业裨益良多。对于实践中面临资金短缺、发展瓶颈的众多企业而言，股权激励成为能切实帮助企业的法律工具。

股权激励的模式大致有股票期权、限制性股票（权）、虚拟股票

（权）、股票（权）增值权等。对有限责任公司而言，股权激励已不再是上市公司高大上的专属工具，众多的有限责任公司都开始尝试股权激励。按照是否事实上对员工授予公司股权，股权激励可以分类为实股激励和虚股激励。实股激励可以让员工实实在在地享有股权，具有更强更直接的激励效果，但这种激励方式在使员工成为股东的同时也会改变公司股权结构、动摇公司的控制权，比如股票期权和限制性股票（权）。虚股激励则不同，员工只享有相应的利润分配权，不享有股权所有权和表决权，不会改变公司股权结构，对公司控制权不构成影响，比如虚拟股票（权）和股票（权）增值权。所以，实股激励在实施前要考虑股权的来源，一般多是公司大股东通过股权转让的方式进行，同时还要考量激励实施后股权设置的变化可能对公司控制权带来的影响。

结合案例，A 公司向彭某某出具备注“壹拾伍万股股票款”的收款收据，并多次向彭某某分红，A 公司实为拟引进彭某某而实施的股权激励措施。但 A 公司与彭某某之间也没有关于股权激励的书面协议。虽然 A 公司确认收到彭某某股票款 15 万元，并出具了收款收据，但是，股权来源于增资还是原股东的股权转让或赠与无法确定。A 公司作为具有独立人格的主体，其只能根据股东名册认定自己的股东。因此，彭某某请求确认其系 A 公司股东并享有 A 公司相应比例的股权难以成立。至于股权代持关系，彭某某也只能依据代持合同向合同相对人主张权利而不是向 A 公司主张权利。因此，从彭某某的出资 15 万元并且每年享有公司分红来看，该 15 万元更符合虚股激励的特征而非实股激励。在这种情况下，彭某某只享有利润分配权，而无权要求确认其为 A 公司的显名股东。

股权激励的实施是非常专业的法律事务，整个流程包括企业实施股权激励计划的需求诊断、对企业的尽职调查、股权激励方案设计、起草和拟定股权激励计划草案及相关法律文书、配套制度的设计、方案落地实施辅导等。如果是上市公司实施股权激励，还需要出具实施股权激励计划所必需的法律意见书。因此，股权激励不可能一蹴而就，公司还是需要在法律专业人士的指导下完成。

法条链接

《中华人民共和国公司法》

第八十四条 有限责任公司的股东之间可以相互转让其全部或者部分股权。

股东向股东以外的人转让股权的，应当将股权转让的数量、价格、支付方式和期限等事项书面通知其他股东，其他股东在同等条件下有优先购买权。股东自接到书面通知之日起三十日内未答复的，视为放弃优先购买权。两个以上股东行使优先购买权的，协商确定各自的购买比例；协商不成的，按照转让时各自的出资比例行使优先购买权。

公司章程对股权转让另有规定的，从其规定。

二、持股员工离职后不再享有持股资格的规定是否有效

控制权解读

公司在吸收骨干员工成为公司股东的过程中，约定退出机制至关重要。如果缺少完善的退出机制，员工离职后股权无法收回，必然违背激励的初衷，对新进员工的激励也将由于“弹尽粮绝”而难以进行。如何让股权健康有序地激励一批又一批的优秀员工，就需要公司在章程和内部股权管理办法中作明确细致且具有可操作性的规定。

案件来源：北京市第一中级人民法院（2016）京01民终2094号A公司诉齐某某股东资格确认案

基本案情

1995年1月，A公司成立。齐某某于2005年3月1日入职，于3月

16 日成为股东。A 公司 1999 年的《员工骨干持股管理办法》以及 2004 年的《章程》中均规定了“当持股员工离开公司，不再为本公司服务时，其本人不再具有持股资格，由公司用资本公积金购回，留作公司的预留股份”的内容。

2007 年 2 月，A 公司出台《股东持股管理办法》（以下简称 07 持股办法），第一条规定：“股东的资格和评选条件：1. 股东必须具有代理人或律师资格。2. 在本公司工作的时间在 5 年以上。3. 工作中业绩突出，能解决本领域工作中重大案件或疑难案件。4. 能够开发到大客户者，则优先考虑……”第七条规定：“当股东发生下列情况之一的，经股东大会获得 2/3 股权通过，可以解除其股东资格，公司以当年股值购回其所持股份。1. 擅自离职者；2. 损害公司利益或对公司造成重大损失者。”该办法系通过股东签字的方式形成，签名股东持股比例占全体登记股东的 74.4%。

2014 年 2 月 26 日，法院作出（2014）海民初字第 784 号民事判决：A 公司于判决生效后 10 日内，将该公司财务会计报告备于公司住所地内，供齐某某复制。A 公司不服提起上诉，后撤诉，撤诉裁定于 2014 年 6 月 25 日发生法律效力。

2014 年 10 月 15 日，A 公司股东会形成《关于离职股东股权解决方案的决议》：公司股东会依据 07 持股办法，决议自 2013 年 1 月齐某某与公司解除劳动关系起，不再具备公司股东资格，公司将按 07 持股办法之规定购回齐某某所持的全部股份。

法院发出调查函，国家知识产权局回复 461 号函：“《专利代理管理办法》第五条规定：专利代理机构的合伙人或者股东应当符合下列条件：……（三）能够专职从事专利代理业务。专利代理机构的合伙人或者股东应当是在该专利代理机构专职从事专利代理业务的人，已经与代理机构解除劳动关系的人员不应成为该专利代理机构的合伙人或者股东。”

原告 A 公司提起诉讼，要求确认被告齐某某自 2014 年 2 月 26 日（知情权案件判决作出之日）起不再享有A公司股东资格。被告齐某某辩称，A公司没有剥夺齐某某股权的法律和事实依据。

审理要览

一审法院经审理认为：《专利代理管理办法》第五条第三项明确规定，专利代理机构的股东应当符合“能够专职从事专利代理业务”的条件。生效判决显示齐某某已与A公司解除劳动关系，已不具备再成为A公司股东的条件。

一审法院作出如下判决：一、确认齐某某自2014年2月27日起不再享有A公司股东资格；二、驳回A公司其他诉讼请求。

齐某某持原审答辩意见提起上诉。二审法院经审理认为：

一、关于07持股办法的性质

该办法的名称为A公司股东持股“管理”办法，规定了股东的资格和评选条件、评选程序、退股、公司回购股权的情形及价格等内容，具有管理的性质，适用对象为A公司的全体股东，故该办法应定性为通过A公司股东会决议形成的适用于公司全体股东的规则。虽然在形成程序上存在瑕疵，但不属于决议无效的法定事由。同时，在该办法中签名股东的持股比例已超过2/3，符合章程规定，在决议作出后近10年并无股东诉请撤销该办法，相反在A公司后续的股东会中依据该07持股办法作出了相关决议，表明公司股东会已对该办法一再地进行了确认，从而对前述的程序瑕疵进行了合理的补救。

二、关于07持股办法对齐某某是否具有约束力

第一，在内容上，07持股办法中有关“股随岗变”的规定与公司2004年章程相一致，亦未违反《中华人民共和国公司法》的强制性规定，属于公司意思自治范围，在获得代表2/3以上表决权的股东通过后，应具有约束力。

第二，A公司采用资本多数决的方式通过07持股办法不构成权利的

滥用。首先，从07持股办法的具体内容来看，其适用于公司的全体股东，关于离职股东股权处置等内容亦非针对某一股东所“量身打造”；其次，在07持股办法第一条中从专业资质、在公司的任职年限以及业绩情况等方面对股东资格作出了规定，反映出A公司作为专业从事知识产权代理业务的有限责任公司，具有较强的人合性特点；最后，根据《专利代理管理办法》并结合国家知识产权局的复函，可以看出实践中行政主管部门对于专利代理公司的股东资格具有特殊的要求和限制，若允许离职人员继续保留股东资格，将可能导致A公司出现“违规经营”的状况，由此亦可反映出07持股办法中关于离职股东股权处置的规定具有现实的合理性。

第三，齐某某入职时A公司的有效章程（2004年章程）已经明确规定当持股员工离开公司时，不再享有持股资格，在此情况下，齐某某仍选择成为公司股东，表明齐某某对于该规定予以认可。同时，从A公司的发展沿革来看，关于员工离职后股权的处理，不论在齐某某入职前、在职期间，还是离职之后，A公司均采取一以贯之的处理方式，并出台相应的规则，齐某某对此应为明知并对离职后股权的处理具有充分的预见性，且具有认可该规定的真实意思表示，因此亦应受到该规定的约束与规制。

在齐某某离职之后，A公司依据07持股办法作出股东会决议，确认齐某某自离职之日起不再享有股东资格，相关决议亦应对齐某某具有约束力。因（2014）海民初字第784号民事判决书已确认齐某某可以行使股东知情权，但该案生效时间为2014年6月25日，故应确认齐某某自2014年6月26日起不再享有A公司股东资格。另需明确的是，虽然齐某某不再享有A公司股东资格，但并未丧失该股权对应的相关财产性权益，其有权另行要求取得公平的股权转让对价。

二审法院作出判决，确认齐某某自2014年6月26日起不再享有A公司股东资格。

风险防范

上述案例中，齐某某成为A公司股东前，A公司《员工骨干持股管理办法》和2004年的《章程》中已规定了“当持股员工离开公司，不再为本公司服务时，其本人不再具有持股资格，由公司用资本公积金购回，留作公司的预留股份”的规定，两份文件的规定对齐某某具有约束力。之后，07持股办法由公司股东会决议的形式形成，签名股东的持股比例已超过2/3，系通过公司资本多数决的表决程序上升成为公司自治规范，故07持股办法具有与公司章程同等的效力，对包括齐某某在内的全体股东均有约束力。

公司在吸收骨干员工成为公司股东的过程中，约定退出机制至关重要。如果缺少完善的退出机制，员工离职后股权无法收回，必然违背激励的初衷，对新进员工的激励也将由于“弹尽粮绝”而难以进行。如何让股权健康有序地激励一批又一批的优秀员工，就需要公司在章程和内部股权管理办法中作明确细致且具有可操作性的规定。

关于“股随岗变”的规定。案例中，齐某某离职之前就已存在A公司章程和07持股办法的规定。那么，如果员工离职前缺少类似的内部文件，在公司意识到问题后形成的“股随岗变”的规定是否对该员工具有约束力呢？笔者认为，在这种情况下，员工虽然离职但仍具有公司股东资格，公司如果按照公司法和章程的要求以股东会决议的方式形成有效决议，无论该离职员工投赞成票还是反对票，对其都具有约束力。当然，公司有条件的还是应尽早形成内部规范，如此可以让被激励的员工对将来离职退出有充分预见，并在是否离职上作出更具合理性的决定。对公司而言，亦可吸引并留住人才、稳定优秀员工队伍，达到股权激励的目的。

关于股权回收的价格。我国《公司法》第四条第二款规定：“公司股东对公司依法享有资产收益、参与重大决策和选择管理者等权利。”由该条规定可知，股权既包括资产收益权，也包括参与重大决策和选择管理者的权利。所以，股权兼具财产权和人身权属性，是综合性的民事权利。其中，资产收益权具有财产属性，参与重大决策和选择管理者权利具有人身属性，须由股东独立行使。同时《公司法》第八十四条赋予股东自由转让股权的权利。可见，股东享有的股东权利是法定的，不能被任意剥夺。因此，公司章程或者股权管理办法中“股随岗变”的规定，必须以保护股东财产权利为前提，即在员工的股东身份被剥夺后，需以合理且可行的方式收回员工名下股权，并且股权转让的价格不能与公司净资产价值相去甚远。

另外，上述案例的判决中，齐某某不再享有A公司股东资格，但并未丧失该股权对应的相关财产性权益，其有权另行要求取得公平的股权转让对价。可见，公司“股随岗变”的规定发生效力后，员工不再具备股东资格，并自然地对公司或者相关的股权收购主体享有债权。股东资格与股权转让对价分开处理的原则对于公司妥善解决股权激励中离职员工的善后事宜大有裨益，公司也无需担心新一轮激励的股权来源问题，对公司的长远发展有利。

法条链接

《中华人民共和国公司法》

第四条　有限责任公司的股东以其认缴的出资额为限对公司承担责任；股份有限公司的股东以其认购的股份为限对公司承担责任。

公司股东对公司依法享有资产收益、参与重大决策和选择管理者等权利。

第八十四条　有限责任公司的股东之间可以相互转让其全部或者部分股权。

股东向股东以外的人转让股权的，应当将股权转让的数量、价格、支付方式和期限等事项书面通知其他股东，其他股东在同等条件下有优先购买权。股东自接到书面通知之日起三十日内未答复的，视为放弃优先购买权。两个以上股东行使优先购买权的，协商确定各自的购买比例；协商不成的，按照转让时各自的出资比例行使优先购买权。

公司章程对股权转让另有规定的，从其规定。

三、虚拟股权能否转为普通股权

控制权解读

虚拟股的激励方式不必考虑股权的来源，也不与股权挂钩，因此不会对公司股权结构和公司控制权产生影响。虚拟股对员工而言是奖金收益的一种表现形式，所持股数是奖金的计算依据。虚拟股权转化为普通股权多以股权转让方式实现。相应地，激励合同中应对股权转让条款加以约定。如果缺少股权转让的价格条款或者价格条款约定不明，这样的股权转让合同很可能被司法机关认定为合同不成立，最终导致激励半途而废。

案件来源：广东省深圳市中级人民法院（2017）粤 03 民终 793 号吴某某与 A 公司股东资格确认纠纷上诉案

基本案情

吴某某向一审法院起诉请求：1. 确认 2010 年 10 月 1 日吴某某享有 A 公司股权价值金额 4. 8 万元占 A 公司股权 0. 093%；2. 确认至 2011 年 9 月 30 日吴某某享有 A 公司股权价值金额 9. 6 万元占 A 公司股权 0. 195%；3. 确认至 2012 年 9 月 30 日吴某某享有 A 公司股权价值金额 18 万元占 A 公司股权 0. 366%；4. 确认至 2013 年 9 月 30 日吴某某享有 A 公司股权价值金额 30 万元占 A 公司股权 0. 633%；5. 确认至 2014 年 9 月 30 日吴某某享有 A 公司股权价值金额 37. 2 万元占 A 公司股权 0. 785%；6. 判令 A 公司根据吴某某占 A 公司股权 0. 785%进行相应的工商变更登记；7. 判令 A

公司向吴某某支付2010年10月1日起至起诉之日止期间的分红25.74万元。

一审法院经审理查明：2010年9月28日，A公司（甲方）与吴某某（乙方）签订《补充协议》，内容为：一、甲方为激励乙方尽力尽责工作，并让乙方共同享受公司发展成果，在原劳动合同的基础上，达成协议；甲方聘请乙方出任研发中心总监，原劳动合同期限延长至2013年9月30日。二、甲方给予乙方具体激励机制，从2010年10月1日开始执行，1. 乙方薪资22,000元/月，每年以1%+CPI%的比例增加此薪资，另外，每月在工资中预发放年终奖3,000元，此金额从每年的现金奖励中扣除。2. 甲方每年度为乙方设定KPI（关键绩效指标）（分低、中、高三个目标等级），视KPI的达成状况及研发中心的运营管理状况（考核KPI及运营管理状况各占50%），每年给予乙方现金奖励，此奖励将于次年3月底前发放：（1）达成低目标KPI奖励总额15万元。（2）达成中目标KPI奖励总额20万元。（3）达成高目标KPI奖励总额25万元。3. 虚拟股权分配在KPI（高、中、低）基础上，以第三方在甲方申报上市时的评估报告总值为准，具体分配金额如下：（1）达成低目标KPI，公司分配金额为9万元，个人可购买金额为6万元。（2）达成中目标KPI，公司分配金额为12万元，个人可购买金额为8万元。（3）达成高目标KPI，公司分配金额为15万元，个人可购买金额为10万元，以上虚拟股权分配金额当年分配40%，满2年30%，满3年30%，此分配期间与公司是否已经上市无关。在上市前，虚拟股权不参加分红，如公司在3年内（自此协议签订之日起计算）未上市，则此虚拟股权自动转化为普通股权，以当时最新的第三方评估报告总值为基准，按此比例享受分红。

双方在2013年发生劳动争议，经劳动仲裁后诉至法院，一审法院作出（2015）深宝法沙劳初字第36号民事判决书，判令A公司支付吴某某终止劳动合同的经济补偿金73，770元、KPI现金奖励564,185元，A公司无需向吴某某支付2011年10月至2013年9月期间的加班工资差额84,799元。该案上诉后，经深圳市中级人民法院二审判决驳回上诉。A公司对该案向广东省高级人民法院申请再审，被裁定驳回申请。

审理要览

一审法院认为，《补充协议》第二条第三款所约定的系虚拟股权的分配及分红，同时约定若A公司3年内未上市，虚拟股转化为普通股，以当时最新的第三方评估报告总值为基准，按此比例享受分红。首先，该约定中的普通股指向不明，虚拟股如何转化为普通股也未明确约定。其次，A公司并未增资扩股，吴某某未对A公司出资，亦未通过受让的方式取得A公司股份，因此，吴某某主张其对A公司享有股权并享有相应的分红，无事实和法律依据，一审法院不予支持。判决驳回吴某某的全部诉讼请求。

一审判决后，吴某某提起上诉。

二审法院审理后认为，关于吴某某是否具有A公司股东资格的问题。首先，A公司、吴某某于2010年9月28日签订《补充协议》，约定A公司为激励吴某某尽力尽责工作，并让吴某某共同享受公司发展成果，在原劳动合同的基础上，达成协议如下：A公司聘请吴某某出任研发中心总监，原劳动合同期限延长至2013年9月30日；A公司给予吴某某具体激励机制，从2010年10月1日开始执行，包括A公司每年度为吴某某设定KPI（分低、中、高3个目标等级），虚拟股权分配在KPI（高、中、低）基础上，以第三方在A公司申报上市时的评估报告总值为准，具体分配金额为：达成低目标KPI，公司分配金额为9万元，个人可购买金额为6万元；达成中目标KPI，公司分配金额为12万元，个人可购买金额为8万元；达成高目标KPI，公司分配金额为15万元，个人可购买金额为10万元，以上虚拟股权分配金额当年分配40%，满2年30%，满3年30%，此分配期间与公司是否已经上市无关，在上市前，虚拟股权不参加分红，如公司在3年内（自此协议签订之日起计算）未上市，则此虚拟股权自动转化为普通股，以当时最新的第三方评估报告总值为基准，按此比例享受分红；如果劳动关系终止，则《补充协议》也随之终止。上述约定表明，A

公司给予吴某某的虚拟股权不是完整意义上的公司股权，而是一种附条件、有限制的股权激励待遇，即以吴某某在 A 公司任职为条件，如果吴某某在 A 公司任职期间 A 公司上市，则虚拟股权可以参加分红，如果 A 公司未上市，则虚拟股权不参加分红。虽然《补充协议》约定如果 A 公司 3 年内（自此协议签订之日起计算）未上市，则虚拟股权自动转化为普通股，但上述约定中对于虚拟股权如何转为普通股未予明确，且《补充协议》明确约定吴某某离职后《补充协议》即终止。鉴于此，二审法院认为，涉案《补充协议》约定的虚拟股权激励待遇并不必然产生吴某某取得公司法意义上的股东资格以及完全股东权益的法律效力，A 公司至今未上市，吴某某与 A 公司的劳动关系亦已于 2013 年 9 月 30 日终止，故吴某某诉请确认其为 A 公司股东并享有股东分红权，不符合《补充协议》约定，亦无法律依据，一审法院不予支持并无不当。

综上所述，吴某某上诉理由不成立，判决驳回上诉，维持原判。

风险防范

虚拟股是公司授予激励对象的一种虚拟的股票，激励对象可以据此享受一定数量的分红权和股价升值收益，但没有所有权，没有表决权，不能转让和出售，在离开企业时自动失效。虚拟股的激励方式不必考虑股权的来源，实际上，虚拟股并不与股权挂钩，因此也不会对公司股权结构产生影响。虚拟股对员工而言更多的是奖金收益，股数是奖金的计算依据。正是由于虚拟股的“虚拟”特征，实施虚拟股激励不需要在市场监督管理部门或者证券交易部门登记，公司内部股东名册也无需记载，操作简单灵活。

案例中，A 公司对吴某某进行激励，共享公司发展成果。从 A 公司与吴某某签订的《补充协议》看，A 公司给予吴某某的是虚拟股权激励，并且以公司是否上市作为不同激励的前提条件。该协议的第二条第三款所约定的虚拟股权的分配及分红，同时约定若 A 公司 3 年内未上市，虚拟股转化为普通股，以当时最新的第三方评估报告总值为基准，按此比例享受分红。但协议中对于虚拟股权如何转为普通股权没有约定，因此，吴某某无法取得公司法意义上的股东资格。

《公司法司法解释三》第二十二条规定，一方请求确认其享有股权应当证明已经依法向公司出资或者认缴出资，且不违反法律法规强制性规定，或许已经受让或者以其他形式继受公司股权，且不违反法律法规强制性规定。在股权激励中，一般不会通过发行新股的形式实施激励，所以应适用第二种情形继受取得即证明已经受让或者以其他形式继受公司股权。所以，对公司或被激励的员工而言，虚拟股权转化为普通股权应以股权转让或赠与方式实现，相应地，激励合同中应对股权转让和赠与的条款加以约定。

另外，在司法实践中，股权转让合同的价格条款被视为核心条款，缺少价格条款或者价格条款约定不明的，不能适用《民法典》第五百一十一条第二项的规定来确定，这样的股权转让合同很可能被司法机关认定为合同不成立，最终导致股权无法转化，激励也将半途而废。

法条链接

《最高人民法院关于适用〈中华人民共和国公司法〉若干问题的规定（三）》

第二十二条　当事人之间对股权归属发生争议，一方请求人民法院确认其享有股权的，应当证明以下事实之一：

（一）已经依法向公司出资或者认缴出资，且不违反法律法规强制性规定；

（二）已经受让或者以其他形式继受公司股权，且不违反法律法规强制性规定。

第二十三条　当事人依法履行出资义务或者依法继受取得股权后，公司未根据公司法第三十一条、第三十二条的规定签发出资证明书、记载于股东名册并办理公司登记机关登记，当事人请求公司履行上述义务的，人民法院应予支持。

四、有限合伙企业激励平台设置退出机制的重要性

控制权解读

有限合伙平台是诸多企业股权激励采用的法律架构，也为投资机构普遍青睐与认可。有限合伙平台不会影响公司控制权，如果有限合伙人发生变动，也只会在有限合伙企业内部作变更，不会影响到公司，更不会对公司股权结构产生丝毫影响。合伙企业的合伙人还可以自由协商分配机制，合伙企业“先分后税”的原则，也使合伙企业在企业层面不用缴税。从实践出发，激励的员工可能会离职或者因各种原因不再满足激励要求，为避免出现纠纷，激励方案或者合伙协议中应设置和完善退出机制条款。

案件来源：广东省高级人民法院（2020）粤民申4446号兰某某、刘某合伙协议纠纷、退伙纠纷案

基本案情

兰某某申请再审称，一、3被申请人对合伙财产负有举证责任，兰某某是有限合伙人且起诉时已经离开B公司3年，无从知晓B公司的财产情况。刘某、宋某某作为A合伙企业的执行合伙人怠于披露合伙财产，一审法院基于B公司在公开市场的价格确定合伙财产，是正确的。3被申请人二审中仅主张B公司的股票交易量小，新三板公开的市场数据不能反映股权价值，但是没有提供任何证据推翻全国中小企业股份转让系统公示的即时交易价格，二审法院支持3被申请人的主张错误。《A合伙企业（有限合伙）合伙协议之补充协议》（以下简称《补充协议》）约定有限合伙人

非书面离职可以根据前30个交易日平均成交价计算股权转让价格，二审判决仅适用该协议第一条，而没有适用第二条、第三条错误。兰某某被A合伙企业违法解除劳动关系强制退伙，二审法院认为兰某某被动离职与主动离职没有本质不同，被动离职产生的损失已经获得劳动赔偿金，混淆劳动关系和合伙关系，突破有限合伙人签署协议的初衷。《A合伙企业（有限合伙）合伙协议》（以下简称《合伙协议》）和《补充协议》是格式条款，且《补充协议》没有约定B公司违法解除劳动关系可以参照约定确定退伙财产。二审法院认定股权激励可以限制激励对象，不能限制实施激励的人，是错误的。二、案涉合伙财产的价值应当依据全国中小企业股份转让系统公示的即时交易价格确定，而非任何一方的主观臆测。二审法院询问是否进行审计，兰某某不要求审计有正当理由。本案的退伙约定不清楚，双方存在争议，且兰某某非自愿、无过错，与通常情况下的退伙不同，应当根据法律规定确定合伙财产。虽然B公司股权在兰某某退伙前后交易量小，不足以反映股权价值，但B公司的股权在2017年8月17日有交易，价格每股为6.2元，且B公司在2017年度是盈利的，每10股分派2元红利，足以证实全国中小企业股份转让系统公示的B公司股权即时交易行情真实、客观和合法，进而反映A合伙企业的合伙财产情况。综上，兰某某请求依法再审本案。

审理要览

法院认为，本案为退伙纠纷。根据兰某某的再审申请，本案再审审查争议焦点为兰某某退伙财产的确定问题。

本案中，B公司为推动在新三板上市场交易，对包括兰某某在内的部分员工实施股权激励，A合伙企业是股权激励平台，兰某某作为A合伙企业的有限合伙人之一与普通合伙人刘某、宋某某等签订《合伙协议》《补充协议》，明确了兰某某出资66,667元、比例为1.3333%等事项。根据已经发生法律效力的（2017）渝05民终6759号、（2018）粤01民终7204

号民事判决的认定，B公司违法解除劳动合同应当支付兰某某赔偿金124,290元，兰某某不再是A合伙企业或B公司的员工，自2017年9月17日起从A合伙企业退伙。兰某某退伙后，双方因退伙财产发生争议，兰某某主张应当根据《补充协议》第二条、第三条，按照A合伙企业持有B公司600万股、兰某某出资比例1.3333%以及B公司股权在2017年9月17日的市场价值每股6.2元确定，三被申请人不予确认。对此，《补充协议》第二条、第三条是关于股权激励对象任职时转让合伙股份的约定，由于兰某某于2016年2月5日与A合伙企业投资的B公司解除劳动合同关系，不再是B公司员工，不符合《补充协议》第二条、第三条约定情形，故兰某某称本案应当根据前述约定确定退伙财产的主张，不应支持。而且，全国中小企业股份转让系统显示B公司股权自2017年6月30日至2019年11月15日的成交量为0，不足以证实B公司在2017年9月17日的市场价值为每股6.2元，故兰某某主张的退伙财产计算方式缺乏事实依据，不能成立。因双方并未约定违法解除劳动合同情形下退伙财产如何确定，且兰某某未申请审计，二审法院综合股权激励的合伙权益一定程度受到限制、合伙目的以及公平原则，参照适用《补充协议》第一条的约定，认定A合伙企业、刘某、宋某某按兰某某实缴出资66,667元以及按照同期贷款利率计算的利息，向兰某某返还退伙财产，并无不当。根据前述分析，本案不属于《补充协议》第二条、第三条约定的转让合伙股份的情形，兰某某向法院提交的B公司现金分红预案公告、2017年度权益分派实施公告，不足以推翻二审判决。综上，兰某某的再审申请理据不足，法院予以驳回。

风险防范

有限合伙平台是诸多企业股权激励采用的法律架构，也为投资机构普遍认可。有限合伙平台受到青睐主要是因为具有以下优势和特点：

1. 有限合伙平台不会影响公司控制权。有限合伙企业由普通合伙人

（GP）和有限合伙人（LP）组成，由普通合伙人执行合伙事务，有限合伙人不执行合伙事务，不得对外代表有限合伙企业。在这样的组织架构下，设立的有限合伙平台会持有公司的一部分股权，股权的来源一般是大股东转让。有限合伙企业由公司的大股东或者大股东控股的有限公司作为平台的 GP，需要被激励的公司员工作为 LP。大股东在代表合伙企业执行合伙事务的同时不会丧失对公司的控制权，公司员工作为 LP 可以定期从平台间接享有公司成长带来的收益。如果 LP 发生变动，也只会在有限合伙企业内部作变更，不会影响到公司，更不会对公司股权结构产生丝毫影响。

2. 有限合伙企业由 2 个以上 50 个以下合伙人设立，如果公司的规模比较大，或者需要激励的员工需要细分，比如分为管理层激励、核心技术人员激励和普通员工激励等，只需设立数个合伙企业平台，把不同员工作为 LP 纳入平台就可以轻松解决。当然，这样的数个平台的 GP 还是由公司的大股东控制为宜。

3. 分配模式自由。《中华人民共和国合伙企业法》（以下简称《合伙企业法》）第三十三条第一款规定：“合伙企业的利润分配、亏损分担，按照合伙协议的约定办理；合伙协议未约定或者约定不明确的，由合伙人协商决定；协商不成的，由合伙人按照实缴出资比例分配、分担；无法确定出资比例的，由合伙人平均分配、分担。”因此，合伙企业的合伙人可以自由协商分配机制。

4. 税收政策灵活。根据《财政部、国家税务总局关于合伙企业合伙人所得税问题的通知》第二条规定：“合伙企业以每一个合伙人为纳税义务人。合伙企业合伙人是自然人的，缴纳个人所得税；合伙人是法人和其他组织的，缴纳企业所得税。”第三条中规定：“合伙企业生产经营所得和其他所得采取‘先分后税’的原则。”因此，合伙企业实行“先分后税”的原则，将合伙企业的生产经营所得和其他所得，按分配比例分给各个合伙人，确定其应纳税所得额，而合伙企业层面不用缴税。根据《国家税务总局关于〈关于个人独资企业和合伙企业投资者征收个人所得税的规定〉执行口径的通知》第二条规定："关于个人独资企业和合伙企业对外投资分回利息、股息、红利的征税问题 个人独资企业和合伙企业对外投资分回的利息或者股息、红利，不并入企业的收入，而应单独作为投资者个人取得的利息、股利、红利所得，按'利息、股息、红利'所得，按'利息、股利、红利所得'应税项目计算缴纳个人所得税。以合伙企业名义对外投资分回利息或者股利、红利的，应按《通知》所附规定的第五条精神确定各个投资者的利息、股利、红利所得，分别按'利息、股息、红利所得'应税项目计算缴纳个人所得税。"

《中华人民共和国个人所得税法》第三条关于个人所得税的税率的规定，其中经营所得，适用5%至35%的超额累进税率，利息、股息、红利所得，财产租赁所得，财产转让所得和偶然所得，适用比例税率，税率为20%。如果有限合伙平台的GP是自然人的话，GP的个人所得税税率的适用各地现今存在差异，在平台设立过程中可以适当关注，有必要的情况下可以据此调整合伙企业的分配制度。

5. 设立有限合伙平台对未来可能的公司上市也不会构成根本性法律障碍，只要对激励情况充分披露并对平台激励的员工适当作出份额转让限制、做好份额回购安排，就能满足发行人股权清晰，控股股东和受控股股东、实际控制人支配的股东持有的发行人股份不存在重大权属纠纷的要求。

结合案例，A合伙企业系为对员工实施股权激励计划而设立的持股平台，在兰某某与B公司解除劳动关系的情况下，兰某某不再是A合伙企业或其子公司的员工，也就不再符合A合伙企业实施员工股权激励计划的激励目的，理应从A合伙企业退伙。

作为股权激励的法律工具，合伙企业有其他工具无法企及的优势。和其他激励工具不同的是，合伙平台集合了为数众多的激励员工。从实践出发，激励的员工可能会离职或者会因各种原因不再满足激励要求，为保证激励的效果，合伙平台必须针对不同情形完成合伙人的更新。为避免在退出过程中出现纠纷，激励方案或者合伙协议中退出机制成为必不可少的条款。退出条款的设计至少需考虑退出的情形、份额回购程序、份额的定价3个方面，公司需要在专业人士的指导下完成。

法条链接

《中华人民共和国合伙企业法》

第二条　本法所称合伙企业，是指自然人、法人和其他组织依照本法在中国境内设立的普通合伙企业和有限合伙企业。

普通合伙企业由普通合伙人组成，合伙人对合伙企业债务承担无限连带责任。本法对普通合伙人承担责任的形式有特别规定的，从其规定。

有限合伙企业由普通合伙人和有限合伙人组成，普通合伙人对合伙企业债务承担无限连带责任，有限合伙人以其认缴的出资额为限对合伙企业债务承担责任。

第三十三条　合伙企业的利润分配、亏损分担，按照合伙协议的约定办理；合伙协议未约定或者约定不明确的，由合伙人协商决定；协商不成的，由合伙人按照实缴出资比例分配、分担；无法确定出资比例的，由合伙人平均分配、分担。

合伙协议不得约定将全部利润分配给部分合伙人或者由部分合伙人承担全部亏损。

第六十一条　有限合伙企业由二个以上五十个以下合伙人设立；但是，法律另有规定的除外。

有限合伙企业至少应当有一个普通合伙人。

第六十七条　有限合伙企业由普通合伙人执行合伙事务。执行事务合伙人可以要求在合伙协议中确定执行事务的报酬及报酬提取方式。

第六十八条第一款　有限合伙人不执行合伙事务，不得对外代表有限合伙企业。

第七章
公司章程与公司控制权安排

一、未经股东会决议的章程内容是否有效

控制权解读

公司章程是公司股东或发起人制定，用以记载有关重大事项，调整公司内部组织关系和经营行为的自治规则，对公司、股东、公司的经营管理人员均具有约束力。章程是公司的宪法，公司股东有必要对公司章程内容和章程修正案予以充分重视。公司的初始章程经市场监督管理部门登记备案后发生法律效力，但公司设立之后的章程修正案只需要股东达成修改章程的合意即对内发生法律效力。

案件来源：北京市海淀区人民法院（2018）京0108民初7657号A公司与闫某股东出资纠纷案

基本案情

原告A公司向法院提出诉讼请求：1. 判令被告立即向第三人B公司履行225万元出资义务；2. 判决被告自2016年12月1日起按照银行同期贷款利率的标准向第三人B公司支付逾期出资利息；3. 本案诉讼费由被告承担。事实和理由：原告A公司与被告闫某于2016年11月1日签署了《关于共同设立某电子商务有限公司（暂定名）的合作协议》（以下简称《合作协议》），约定共同出资设立某电子商务有限公司（暂定名），公司注册资本5,000万元，原告持股55%，被告持股45%，首期出资500万元，原告与被告分别以现金出资275万元、225万元。后双方办理了工商注册登记，公司名称为B公司。该公司章程规定公司股东于2016年11月30日前完成首期出资。原告于2017年1月18日缴纳出资275万元，但被告始终未缴纳出资。由于资金短缺，B公司设立后运转困难。2017年7月28日，原告与B公司分别向被告发出《缴纳出资通知书》进行催告，要求被告在2017年8月10日前缴纳出资225万元。但被告至今仍不履行出资义务，造成公司无法正常运行，已处于歇业状态，给公司及原告带来巨大损失。

被告闫某辩称，不同意原告的全部诉讼请求，理由如下：双方共同设立公司并未约定出资时间，合作协议没有实质的推进，闫某就没有义务将自己的商业秘密公布。原告与被告之间并未达成出资时间的合意，即使按照原告手写后的公司章程，原告也没有履行2,750万元的出资义务；第三人与原告之间存在人员混同，第三人在原告的控制之下，不遵守公司设立时的公司章程，滥用和私用公司公章，被告作为第三人B公司的股东，对于原告控制第三人期间发生的任何支出均不予认可，请求驳回原告的诉讼请求。

第三人B公司述称，同意A公司的全部诉讼请求，不同意闫某的答辩意见；A公司已经按照章程约定于2017年1月17日履行出资义务，但另一股东闫某至今并未履行出资义务；B 公司仅有一份公司章程，即为 A 公司提交的、在工商部门备案的章程，该章程显示 A 公司及闫某应当在 2016 年 11 月 30 日完成双方在投资协议中约定的首期出资，即 A 公司 275 万元，闫某 225 万元。该章程上手写修改的内容，B 公司推测是经过股东 A 公司和闫某同意的，否则工商部门不会备案，而且从工商部门的档案中可见，赵某是有股东授权的代办人，代办人经股东授权后手改章程，修改原因是工商行政部门要求明确出资时间。

根据当事人陈述和经审查确认的证据，法院认定事实如下：

2016 年 11 月 1 日，A 公司（甲方）与闫某（乙方）签订《合作协议》，主要内容为：鉴于甲方系国内知名汽车垂直门户网站，全球最大的汽车主题社区，乙方具备丰富的平行进口车运营经验，拥有众多城市综合展厅的渠道网络。甲方与乙方拟利用各自的专业、资源优势，合作注册某电子商务有限公司（暂定名），通过城市综合展厅渠道发展针对经销商超期库存车的电商业务。双方根据公司法等法律、法规、规章的有关规定，经协商一致订立本协议，并共同遵照执行。第一条：甲方与乙方共同成立“某电子商务有限公司”，（暂定名称，以最终工商行政管理部门核准的名称为准）（以下简称 B 公司），B 公司注册资本 5,000 万元，首期出资 500 万元，其中甲方以现金形式出资 275 万元、乙方以现金形式出资 225 万元，分别持有 B 公司 55%、45%的股权。B 公司设董事会，董事会成员 3 名，甲方出任 2 名董事，乙方出任 1 名董事。B 公司的董事长由甲方提名出任，总经理由乙方提名出任，财务总监、法务总监、人力资源总监由甲方提名出任或兼任。B 公司应自本协议签署之日起 30 日内设立完成……第九条：双方将根据合作进展情况，落实未来后续注册资本到位情况。该协议还就甲方和乙方主要负责的业务，B 公司的业务范围，注册登记事项、职能管理、赔偿责任等进行了约定。

B 公司成立于 2016 年 12 月 6 日。该公司在工商机构备案的公司章程显示：公司注册资本为 5,000 万元。公司注册地址为手写体，公司经营期限为 20 年，股东名称及出资方式、出资数额、出资比例为：A 公司出资 275 万元（手写体变更为 2,750 万元），占 B 公司注册资本的 55%，后有手写体“出资时间为 2016 年 11 月 30 日”，闫某以货币出资 225 万元（手写体变更为 2,250 万元），占公司注册资本的 45%，后有手写体“出资时间为 2016 年 11 月 30 日”。该章程签字页有“闫某”签字及“A 公司”印章。

闫某称，上述签字真实性无异议，但签字时的公司章程没有前面增加的手写部分，所以不认可前述“手写体”作为公司章程的效力。同时闫某提交 B 公司公司章程，该章程除手写体增加的部分之外，与 B 公司在工商机构留存的公司章程一致，签字页亦有“闫某”签字及“A 公司”印章。A 公司对闫某提交的章程真实性无异议，认为系公司章程交工商备案之前 A 公司留存的版本。

经法院询问，A 公司称，对于 B 公司章程中约定的全部注册资本金的出资时间，A 公司与闫某并未明确约定，需要双方协商确定，手写体部分指的是 A 公司与闫某应当在 2016 年 11 月 30 日前缴付《合作协议》约定的首期出资款。同时，A 公司称就 B 公司章程上手写体修改和增加的部分，B 公司没有作出相关股东会决议。

B 公司工商档案中显示有“指定（委托）书”一份，显示指定委托“赵某”向工商行政机关办理 B 公司登记注册备案手续，委托期限自 2016 年 11 月 1 日至 2017 年 4 月 30 日，委托事项为“报送登记文件”及“领取营业执照和有关文书”，指定（委托）人签字或加盖公章处显示有“闫某”签字及“A 公司”印章。

A 公司称，上述章程中关于出资时间的手写体以及指纹印系赵某所写，此人系 A 公司的员工，接受 A 公司和闫某的委托代办工商登记，关于增加出资时间这一项，闫某系知情的，但是现在没有相关证据。闫某称“指定（委托）书”系闫某签字，但是授权仅为“报送登记文件”和“领取营业执照和有关文书”，赵某修改公司章程系超越委托权限。

庭审中，闫某认可B公司系双方根据《合作协议》成立的公司。

A公司提交的招商银行付款回单显示：2017年1月18日，A公司向B公司转账付款275万元，摘要为“B公司首次注资”。

审理要览

法院认为，依照《中华人民共和国公司法》第二十八条第一款，有限责任公司的股东应当按期足额缴纳公司章程中规定的各自认缴的出资额。股东以货币出资的，应当将货币出资足额存入公司在银行开设的账户。依照《最高人民法院关于适用〈中华人民共和国公司法〉若干问题的规定（三）》第十三条第一款之规定，股东未履行或未全面履行出资义务，其他股东请求其向公司依法全面履行出资义务的，人民法院应予支持。因此，股东未依约履行或未完全履行出资义务的，其他股东可在出资期限届至后请求其向公司履行出资义务。

出资时间系公司章程载明的事项，有限责任公司的章程应当由全体股东共同制定，属于公司股东自治的范畴，章程的修改也应当经股东会决议通过。A公司与闫某共同签字确认的B公司章程，与B公司在工商登记备案的章程，在股东的出资金额、出资时间方面约定存在不一致，B公司在工商登记备案的章程在上述方面进行了手写体的修改和增加，闫某对修改和增加部分不予认可，该章程修改和增加部分并未经过B公司股东会决议通过，因此不能以该章程上手写体部分关于出资时间和出资金额的约定作为判断闫某出资金额和出资时间的标准。同时，A公司与闫某之间签订的《合作协议》，其中有双方作为股东成立B公司的共同意思表示，也约定了B公司的组织机构和经营活动的基本原则，系B公司成立的基础，法院对此不持异议。但是该《合作协议》中约定的双方对于B公司的首期出资500万元，并未明确约定出资期限。现A公司、B公司并未提交其他证据证明闫某向B公司缴纳出资款的期限已到期，在现有证据情况下，应当认为A公司与闫某就出资期限约定不明，故对于A公司主张闫某应当向B

公司支付 225 万元出资款以及逾期利息的诉讼请求，法院不予支持。

综上，判决驳回原告 A 公司的全部诉讼请求。

风险防范

公司章程是公司股东或发起人制定，用以记载有关重大事项，调整公司内部组织关系和经营行为的自治规则，对公司、股东、公司的经营管理人员均具有约束力。

《公司法》第四十六条规定："有限责任公司章程应当载明下列事项：（一）公司名称和住所；（二）公司经营范围；（三）公司注册资本；（四）股东的姓名或者名称；（五）股东的出资额、出资方式和出资日期；（六）公司的机构及其产生办法、职权、议事规则；（七）公司法定代表人的产生、变更办法；（八）股东会认为需要规定的其他事项。股东应当在公司章程上签名或者盖章。"第九十五条规定："股份有限公司章程应当载明下列事项：（一）公司名称和住所；（二）公司经营范围；（三）公司设立方式；（四）公司注册资本、已发行的股份数和设立时发行的股份数，面额股的每股金额；（五）发行类别股的，每一类别股的股份数及其权利和义务；（六）发起人的姓名或者名称、认购的股份数、出资方式；（七）董事会的组成、职权和议事规则；（八）公司法定代表人的产生、变更办法；（九）监事会的组成、职权和议事规则；（十）公司利润分配办法；（十一）公司的解散事由与清算办法；（十二）公司的通知和公告办法；（十三）股东会认为需要规定的其他事项。"第四十六条第一款第一项至第七项规定和第九十五条第一项至第十二项规定是有限责任公司和股份有限公司的必要记载事项，如果有缺失遗漏，市场监督管理部门有权拒绝该企业的设立申请。同时，有限责任公司章程作为全体股东或发起人共同协商后制定的文件，股东和发起人应当在公司章程上签名、盖章。

结合本案例，根据法院认定的事实，A 公司与闫某订立的《合作协议》对首期出资 500 万元并没有明确约定出资期限。市场监督管理部门备案登记的公司章程中，公司出资和出资时间均为手写体，且除增加的手写体之外，备案登记的章程与闫某手上的章程内容完全一致。同时，A公司也认可注册资本的出资时间并未明确约定，需要双方协商确定。章程上手写体修改和增加的部分，B公司没有作出相关股东会决议。可见，章程上手写体部分并非A公司与闫某协商一致的结果，而股东的出资期限属于公司股东意思自治的范畴，非经磋商一致无法确定。在《合作协议》与公司章程都没有明确出资金额和出资时间的情况下，仅凭章程中的手写体部分不能作为闫某出资金额和出资时间的判断标准。

从公司股东的角度来说，有必要对公司章程内容和章程修正案予以充分重视。股东应尽可能详尽地设置章程条款，绝对必要记载事项不可缺失，一些任意记载事项应在充分磋商的基础上加以约定。实践中，不少地方市场监督管理部门都有章程范本。但显而易见的是，不同公司的章程条款必然有个性化的设置，以满足公司、股东自身特点和发展的需要。对于公司章程条款与范本条款不完全一致的情况，不同的地区有不同的标准与理解，可能导致公司在公司设立和章程修正案备案时遇到困难。如遇此特殊情况，由于工商备案章程与股东真实意思章程存在客观不一致，股东在满足市场监督管理部门要求签署备案章程后，有必要同时另外订立补充章程或协议，明确备案章程与真实意思章程发生冲突的适用规则，以免因章程效力问题引起不必要的纠纷。另外，值得注意的是，公司的初始章程是在经市场监督管理部门登记备案后发生法律效力，但公司设立之后的章程修正案只需要股东达成修改章程的合意即对内发生法律效力，备案使章程具有公示公信力，但并非修正案的生效要件。因此，如果遭遇公司设立时必须使用范本章程的，先以范本章程登记设立公司，而后以章程修正案的形式完善章程条款也不失为便捷之举。

当然，对章程的修改须保证严格依照《公司法》的规定，章程修改的股东会的召集和召开须履行法定程序，修正案的表决必须经代表相应表决权的股东通过。否则，同样会面临如本案中章程条款效力的争议问题。

法条链接

《中华人民共和国公司法》

第四十六条　有限责任公司章程应当载明下列事项：

（一）公司名称和住所；

（二）公司经营范围；

（三）公司注册资本；

（四）股东的姓名或者名称；

（五）股东的出资额、出资方式和出资日期；

（六）公司的机构及其产生办法、职权、议事规则；

（七）公司法定代表人的产生、变更办法；

（八）股东会认为需要规定的其他事项。

股东应当在公司章程上签名或者盖章。

第九十五条　股份有限公司章程应当载明下列事项：

（一）公司名称和住所；

（二）公司经营范围；

（三）公司设立方式；

（四）公司注册资本、已发行的股份数和设立时发行的股份数，面额股的每股金额；

（五）发行类别股的，每一类别股的股份数及其权利和义务；

（六）发起人的姓名或者名称、认购的股份数、出资方式；

（七）董事会的组成、职权和议事规则；

（八）公司法定代表人的产生、变更办法；

（九）监事会的组成、职权和议事规则；

（十）公司利润分配办法；

（十一）公司的解散事由与清算办法；

（十二）公司的通知和公告办法；

（十三）股东会认为需要规定的其他事项。

二、章程事项的变更是否都须经代表 2/3 以上表决权的股东通过

控制权解读

《公司法》第六十六条规定是对特定事项表决的法定要求，公司章程不得作出与之相反的规定。公司章程的修改，只有足以影响公司运营活动的事项的修改才属于公司法规定的章程的修改行为，也只有这样的事项才需要经代表 2/3 以上表决权的股东通过。但《公司法》的规定只是最低法定要求，股东有权在《公司法》第六十六条列举的事项之外，把与公司经营相关的重大事项的表决要求规定在公司章程中。

案件来源：江苏省高级人民法院（2014）苏审三商申字第 0247 号陈某某与 A 公司公司证照返还纠纷案

基本案情

陈某某申请再审称：一、一审和二审法院没有依法审查原告资格。A 公司起诉时并没有出示任何材料以证明其原告资格，起诉状上未加盖 A 公司的印章，也没有其工商登记的董事长和法定代表人陈某某的签名。二、原告是指因民事权利发生争议，以自己的名义向人民法院提起诉讼，并引起诉讼程序发生的民事主体。但在本案中，诉讼请求事项均是李某某的主张，而非 A 公司的主张。一、二审法院将李某某作为诉讼代表人没有任何依据，李某某无权代表 A 公司参与诉讼。三、本案案由为返还公司证照纠纷，但法院审理的实际是股东会决议纠纷。是否需要返还公司证照，确实需要审查 A 公司李某某等股东作出的股东会决议的效力，但股东会决议效力纠纷的诉讼当事人不同于返还公司证照纠纷的当事人，一、二审法

院在本案中径行审查股东会决议效力，属程序违法。四、2013 年 2 月 23 日股东大会只有选举结果，没有形成书面的股东会决议。在散会后，部分股东制作的书面文件不具备股东会决议的程序要件和实质要件，是不具备股东会决议效力的。综上，请求对本案进行再审。

A 公司提交意见认为：一、A 公司要求返还 A 公司证照和印章，所以立案时候没有印章。2013 年 2 月 23 日换届选举后李某某已经是 A 公司法定代表人，所以李某某的签字完全可以代表 A 公司。二、关于本案的案由，因为审查返还证照纠纷，必须先审查股东会决议效力问题，二者没有冲突。三、2013 年 2 月 23 日换届选举董事长，李某某是 12 票，陈某某是 7 票，因此陈某某已经落选，李某某已经当选新董事长，因陈某某拒不交出证照、印章，李某某有权代表 A 公司提起本案诉讼。四、股东会程序符合章程规定，合法有效，陈某某宣布散会时实际选举工作已经完成，选举结果李某某是 12 票，陈某某是 7 票，当时陈某某只肯在会议记录上签字，不肯在股东会决议上签字，所以股东会决议只有 12 个人签字。综上，请求驳回陈某某的再审申请。

法院经审查查明：A 公司系于 2001 年 3 月 22 日经工商行政管理部门注册登记成立的有限责任公司，本案诉讼时登记的法定代表人为陈某某，注册资金 20 万元，公司有自然人股东陈某某等共 20 人，均出资 1 万元，各持有公司 5%的股份；公司董事会由陈某某等 7 人组成，公司监事会由武某等 5 人组成。

2013 年 2 月 7 日，陈某某以 EMS 邮政特快专递或当面领取方式向 A 公司全体股东送达 2013 年 2 月 23 日股东会通知及推荐表。通知的内容为：“根据 2013 年 2 月 4 日公司董事会决议，现定于 2013 年 2 月 23 日 19：00 召开股东大会，进行换届选举。”2013 年 2 月 23 日 19 时，A 公司股东大会在无锡市北塘区某酒店如期举行，会议由陈某某主持，除股东 1 人缺席外，其他 19 名股东均出席会议，其中 3 人签具委托书委托代表参加，无锡市工商行政管理局北塘分局和无锡市北塘区人民法院相关部门人员受邀到场旁听。投票结果董事长职位陈某某 7 票，李某某 12 票；董事职位朱某某等 6 人为 7 票，徐某某等六人为 12 票；监事职位刘某某等 5 人为 7 票，陈某等 5 人为 12 票。陈某某最后宣布选举结果未经代表 2/3 以上表决权的股东通过，根据公司章程无法形成决议，原董事、监事、管理人员继续履行职责，本次会议有效，林某某未参加会议属弃权，本次股东大会已完成所有议程，有异议可以通过法律途径处理。到会 19 名股东均在会议记录上签名，其中 3 人分别由受托人李某某、朱某某、赵某代签。

与此同时，认为换届选举属公司其他事项，只须股东会代表 60%以上表决权的股东通过即可生效，本次会议已产生股东会决议的李某某、徐某某等 12 名股东根据股东大会的选举结果当即制作了股东会决议并签名，其中谢某某、尹某某仍分别由李某某、朱某某代签。股东会决议内容为：1. 免去原陈某某等 7 名董事职务，选举李某某等 7 名为新董事。2. 免去原钟某某等 5 名监事职务，选举谢某某等 5 名为新监事。随后，除严某外，李某某等 6 人在董事会决议上签名，董事会决议内容为：1. 免去陈某某 A 公司董事长（法定代表人）职务。2. 选举李某某担任 A 公司董事长（法定代表人）职务。

2013 年 3 月 12 日，李某某向无锡市工商行政管理局北塘分局提交 A 公司法定代表人变更登记申请，并提交了《有限责任公司变更登记申请书》、《法定代表人信息》、《指定代表或者共同委托代理人的证明》、《董事、监事、经理信息》、股东会决议、董事会决议等材料。无锡市工商行政管理局北塘分局于 2013 年 3 月 15 日作出锡工商北登不受企字（2013）第 001 号《企业登记不予受理通知书》，认为李某某代表 A 公司提交的变更登记材料中，《有限责任公司变更登记申请书》《法定代表人信息》《指定代表或者共同委托代理人的证明》《董事、监事、经理信息》均未加盖公章，不符合法定形式，决定对该法定代表人变更登记申请不予受理。

A 公司 2012 年 3 月 9 日修订的公司章程第十八条约定："股东会以对公司增加或减少注册资本、合并、分立、解散、变更公司形式、修改公司章程作出决议时，必须经代表2/3以上表决权的股东通过。”第二十条约定：“股东会对其它事项作出决议，必须经代表60%以上表决权的股东通过。”第二十四条约定：“召开股东会会议，应当于会议召开15日以前以电话通信形式通知全体股东。股东会应当对所议事项的决定作成会议记录，出席会议的股东应当在会议记录上签名。”第二十五条约定：“公司设董事会，董事会由股东会选举7名董事，董事会对股东会负责。”第二十七条约定：“董事会由7名董事组成。董事每届任期三年，董事任期届满，连选可连任，董事在任期满前，股东会不得无故撤除其职务。董事会设董事长一人。董事长由选举产生。”第二十九条约定：“召开董事会会议，应当于会议召开十日前以电话通信通知全体董事。三分之一以上董事可以提议召开董事会会议。”第三十条约定：“董事会实行一人一票制，董事会至少有5人董事出席方为有效。董事会决议分为普通会议决议和特别会议决议。普通会议决议以多数通过的决议有效。特别会议以2/3以上的董事同意方可通过。”

后李某某代表A公司诉至无锡市北塘区人民法院，请求判令：陈某某立即向A公司返还证照（包括营业执照、财务登记证、组织机构代码证、税务登记证）、印鉴章（包括公章、合同专用章、财务专用章）及财务账册或负责追回上述证照、印鉴章和财务账册。

一审法院认为：

一、关于2013年2月23日股东大会是否形成股东会决议。

有限责任公司召开股东大会，应当遵循公司法规定的召集程序、议事方式和表决程序，并符合公司章程的约定。公司法规定，设立董事会的有限责任公司，股东会会议由董事会召集，董事长主持；召开股东会会议，应当于会议召开15日前通知全体股东，公司章程另有规定或者全体股东另有约定的除外；股东会应当对所议事项的决定作成会议记录，出席会议的股东应当在会议记录上签名；股东会会议由股东按照出资比例行使表决权，公司章程另有规定的除外。2013年2月23日A公司召开的换届选举股东大会，事先于 2013 年 2 月 7 日即由时任董事长陈某某向全体股东送达会议通知，并由陈某某主持股东大会，股东大会召集和主持程序合法；各股东出资比例均为 5%，除林某某经通知未到外，各股东亲自到会或提交委托书委托其他股东表决，按照出资比例一人一票行使表决权，表决程序合法；董事长、董事、监事的选举投票结果为 7∶12，股东大会对所议事项全程作了真实记录，并由出席会议的股东在会议记录上签名，表决结果合法有效。上述程序符合公司法的规定和 A 公司章程的约定，应当产生有效的股东会决议，陈某某利用职权宣布本次股东大会未形成股东会决议的意见，该院不予采纳。

二、关于李某某方所持有的股东会决议、董事会决议是否有效。

公司章程是公司股东依法订立的规范公司组织与活动的基本法律文件，是公司最重要、最基本的规范性文件，经制定生效后应保持其稳定性，在公司存续期间发生效力，对公司、股东、董事、监事、高级管理人员均具有约束力。根据公司法规定，修改公司章程、增加或者减少注册资本以及公司合并、分立、解散或者变更公司形式属于公司的重大事项，关系到公司的存续和发展，股东会会议就前述事项作出决议时，必须经代表 2/3 以上表决权的股东通过。同时公司法规定董事任期由公司章程规定，但每届任期不得超过 3 年，监事的任期每届为 3 年，任期届满，均连选可以连任。因董事和监事人选均属于经常变动的事项，属于公司章程之中的一般性记载事项，逢公司正常换届选举，董事会及监事会成员有变动，只能认为是公司其他事项的变动，而不能认为是对公司章程的修改。根据 A 公司章程第十八条“股东会以对公司增加或减少注册资本、合并、分立、解散、变更公司形式、修改公司章程作出决议时，必须经代表 2/3 以上表决权的股东通过”，第二十条“股东会对其它事项作出决议，必须经代表 60%以上表决权的股东通过”的规定，2013 年 2 月 23 日的换届选举股东大会，因新董事会、监事会人选的得票结果 12 票已经达到全体股东表决权 20 票的 60%，故以此为据形成的股东会决议合法有效。

根据公司法的规定，有限责任公司设董事会，董事会设董事长一人，可以设副董事长。董事长、副董事长的产生办法由公司章程规定。A 公司章程第二十五条约定："公司设董事会，董事会由股东会选举 7 名董事，董事会对股东会负责。"第二十七条约定："董事会设董事长一人。董事长由选举产生。"A 公司陈某某、严某、李某某分别向法院陈述公司的董事长、董事、监事均是由全体股东召开股东大会直接选举产生，从以上章程规定及具体选举时的股东会会议记录和推荐表、部分股东的陈述，可以证明 A 公司的董事为 7 人，董事长和董事均是由股东大会直接选举产生。故李某某等七名股东为 2013 年 2 月 23 日选举产生的 A 公司的新任董事，其中李某某为新任董事长。李某某也同时成为 A 公司新任法定代表人。李某某作为 A 公司新当选的董事长及法定代表人，有权代表公司提起诉讼，对陈某某认为李某某无权代表公司起诉的意见不予采纳。

关于董事会决议，公司法规定董事会会议由董事长召集和主持；董事会的议事方式和表决程序，除本法有规定的外，由公司章程规定；董事会应当对所议事项的决定作成会议记录，出席会议的董事应当在会议记录上签名；董事会决议的表决，实行一人一票。A 公司章程第二十九条约定："召开董事会会议，应当于会议召开十日前以电话通信通知全体董事。三分之一以上董事可以提议召开董事会会议。"第三十条约定："董事会实行一人一票制，董事会至少有 5 人董事出席方为有效。董事会决议分为普通会议决议和特别会议决议。普通会议决议以多数通过的决议有效。特别会议以 2/3 以上的董事同意方可通过。"第三十二条约定："董事会应当对所议事项的决定作成会议记录，出席会议的董事应当在会议记录上签名。"关于本案中李某某一方持有的 2013 年 2 月 23 日董事会决议，虽李某某一方陈述于股东会决议产生后，新当选的董事立即形成董事会决议，因其未提供证明已通知其中缺席董事严某参加董事会的证据，也未提供董事会议记录，所形成的决议事后也未得到严某的追认，该董事会决议的产生不符合公司法和 A 公司章程规定的董事会议召集程序、议事方式和表决程序，该董事会决议无效，该院对陈某某认为该董事会决议无效的意见予以采纳。但该决议无效并不影响投票结果，新任董事会可以按照公司法和公司章程的规定，严格按照程序行使执行股东会决议和负责公司经营管理活动的职权。

综上，一审法院认为，A公司经过2013年2月23日的换届选举股东大会，已经选举出新任董事长（法定代表人）、董事会成员、监事会成员。A公司作为独立法人，有其独立的意志，公司证照、印章是确认公司独立以自己的名义享有权利承担义务，对外进行活动的有形代表和法律凭证，上述财产理所当然属于公司所有。公司董事、监事、高级管理人员应当遵守法律、行政法规和公司章程，对公司负有忠实义务和勤勉义务，不得妨碍公司独立意志的实现。有限责任公司作为法人组织，其证照、印鉴章、财务账册等必定是由公司具体的管理人员掌管、占有和使用。陈某某作为A公司原董事长和法定代表人，是公司财产的法定管理人，必然是公司证照、印鉴章、财务账册的占有者、使用者和管理者；即使陈某某不直接保管A公司的证照、印鉴章、财务账册，但无论由谁来保管，均源自陈某某的授权；2013年2月23日股东会决议作出后，陈某某已失去管理者的职权，已无权再继续持有、掌管A公司的证照、印鉴章和财务账册，应当积极配合A公司办理财务移交手续，并配合办理工商变更登记。A公司要求陈某某返还公司证照、印鉴章、财务账册或负责追回上述证照、印鉴章、财务账册的诉讼请求，于法有据，该院予以支持。对陈某某与此相悖的抗辩意见，不予采信。该院判决：陈某某返还A公司的证照（包括营业执照、组织机构代码证、财务登记证、税务登记证）、印鉴章（包括公章、合同专用章、财务专用章）、财务账册或负责追回上述证照、印鉴章和财务账册并返还A公司。

陈某某不服，向江苏省无锡市中级人民法院提起上诉，该院判决：驳回上诉，维持原判。

审理要览

再审法院认为：陈某某的申请再审理由不能成立。

一、A公司章程规定股东会对修改公司章程等作出决议，须经代表2/3以上表决权的股东通过，对其他事项作出决议，须经代表60%以上表决权的股东通过。而更换公司董事长、董事和监事并不属于修改公司章程事项。A公司章程也规定了董事会选举的办法、任期和表决程序。故董事、监事因任期届满或其他原因发生变更的，不是法定的或章程规定的必须经代表2/3以上表决权的股东通过的议程。本案中，A公司章程规定股东会对其他事项作出决议，仅须经代表60%以上表决权的股东通过即可，该规定不违反法律规定，合法有效。2013年2月23日，A公司召开股东大会对董事长、董事和监事换届选举进行了表决，该表决获得了代表60%表决权的股东通过，符合公司法和A公司章程的规定，应属合法有效。一审中，A公司陈某某、严某、李某某向法院陈述公司的董事长、董事、监事均是由全体股东召开股东大会直接选举产生，结合2013年2月23日股东大会的议程、推荐表和会议记录等证据，可以证明A公司的董事长和董事均是由股东大会直接选举产生，故李某某等7名股东为2013年2月23日选举产生的A公司的新任董事，其中李某某为新任董事长，同时成为A公司新任法定代表人。陈某某作为原A公司的董事长召集主持会议属于程序性的权利，其单方面宣布散会从而主张无法形成决议不符合法律和公司章程的规定。

二、公司法定代表人的变更登记属于备案性质，未办理工商变更登记并不影响股东会决议确定李某某担任A公司法定代表人的效力。李某某作为新任公司董事长和法定代表人，有权代表A公司提起诉讼。

三、陈某某称本案属于公司证照返还纠纷，一、二审法院在本案中审查股东会决议效力，属于程序违法。本院认为，股东会决议效力的认定并非只能在确认之诉中作出，一、二审法院在本案诉讼中将其作为前置问题审理并作出认定并无不当。

综上，陈某某的再审申请不符合《中华人民共和国民事诉讼法》第二百条规定的情形。依照《中华人民共和国民事诉讼法》第二百零四条第一款之规定，裁定驳回陈某某的再审申请。

风险防范

我国《公司法》第六十六条第三款规定："股东会作出修改公司章程、增加或者减少注册资本的决议，以及公司合并、分立、解散或者变更公司形式的决议，应当经代表三分之二以上表决权的股东通过。"该款是公司法对特定事项表决的法定要求，公司章程不得作出与之相反的规定。A公司章程援用了公司法的规定，对其他事项作出决议，须经代表60%以上表决权的股东通过。

对于法定代表人变更事项的决议，《公司法》并无明确规定，A公司将法定代表人姓名记载在公司章程中，那么对法定代表人的修改是否等同于《公司法》第六十六条的章程修改？就公司章程本质来说，公司章程是公司全体股东共同的意思表示，是规定公司组织及活动的基本规则的书面文件，目的是规范公司的组织与行为。因此，只有足以影响公司运营活动的事项的修改才属于公司法规定的章程的修改行为，也只有这样的事项才需要经代表2/3以上表决权的股东通过。《公司法》修改后，公司法定代表人姓名在公司章程中记载与否两者皆可，如果记载于公司章程中，该记载仅是形式记载，不影响公司运营。因此对该记载的变更并不属于《公司法》第六十六条规定的修改公司章程。《公司法》第六十六条第一款规定："股东会的议事方式和表决程序，除本法有规定的外，由公司章程规定。"而A公司的章程对法定代表人的变更事项也未作出特别约定，在此情形下，法定代表人的变更就应按照A公司章程中其他事项作出决议的要求，经代表60%以上表决权的股东通过即可。

因此，A公司召开股东会，19名股东以12∶7的比例选出新任董事长以及新任董事和监事，达到了 A 公司章程规定的表决要求，故以此为据形成的股东会决议合法有效。

此外，《公司法》的规定只是最低法定要求，股东有权在《公司法》第六十六条列举的事项之外，把与公司经营相关的重大事项的表决要求规定在公司章程中。

法条链接

《中华人民共和国公司法》

第六十六条　股东会的议事方式和表决程序，除本法有规定的外，由公司章程规定。

股东会作出决议，应当经代表过半数表决权的股东通过。

股东会作出修改公司章程、增加或者减少注册资本的决议，以及公司合并、分立、解散或者变更公司形式的决议，应当经代表三分之二以上表决权的股东通过。

三、公司章程规定股东会召开程序

控制权解读

法定代表人不仅是公司经营过程中的主要角色，还代表着公司控制权中的核心权力，公司控制权的争夺无法回避对法定代表人职位的争夺。在公司章程中载明法定代表人的产生、免职程序有利于定分止争，有效避免因诉讼徒增公司费用。同时在公司章程中载明法定代表人的职权范围，加强对法定代表人履行职务的监督，防止法定代表人滥用权力。

案件来源：河北省衡水市中级人民法院（2019）冀 11 民终 757 号王某、雷某某请求变更公司登记纠纷案

基本案情

王某某向一审法院提出诉讼请求：一、确认被告A公司于2017年6月13日作出的股东会决议无效；二、判令被告A公司在判决生效后立即就第一项请求内容所涉股东会决议的有关事项办理相应的工商变更登记；三、本案诉讼费用由被告承担。事实与理由：A公司于2003年12月成立，后2009年10月工商登记变更为于某出资40万元，持股比例为80%，王某某出资10万元，持股比例为20%。A公司章程第十九条规定，执行董事王某某为公司法定代表人，任期3年，由股东选举产生，任期届满，可以连选连任。另A公司章程载明，股东会议分为定期会议和临时会议，定期会议每一年召开一次，临时会议由代表1/4以上表决权的股东或者临时提议方可召开，召开股东会会议，应当在召开会议15日内通知全体股东。而王某某既没有接到召开会议通知，更没有参加股东会，因此2017 6月13日被告A公司召开的股东会是虚假的，股东会决议上“王某某”签字系其他人冒充，故作出免去王某某在A公司执行董事（法定代表人）职务，聘任王某祥为公司执行董事（法定代表人）的决议是无效的。现依据《中华人民共和国公司法》第二十二条的规定，特诉至贵院，请依法判令支持原告的全部诉请。

一审被告雷某某、王某均辩称：一、在股东决议签订之时，原告王某某与被告于某系夫妻关系，A公司一直由被告于某实际进行经营，后期A公司为扩大经营，才由夫妻双方找到2被告要求增资进行经营，增资股东会决议以及2017年6月13日股东会决议是四人同时在场的情况下签订的。2被告陈述当时王某某的签字是由一位男士拿王某某的身份证，2被告也对身份证进行了核实，所以才签订的股东会决议。因为当时2被告与原告王某某不熟悉，所以对在场的是不是王某某，以及是不是王某某的签字已经尽到了合理的注意义务，所以2被告认为该股东会决议对于2被告来讲是合法有效的。二、本案是因原告王某某与被告于某的离婚纠纷涉及财产争议而引发，2 被告提请法庭对于该事实进行调查了解，协调解决好该案。

一审法院查明：被告 A 公司于 2003 年 12 月 24 日设立，设立时注册资金为 10 万元，公司章程第二十条股东议事规则规定股东会议由股东按照出资最多的股东召集和主持，并按照章程规定行使职权。召开股东会会议，应当在召开会议 15 日以前通知全体股东，股东会应当对所议事项的决定作出会议记录，出席会议人员应当在会议记录上签字。被告 A 公司工商登记材料中显示，被告 A 公司 2017 年 6 月 13 日股东会议决议内容包括："1. 经全体股东一致同意免去王某某在本公司执行董事（法定代表人）职务。2. 全体股东一致同意聘任王某祥为本公司执行董事（法定代表人）。"根据该股东会议决议，被告 A 公司于 2017 年 6 月 14 日作出免职文件一份，即免去原告王某某执行董事（法定代表人）职务。同日，被告 A 公司作出任职文件 1 份，即聘任王某祥为执行董事（法定代表人）。本案在审理过程中，原告王某某申请对被告 A 公司 2017 年 6 月 13 日《A 公司股东会决议》、2017 年 6 月 14 日《免职文件》及《任职文件》中"王某某"的签名及指印进行司法鉴定。2018 年 9 月 30 日，某物证司法鉴定所出具《司法鉴定意见书》，鉴定意见为检材中"王某某"字迹与原告王某某样本字迹不是同一人所写；"王某某"签名处的指印不是原告王某某手指捺印。

一审判决后，王某、雷某某不服，向法院提起上诉，请求撤销一审民事判决书，改判驳回被上诉人的诉讼请求。上诉理由为：在股东决议签订之时，王某某与原审被告于某系夫妻关系，A 公司于某一直实际进行经营，后期 A 公司为扩大经营，才由夫妻双方找到 2 上诉人要求增资进行经营增资股东会决议以及 2017 年 6 月 13 日股东会决议是 4 人同时在场的情况下签订的，当时对王某某身份证进行了核实，才签订的股东会决议，上诉人是善意的，在股权转让过程中没有任何过错，法院应当保护被上诉人的权益。

王某某答辩：2017年6月13日A公司股东会未实际召开，作为股东的王某某在会议召开前的15日未收到会议通知，王某某未实际参加股东会决议，并未作出真实意思表示，股东会缺少必要的成立生效要件，其也未在股东会决议上签名，此决议上签名系伪造，已被鉴定报告证实，因此，一审认定事实清楚，适用法律正确。

审理要览

一审法院认为：原告王某某主张被告A公司在2017年6月13日召开股东会议前，从未通知原告参加，原告对召开股东会决议也不知情，因此股东会决议无效，被告对此不予认可。原告向法院提供确实证据证明2017年6月13日的股东会决议上王某某的签名并非其本人签署，被告A公司、于某、雷某某、王某亦未提供证据证明已按章程规定在会议召开前履行了通知义务，故案涉股东会决议并非签名股东的真实意思表示。因此，法院确认被告A公司2017年6月13日的股东会决议不成立。现原告要求法院确认案涉两份决议无效的诉请，法院予以调整。不成立的会议决议，自始不发生法律效力，原告王某某要求被告A公司向公司登记机关办理相应撤销变更登记的诉讼请求，符合法律规定，法院予以支持。被告于某、A公司经法院合法传唤，无正当理由拒不到庭参加诉讼，应视为对其诉讼权利的放弃。据此，一审法院判决：一、确认被告A公司于2017年6月13日作出的《A公司股东会决议》不成立。二、被告A公司于本判决生效之日起15日内到工商行政管理部门办理依据上述决议所进行变更的事项申请撤销变更登记。

二审法院经审理后认为：《中华人民共和国公司法》第四十一条规定："召开股东会会议，应当于会议召开十五日前通知全体股东；但是，公司章程另有规定或者全体股东另有约定的除外。股东会应当对所议事项的决定作成会议记录，出席会议的股东应当在会议记录上签名。"A公司公司章程第二十条股东议事规则规定：股东会议由股东按照出资最多的股东召集和主持，并按照章程规定行使职权。召开股东会会议，应当在召开会议15日前通知全体股东，股东会应当对所议事项的决定作出会议记录，出席会议人员应当在会议记录上签字。本案中，A公司2017年6月13日召开股东会议前15日没有按照法律规定及公司章程约定向被上诉人王某某下达会议通知，该股东会决议上王某某的签名，经鉴定机构鉴定，也确定为非其本人签字，故一审法院认定该股东会议不成立，自始不发生法律效力并无不当。上诉人以“股东决议签订之时，王某某与于某系夫妻关系，A公司也一直由于某实际进行经营，上诉人是善意的，没有过错”为由主张股东会决议合法，缺乏法律依据，二审法院不予支持。

综上，雷某某、王某的上诉请求不能成立，一审判决认定事实清楚，适用法律正确。判决驳回上诉，维持原判。

风险防范

法定代表人是依照法律或者法人章程的规定，代表法人从事民事活动的负责人。法定代表人以法人名义从事的民事活动，其法律后果由法人承受。法定代表人不仅是公司经营过程中的主要角色，还代表着公司控制权中的核心权力，公司控制权的争夺无法回避对法定代表人职位的争夺。公司股东尤其是大股东应委派己方人员担任公司法定代表人，加强公司控制权，努力创造正常的公司治理结构和良好的运行环境，促进公司走在良性运行轨道上，避免公司成为个别股东争权夺利的工具。根据《公司法》的规定，法定代表人可以由执行公司事务的董事或者经理担任。可见，公司的法定代表人只能是自然人，并且占据公司的重要职位，具体由董事还是经理担任可以由公司章程规定。对公司小股东而言，还可以在公司章程中要求载明法定代表人的职权范围，加强对法定代表人履行职务的监督，防止法定代表人滥用权利。

本案涉及公司内部控制权的争夺，A公司章程第二十条股东议事规则规定股东会议由股东按照出资最多的股东召集和主持，并按照章程规定行使职权。召开股东会会议，应当在召开会议 15 日以前通知全体股东，股东会应当对所议事项的决定作出会议记录，出席会议人员应当在会议记录上签字。A 公司 2017 年 6 月 13 日股东会议决议内容包括：“1. 经全体股东一致同意免去王某某在本公司执行董事（法定代表人）职务。2. 全体股东一致同意聘任王某祥为本公司执行董事（法定代表人）。”但是，《A 公司股东会决议》、2017 年 6 月 14 日《免职文件》及《任职文件》中“王某某”的签名经司法鉴定确认字迹与原告王某某样本字迹不是同一人所写，“王某某”签名处的指印不是原告王某某手指捺印。二审中，王某、雷某某也承认，股东会会议时对王某某身份证进行了核实，但并不确定此人是否为王某某本人。

《最高人民法院关于适用〈中华人民共和国民事诉讼法〉的解释》第九十条规定：“当事人对自己提出的诉讼请求所依据的事实或者反驳对方诉讼请求所依据的事实，应当提供证据加以证明，但法律另有规定的除外。在作出判决前，当事人未能提供证据或者证据不足以证明其事实主张的，由负有举证证明责任的当事人承担不利的后果。”2017 年 6 月 13 日的股东会决议上王某某的签名并非其本人签署，在被告无法提供证据证明已按章程规定在会议召开前履行了通知义务的情况下，股东会决议并非王某某的真实意思表示。

法定代表人经企业登记机关核准登记，取得法定代表人资格，其产生、免职程序，应当符合法律、行政法规和企业法人组织章程的规定，企业申请办理法定代表人变更登记，应当向原登记机关提交包括对企业原法定代表人的免职文件、对企业新任法定代表人的任职文件，由拟任法定代表人签署的变更登记申请书。所以，从有助于变更法定代表人的角度，在公司章程中载明法定代表人的产生、免职程序有利于定分止争，有效避免因诉讼造成司法资源浪费，徒增公司费用。

法条链接

《中华人民共和国民法典》

第六十一条 依照法律或者法人章程的规定，代表法人从事民事活动的负责人，为法人的法定代表人。

法定代表人以法人名义从事的民事活动，其法律后果由法人承受。

法人章程或者法人权力机构对法定代表人代表权的限制，不得对抗善意相对人。

第六十二条 法定代表人因执行职务造成他人损害的，由法人承担民事责任。

法人承担民事责任后，依照法律或者法人章程的规定，可以向有过错的法定代表人追偿。

《中华人民共和国公司法》

第十条 公司的法定代表人按照公司章程的规定，由代表公司执行公司事务的董事或者经理担任。

担任法定代表人的董事或者经理辞任的，视为同时辞去法定代表人。

法定代表人辞任的，公司应当在法定代表人辞任之日起三十日内确定新的法定代表人。

《中华人民共和国市场主体登记管理条例》

第十二条 有下列情形之一的，不得担任公司、非公司企业法人的法定代表人：

（一）无民事行为能力或者限制民事行为能力；

（二）因贪污、贿赂、侵占财产、挪用财产或者破坏社会主义市场经济秩序被判处刑罚，执行期满未逾5年，或者因犯罪被剥夺政治权利，执行期满未逾5年；

（三）担任破产清算的公司、非公司企业法人的法定代表人、董事或者厂长、经理，对破产负有个人责任的，自破产清算完结之日起未逾3年；

（四）担任因违法被吊销营业执照、责令关闭的公司、非公司企业法人的法定代表人，并负有个人责任的，自被吊销营业执照之日起未逾3年；

（五）个人所负数额较大的债务到期未清偿；

（六）法律、行政法规规定的其他情形。

第二十四条 市场主体变更登记事项，应当自作出变更决议、决定或者法定变更事项发生之日起30日内向登记机关申请变更登记。

市场主体变更登记事项属于依法须经批准的，申请人应当在批准文件有效期内向登记机关申请变更登记。

四、持股比例与议事规则的不当设定

控制权解读

公司股东持股比例、议事方式与表决程序等制度设计不合理容易使公司陷入僵局。公司设立时合理设置股东的持股比例，如果持股比例相等，无法做到差别持股，则有必要通过表决权的合理设置，使股东会决议得以顺利和有效地表决。另外，还需要进一步完善议事规则和表决程序，只有对公司治理和议事规则无以复加的重视和完善才是公司长治久安和不断发展的保护伞。

案件来源：江苏省高级人民法院（2010）苏商终字第0043号林某某与A公司等公司解散纠纷案[①]

① 本案例来源于中国法院网：https：//www.chinacourt.org/article/detail/2012/04/id/478577.shtml，最后访问时间：2024年2月8日。

基本案情

原告林某某诉称：A公司经营管理发生严重困难，陷入公司僵局且无法通过其他方法解决，其权益遭受重大损害，请求解散A公司。

被告A公司及戴某某辩称：A公司及其下属分公司运营状态良好，不符合公司解散的条件，戴某某与林某某的矛盾有其他解决途径，不应通过司法程序强制解散公司。

法院经审理查明：A公司成立于2002年1月，林某某与戴某某系该公司股东，各占50%的股份，戴某某任公司法定代表人及执行董事，林某某任公司总经理兼公司监事。A公司章程明确规定：股东会的决议须经代表1/2以上表决权的股东通过，但对公司增加或减少注册资本、合并、解散、变更公司形式、修改公司章程作出决议时，必须经代表2/3以上表决权的股东通过。股东会会议由股东按照出资比例行使表决权。2006年起，林某某与戴某某两人之间的矛盾逐渐显现。同年5月9日，林某某提议并通知召开股东会，由于戴某某认为林某某没有召集会议的权利，会议未能召开。同年6月6日、8月8日、9月16日、10月10日、10月17日，林某某委托律师向A公司和戴某某发函称，因股东权益受到严重侵害，林某某作为享有公司股东会1/2表决权的股东，已按公司章程规定的程序表决并通过了解散A公司的决议，要求戴某某提供A公司的财务账册等资料，并对A公司进行清算。同年6月17日、9月7日、10月13日，戴某某回函称，林某某作出的股东会决议没有合法依据，戴某某不同意解散公司，并要求林某某交出公司财务资料。同年11月15日、25日，林某某再次向A公司和戴某某发函，要求A公司和戴某某提供公司财务账册等供其查阅、分配公司收入、解散公司。

江苏常熟服装城管理委员会（以下简称服装城管委会）证明A公司目前经营尚正常，且愿意组织林某某和戴某某进行调解。

另查明，A公司章程载明监事行使下列权利：（1）检查公司财务；

（2）对执行董事、经理执行公司职务时违反法律、法规或者公司章程的行为进行监督；（3）当董事和经理的行为损害公司的利益时，要求董事和经理予以纠正；（4）提议召开临时股东会。从 2006 年 6 月 1 日至今，A 公司未召开过股东会。服装城管委会调解委员会于 2009 年 12 月 15 日、16 日两次组织双方进行调解，但均未成功。

审理要览

法院生效裁判认为：首先，A 公司的经营管理已发生严重困难。根据公司法第一百八十三条和《最高人民法院关于适用〈中华人民共和国公司法〉若干问题的规定（二）》（以下简称《公司法解释（二）》）第一条的规定，判断公司的经营管理是否出现严重困难，应当从公司的股东会、董事会或执行董事及监事会或监事的运行现状进行综合分析。"公司经营管理发生严重困难"的侧重点在于公司管理方面存有严重内部障碍，如股东会机制失灵、无法就公司的经营管理进行决策等，不应片面理解为公司资金缺乏、严重亏损等经营性困难。本案中，A 公司仅有戴某某与林某某两名股东，两人各占 50%的股份，A 公司章程规定"股东会的决议须经代表二分之一以上表决权的股东通过"，且各方当事人一致认可该"二分之一以上"不包括本数。因此，只要两名股东的意见存有分歧、互不配合，就无法形成有效表决，显然影响公司的运营。A 公司已持续 4 年未召开股东会，无法形成有效股东会决议，也无法通过股东会决议的方式管理公司，股东会机制已经失灵。执行董事戴某某作为互有矛盾的两名股东之一，其管理公司的行为，已无法贯彻股东会的决议。林某某作为公司监事不能正常行使监事职权，无法发挥监督作用。由于 A 公司的内部机制已无法正常运行、无法对公司的经营作出决策，即使尚未处于亏损状况，也不能改变该公司的经营管理已发生严重困难的事实。

其次，由于 A 公司的内部运营机制早已失灵，林某某的股东权、监事权长期处于无法行使的状态，其投资 A 公司的目的无法实现，利益受到重大损失，且A公司的僵局通过其他途径长期无法解决。《公司法司法解释（二）》第五条明确规定了“当事人不能协商一致使公司存续的，人民法院应当及时判决”。本案中，林某某在提起公司解散诉讼之前，已通过其他途径试图化解与戴某某之间的矛盾，服装城管委会也曾组织双方当事人调解，但双方仍不能达成一致意见。两审法院也基于慎用司法手段强制解散公司的考虑，积极进行调解，但均未成功。

此外，林某某持有A公司50%的股份，也符合公司法关于提起公司解散诉讼的股东须持有公司10%以上股份的条件。

江苏省苏州市中级人民法院于2009年12月8日以（2006）苏中民二初字第0277号民事判决，驳回林某某的诉讼请求。宣判后，林某某提起上诉。江苏省高级人民法院于2010年10月19日以（2010）苏商终字第0043号民事判决，撤销一审判决，依法改判解散A公司。

风险防范

《公司法》第二百二十九条规定了公司解散的事由，其中任意解散事由包括公司章程规定的营业期限届满或者公司章程规定的其他解散事由出现、股东会决议解散、因公司合并或者分立需要解散，强制解散事由包括依法被吊销营业执照、责令关闭或者被撤销以及人民法院依照《公司法》第二百三十一条的规定予以解散。

《公司法》第二百三十一条具体规定了司法解散的程序，其目的是解决公司僵局和保护中小股东利益。为解决司法实践中对该条的理解与适用问题，《公司法司法解释（二）》第一条对人民法院应当受理的股东提起解散公司诉讼的事由予以明确，成为认定公司解散事由是否成立的重要依据。

本案例中，A公司的股东仅为林某某与戴某某两人，戴某某任公司法定代表人及执行董事，林某某任公司总经理兼公司监事，两人各持有A公司50%的股份，拥有对等的表决权，且A公司章程规定股东会普通决议须经代表1/2以上表决权的股东通过。在案件庭审中，各方当事人也一致确认A公司章程规定的“股东会的决议须经代表二分之一以上表决权的股东通过”中的“二分之一以上”不包括本数。也就是说，在林某某与戴某某各持50%股份的情形下，股东会普通决议实际上也需要两位股东达成一致，否则将陷入表决僵局，无法形成有效的股东会决议，一方对另一方来说都拥有“一票否决权”。在两位股东意见不一致的情况下，不难想象，僵局会成为股东会常态。而发生这种极端情况，源于A公司股东持股比例、议事方式与表决程序等制度设计不合理。但凡在持股比例上略作调整、表决权不完全与持股比例挂钩或者议事方式与表决程序作出易于形成有效表决的完善，都可以避免表决僵局，从而使A公司的权力机构有效运行。案例中，两位股东存在矛盾，A公司无法正常运转，股东会机制已经失效。身为公司法定代表人的戴某某管理公司的行为，已不再依据股东会的决议，无法贯彻权力机构的意志。

林某某作为公司监事，A公司的监督机构同样无法正常行使监督职权。林某某检查公司财务资料的正当权利也被戴某某以股东行使知情权的相关规定予以拒绝。

在A公司权力机构和监督机构都失灵的情况下，林某某无法通过行使表决权来参与公司决策，也无法有效地行使监督权。至此，林某某设立A公司的目的无法实现，其合法权益势必遭到损害。

应该说，解散公司是解决公司僵局的积极手段也是最严厉的手段，解散公司将使公司的法律人格归于消灭。股东在设立公司之初，都有通过经营取得收益的美好愿望。但是，随着经营的深入，本应合作共惠的股东之间逐渐产生矛盾，公司内部治理的不合理设置无法有效化解股东矛盾，进而演化为对公司控制权的争夺，最终损害公司以及股东自身的利益。如果追本溯源，大部分问题往往会聚焦在公司设立时和经营过程中股权比例的不当设定及议事规则的缺陷上，结合案例中的情况，建议公司可以从以下方面加以预防：

1. 借鉴《公司法》的规定，合理设置股东的持股比例。如果是两人有限责任公司，股权比例不宜设为 50%：50%，无论“半数以上”的“以上”是否包含本数，各半的持股比例都容易造成表决权的僵局，使公司治理陷于瘫痪。试想一下，如果“以上”不包含本数，会陷入案例中的表决僵局。而如果“以上”包含本数，情况也不会有任何本质上的改善。因为任何一位股东都可以据此形成有效的股东会决议，而这样的决议可以被对方轻易推翻，进而戏剧化地演化为确立与推翻的无限循环，公司治理必然陷于瘫痪中。根据《公司法》的规定，普通事项的股东会表决需要代表半数以上表决权的股东通过。因此，合理的做法是，有必要在两位股东中有一位股东的持股比例大于半数。一般而言，由在公司经营管理方面更富有经验和能力的股东持股过半数并担任法定代表人更具合理性，由另一方担任监事，对其实施监督。同样地，对于特别事项的股东会表决，还要考虑让一方代表的表决权大于 2/3。对于股东人数超过两人的有限责任公司，持股比例也需要予以适当优化，既要遵循少数服从多数，便于作出有效的股东会决议，也要避免一股独大，损害其他小股东的利益。

2. 在诸如本案例的两人有限责任公司中，如果持股比例相等，无法做到差别持股，还可以通过表决权的合理设置，使股东会决议得以顺利和有效地表决。《公司法》第六十五条规定：“股东会会议由股东按照出资比例行使表决权；但是，公司章程另有规定的除外。”表决权可以不与出资比例对应，部分股东的表决权可以适当加强。相应地，其他股东对获得更多表决权的股东的行为可以监督和限制。

3. 最后，还需要进一步完善议事规则和表决程序。公司机构的议事规则及重要岗位的工作细则可以使公司治理更具效率，在产生矛盾时也能有法可依。毫不夸张地说，只有对公司治理和议事规则无以复加的重视和完善才是公司不断发展的保护伞。

法条链接

《中华人民共和国公司法》

第二百二十九条 公司因下列原因解散：

（一）公司章程规定的营业期限届满或者公司章程规定的其他解散事由出现；

（二）股东会决议解散；

（三）因公司合并或者分立需要解散；

（四）依法被吊销营业执照、责令关闭或者被撤销；

（五）人民法院依照本法第二百三十一条的规定予以解散。

公司出现前款规定的解散事由，应当在十日内将解散事由通过国家企业信用信息公示系统予以公示。

第二百三十一条 公司经营管理发生严重困难，继续存续会使股东利益受到重大损失，通过其他途径不能解决的，持有公司百分之十以上表决权的股东，可以请求人民法院解散公司。

《最高人民法院关于适用〈中华人民共和国公司法〉若干问题的规定（二）》

第一条 单独或者合计持有公司全部股东表决权百分之十以上的股东，以下列事由之一提起解散公司诉讼，并符合公司法第一百八十二条规定的，人民法院应予受理：

（一）公司持续两年以上无法召开股东会或者股东大会，公司经营管理发生严重困难的；

（二）股东表决时无法达到法定或者公司章程规定的比例，持续两年以上不能做出有效的股东会或者股东大会决议，公司经营管理发生严重困难的；

（三）公司董事长期冲突，且无法通过股东会或者股东大会解决，公司经营管理发生严重困难的；

（四）经营管理发生其他严重困难，公司继续存续会使股东利益受到重大损失的情形。

股东以知情权、利润分配请求权等权益受到损害，或者公司亏损、财产不足以偿还全部债务，以及公司被吊销企业法人营业执照未进行清算等为由，提起解散公司诉讼的，人民法院不予受理。

第五条　人民法院审理解散公司诉讼案件，应当注重调解。当事人协商同意由公司或者股东收购股份，或者以减资等方式使公司存续，且不违反法律、行政法规强制性规定的，人民法院应予支持。当事人不能协商一致使公司存续的，人民法院应当及时判决。

经人民法院调解公司收购原告股份的，公司应当自调解书生效之日起六个月内将股份转让或者注销。股份转让或者注销之前，原告不得以公司收购其股份为由对抗公司债权人。

《中华人民共和国民法典》

第六十九条　有下列情形之一的，法人解散：

（一）法人章程规定的存续期间届满或者法人章程规定的其他解散事由出现；

（二）法人的权力机构决议解散；

（三）因法人合并或者分立需要解散；

（四）法人依法被吊销营业执照、登记证书，被责令关闭或者被撤销；

（五）法律规定的其他情形。

五、出资未届期股东表决权如何确定

控制权解读

《公司法》第六十五条规定中的出资比例是指认缴的出资比例，也就是说，股东以对公司认缴的出资在公司全部注册资本中的比例行使表决权。该条款的但书部分“公司章程另有规定的除外”，同时又赋予公司自治的权利，如果股东在公司章程中作出了不按照出资比例行使表决权的规定，该规定将得到优先执行。

案件来源：江苏省南京市中级人民法院（2012）宁商终字第991号俞某某与梁某某股东会决议效力纠纷案

基本案情

A公司于2006年3月成立，注册资本88万元，实收资本88万元，股东出资为：俞某某48万元（其中42万元为知识产权）、华某某12万元、范某某8万元、李某某20万元。2010年3月25日，A公司召开股东会作出决议，决定增资扩股320万元，并一致同意由梁某某货币出资300万元（分两期）、郑某货币出资20万元；增资后注册资本为408万元，股东股权比例为：俞某某出资48万元，占26.166%；梁某某出资300万元，占51%；李某某出资20万元，占10.9025%；郑某出资20万元，占5.39%；华某某出资12万元，占4.361%；范某某出资8万元，占2.1805%。

2010年4月25日，A公司召开股东会，俞某某、华某某、范某某、李某某、郑某、梁某某共同签署股东会决议（以下简称4.25股东会决议），内容主要为：通过新的公司章程（以下简称4.25公司章程）；同意梁某某、郑某出资成为新股东；选举俞某某为公司执行董事，郑某为监事，聘请梁某某为公司总经理；股东出资额及股权比例与2010年3月25日的股东会决议相同。

2010年5月14日，经会计师事务所验资，A公司核定注册资本为408万元，原注册资本88万元，新增注册资本320万元，第一期增资150万元（梁某某出资130万元，郑某出资20万元），实收资本238万元。2010年5月18日，因4.25公司章程规定股东出资额与出资比例不相符，工商部门拒绝备案，故A公司将章程中的股权比例修改为出资比例，即俞某某、梁某某、李某某、郑某、华某某、范某某的出资分别为 48 万元、300 万元（第二期 170 万元于 2011 年 5 月 9 日前缴付）、20 万元、20 万元、12 万元、8 万元，出资比例分别为：11.77%、73.53%、4.9%、4.9%、2.94%、1.96%（未记载股权比例）；股东会会议按股东出资比例行使表决权；其他内容同前。各股东亦签名。

2010 年 5 月 20 日，俞某某、华某某、李某某、梁某某签订股东会议协议书，约定：股东依据 3.25 股东会决议和 4.25 公司章程确定的股权比例执行股东权利，非依出资比例；因工商局只接受其制定的公司章程用于备案，其部分内容（例如股权比例）与我公司实际情况不同，于此共同声明以 4.25 公司章程为准；梁某某的第二期出资须于 2011 年 5 月 9 日前全部到位等。

2011 年 1 月 26 日，A 公司召开临时股东会，对变更公司法定代表人等事项进行决议。梁某某、李某某、郑某同意变更法定代表人为梁某某，俞某某、华某某反对，股东范某某未表达意见。因双方对梁某某的表决权的计算发生分歧，故梁某某于 2011 年 5 月 5 日诉至法院，请求确认 A 公司 2011 年 1 月 26 日股东会决议有效。

梁某某认为，工商备案的公司章程记载其出资比例为 73.53%，其表决权应为 73.53%，即按 4.25 股东会决议确定的股权比例 51%，其表决权应为 51%，加上另两位同意股东，赞成票数也超过 2/3；俞某某则认为，梁某某应按 4.25 股东会决议确定的股权比例 51%来计算表决权数，但因实际出资为 130 万元，故可行使的表决权为 22.1%（130÷300×51%），加上另两位同意股东，赞成票未达到 2/3。

审理要览

一审人民法院经审理认为，A 公司各股东曾约定了股权比例（其中梁某某为 51%），系各股东真实意思表示，不违反法律规定，为有效约定。股东的权利包括资产收益权、参与重大决策和选择管理者等权利，表决权作为股东各项权利中的一项，应包含在股东权范围之内。虽然工商备案的公司章程中规定了“股东会会议按股东出资比例行使表决权”，但该内容与4.25股东会决议内容相悖，且俞某某、梁某某等在2010年5月20日以协议形式重申了各股东的股权比例，因此，A公司各股东的表决权应依据4.25股东会决议确定。梁某某认缴300万元（分期缴付），享有51%股权，并未区分其第二期出资缴付完成前后的比例，应解释为梁某某自承诺向A公司出资成为A公司股东，且履行了第一期出资义务起即享有51%股权。俞某某主张应按梁某某的实际出资额与认缴出资额之比折算其股权比例来确定其表决权，超出了各股东对股权比例的约定范围，且将导致A公司部分股权虚置无人行使的状况，依法不能成立。

据此，一审法院判决：A公司2011年1月26日的股东会决议有效。

俞某某不服一审判决，提起上诉称，梁某某虽然认缴出资300万元并取得了A公司股东资格，但由于没有完全履行出资义务，根据《最高人民法院关于适用〈中华人民共和国公司法〉若干问题的规定（三）》第十七条规定以及权利与义务对等、利益与风险一致的原则，对梁某某未实际缴纳的出资部分的股东权利应予以限制，其中包括表决权。

梁某某答辩称，股东表决权是基于股东身份取得的一项法定权利，公司法并未规定可以限制或剥夺，《最高人民法院关于适用〈中华人民共和国公司法〉若干问题的规定（三）》第十七条规定仅限制股东自益权，不包括共益权，表决权属于股东共益权，不在受限之列。

二审人民法院经审理认为，本案双方争议的焦点问题是股东会决议是否经过了有2/3以上表决权的股东表决通过，包括两个方面：一是如何确定梁某某享有的表决权数；二是梁某某在未足额出资前其表决权的行使应否受到限制。关于表决权数的问题，根据《中华人民共和国公司法》第四十二条规定，出资与表决权可以适度分离，是依据出资比例还是依据股权比例来确定股东表决权，可归于公司自治权。本案中，工商备案的公司章程载明梁某某的出资比例为73.53%，而股东会会议却载明梁某某占公司股权 51%，两者不相一致，但结合股东签名确认的股东会协议书可以确认，梁某某出资 300 万元、占公司股权 51%应是 A 公司各股东的真实意思表示，符合《中华人民共和国公司法》第四十二条规定，故梁某某在 A 公司享有的表决权数应为 51%。

关于未足额出资股东表决权应否受到限制的问题。表决权是股东的一项法定权利，是否因股东未履行或未全面履行出资义务而受到限制，公司法对此并未作出明确规定。《最高人民法院关于适用〈中华人民共和国公司法〉若干问题的规定（三）》第十七条虽然明确规定公司可对瑕疵出资股东的利润分配请求权、新股优先认购权、剩余财产分配请求权等股东权利进行限制，但限制的权利范围只明确为股东自益权，并未指向股东共益权。自益权是股东获取财产权益的权利，共益权是股东对公司重大事务参与管理的权利。表决权作为股东参与公司管理的经济民主权利，原则上属于共益权，但又具有一定的特殊性，股东通过资本多数决的表决权机制选择或罢免董事、确立公司的运营方式、决策重大事项等，借以实现对公司的有效管理和控制，其中也包括控制公司财产权，故表决权实质上是一种控制权，同时亦兼有保障自益权行使和实现之功能，具有工具性质。如果让未尽出资义务的股东通过行使表决权控制公司，不仅不符合权利与义务对等、利益与风险一致的原则，也不利于公司的长远发展。因此，公司通过公司章程或股东会决议对瑕疵出资股东的表决权进行合理限制，更能体现法律的公平公正，亦符合《中华人民共和国公司法》和司法解释有关规定之立法精神，可以得到支持。就本案而言，首先，梁某某在行使表决权时第二期出资期限尚未届满，其分期出资的行为具有合法性。其次，A 公司章程、股东会决议或者协议书均未作出有关梁某某在第二期出资期限届满前应按其实际出资比折算股权比例来行使表决权等类似规定。因此，俞某某主张梁某某 51%股权却只能行使 22.1%表决权，缺乏依据。二审法院据此判决：驳回上诉，维持原判。

风险防范

常见的市场监督管理部门章程范本中关于股东会表决权的条款一般这样规定“股东会会议由股东按照出资比例（注：可由股东自行约定）行使表决权”，大部分公司会选择直接删除括号中的内容，简单地将此条款固定为“股东会会议由股东按照出资比例行使表决权”，然后递交市场监督管理部门。由于注册资本的分期认缴，对于注册资本未届期的股东是否同样拥有该部分未缴纳资本对应的表决权，很容易成为股东会决议有效与否的焦点。

《公司法》第六十五条规定：“股东会会议由股东按照出资比例行使表决权；但是，公司章程另有规定的除外。”该条款中的出资比例是指认缴的出资比例。也就是说，股东以对公司认缴的出资在公司全部注册资本中的比例行使股东会会议的表决权。该条款的但书部分“公司章程另有规定的除外”，同时又赋予公司自治的权利，如果股东在公司章程中作出了不按照出资比例行使表决权的规定，该规定将得到优先执行。

实践中，不乏出现出资比例与股权比例不一致的情形，只要是经过全体股东的一致同意，且不损害股东利益，这样的约定通常是有效的。案例中，A 公司增资后的股权比例经过全体股东的一致同意，并以股东会决议的形式作出。由于工商部门拒绝备案，A 公司将章程中的股权比例调整为出资比例。工商部门备案后，部分股东立即签订股东会议协议书，对股东内部约定与章程记载的不一致加以说明，再次明确“按照股权比例执行股东权利，非依出资比例，因工商局只接受其制定的公司章程用于备案，其部分内容（例如股权比例）与我公司实际情况不同，于此共同声明公司章程以 4.25 公司章程为准”。由此可见，案例中出资比例与股权比例的不一致乃是 A 公司各股东的真实意思。

对于股东出资期限未届满前尚未缴纳的出资是否享有表决权，根据《公司法》第六十五条的规定，公司认缴资本制下，无需股东实际出资公司就可以设立，股东与公司之间的关系就此建立，股东的权利随之产生。因此，表决权的基础是认缴的出资比例，除非全体股东有另外的约定，否则出资未届期不应影响股东行使表决权。

有限公司股东之间的人合以信任关系为基础，股东自身资源与优势各不相同，在经营管理公司方面的能力也千差万别，导致每个股东对公司的贡献也势必存在巨大差异。这些差异的存在是股东之间作出出资比例与股权比例不一致的约定的客观基础。由于这样的约定在结果上往往会损害部分股东的利益，该部分利益转由其他股东享有，所以，这样的约定须经全体股东一致同意方为有效。

法条链接

《中华人民共和国公司法》

第六十五条　股东会会议由股东按照出资比例行使表决权；但是，公司章程另有规定的除外。

六、公司章程关于股权转让的特别限制是否有效

控制权解读

公司章程是关于公司组织和行为的自治规则，有限责任公司章程是经全体股东一致同意并对公司及全体股东、董事、监事、高级管理人员产生约束力的契约性自治文件。有限责任公司基于封闭性和人合性的特点，允许在公司章程中对股权转让作出某些限制性规定，有限责任公司的资合性又决定股权必须具有可转让性。但股权对外转让是对公司人合性和封闭性的威胁，还可能会动摇公司控制权。所以，公司章程对股权转让的限制应在“限制”与“能够流转”中寻求平衡。

案件来源：山东省潍坊市中级人民法院（2013）潍商终字第530号马

某某与A公司股东会或者股东大会、董事会决议效力确认纠纷案

基本案情

2013年3月25日，马某某向一审法院起诉A公司、第三人谭某某、刘某某、张某某、冯某某、张某、A公司工会，以A公司2013年1月31日作出的股东会决议（以下简称“131决议”）擅自处分了马某某的股权、强迫交易、侵害了马某某的权益、违法无效为由，要求确认“131决议”中关于“不同意马某某向D公司转让A公司0.493%股权、马某某脱离公司必须转让股权、其他股东以40,518.8元的价款受让马某某在A公司的3.493%股权、办理相应工商登记变更”的内容无效。

A公司辩称，“131决议”符合公司法与公司章程的规定，亦遵循先例，马某某所诉没有依据，要求驳回马某某的诉讼请求。

第三人谭某某、刘某某、张某某、冯某某、张某、A公司工会的陈述意见与A公司的答辩意见相同。

一审查明，A公司章程第八条规定“公司原始注册资本为116万元，今后根据企业发展及评估情况进行增值配股及增资”；第四章（股东的权利和义务）第十条第五项规定“股东转让其全部出资或部分出资，股东可优先购买其他股东转让的出资”；第十一条第四项规定“股东向股东以外的人转让其出资时，必须经全体股东过半数同意，不同意转让应当购买该转让的出资，如不购买则视为同意转让”；第五章（股东出资方式、出资额和出资转让）第十五条规定“随着企业的不断发展和资本积累，根据评估情况，对股东原始股份相应进行增值配股；配股后的股份，股东只享受分红；正常离、退休和去世的股东，经本人或直系亲属书面申请股东会同意后，可将股份全额转让给直系亲属；股东从本公司调离、开除、除名、自动脱离的必须转让原始出资，对增值配股部分，作为公司现有股东共有”。马某某作为A公司的股东，参与制订、签署上述公司章程。2005年8月21日，经A公司董事会决议，公司的注册资本增资为2,280万元。

其间 A 公司离职的约 200 名职工，他们所持股权的转让价款均是按持股比例对应的原始注册资本 116 万元折算的，包括马某某在内的其他股东也按此转让价款比例受让。至 2009 年 3 月 31 日，马某某的 A 公司股权所占出资比例为 3. 493%。马某某于 2009 年 6 月 23 日至 2010 年 7 月 21 日期间担任 A 公司董事长、法定代表人职务。2010 年 7 月 21 日，马某某因涉嫌刑事犯罪被刑事拘留。A 公司给马某某发放工资至 2011 年 4 月。马某某自 2010 年 7 月 21 日即不在 A 公司上班，于 2011 年 10 月 18 日受 B 公司委派到 C 公司任董事，并被选举为副董事长。2013 年 1 月 14 日，A 公司通知马某某解除劳动关系。2013 年年初，马某某拟将其 A 公司的部分股权（0. 493%）转让给 D 公司，于 2013 年 1 月 6 日向其他股东公证邮递送达了《股权转让通知书》。2013 年 1 月 31 日，A 公司以 96. 507%的表决权比例通过“131 决议”，内容为：一、不同意马某某将持有的 0. 493%的公司股权向 D 公司转让。二、马某某自 2010 年 7 月 21 日开始已自动脱离公司，目前在 C 公司任副董事长一职。根据公司章程第五章第十五条“股东从本公司调离、开除、除名、自动脱离的必须转让原始出资，对增值配股部分，作为公司现有股东共有”的规定，马某某所持有本公司的 3. 493%股权（原始出资为 40,518. 8 元）一次性转让给公司内部现有股东，现有股东按照出资比例认购，如现有股东放弃认购的股份由其他股东按照出资比例认购。三、按照对章程第十五条的理解和公司处理类似问题的定价原则，本次对马某某股权转让价格确定为 3. 493%股权总价格为 40,518. 8 元。四、按照公司章程第十六条的规定，该股权转让在本决议作出之日起 1 个月内办理完毕并向工商登记机关办理变更登记。五、就董事会提出修改公司章程建议问题，由董事会制定修改方案，并提出具体修改条款后，另行召开股东会表决。马某某没有亲自参加此次股东会，但通过代理人向股东会提交了书面意见：一、马某某向 D 公司转让股权系自己作为股东的权利；二、马某某本人一直未脱离公司，且该项属劳动仲裁，不应属于股东会的讨论内容；三、工会也应在召开职工大会后代表职工参与会议表决。马某某不同意“131 决议”的主要内容，起诉要求确认“131 决议”（第五项除外）无效。

审理要览

一审法院认为，有限责任公司是一个自治企业，公司的日常经营管理等事项除法律规定外主要依靠公司章程来实现自治，公司章程是公司最重要的自治规则，公司通过章程对公司的重要事务及公司的组织活动作出具有规范性的长期安排，从而实现当事人的自治。公司章程是股东之间的协议，是全体股东共同意志的体现，依法制订的公司章程一经生效，公司及全体股东均受章程的约束，必须在章程规定的范围内活动。2005 年 1 月 22 日，A 公司一届九次股东会修订的公司章程经代表 2/3 以上有表决权的股东通过，并经工商部门登记备案，该章程即对公司及全体股东具有约束力。该章程中也体现了公司的人合性，规定公司的全体股东在股权转让时只能转让其原始出资，对配股后的股份只享受分红。股东从本公司调离、开除、除名、自动脱离的必须转让原始出资，对增值配股部分，作为公司现有股东共有。《中华人民共和国公司法》第七十一条中规定，“股东向股东以外的人转让股权，应当经其他股东过半数同意”。A 公司章程第十一条第四项规定“股东向股东以外的人转让其出资时，必须经全体股东过半数同意，不同意转让应当购买该转让的出资，如不购买则视为同意转让”。马某某拟向 D 公司转让自己在 A 公司的部分股权，经参加股东会的股东表决，代表公司 96.507%表决权的股东反对其对外转让，其未获得法律和章程规定的过半数同意，故“131 决议”第一项并不违法。《中华人民共和国公司法》第七十一条第四款规定“公司章程对股权转让另有规定的，从其规定”，本条法律规定体现了公司自治精神，赋予股东在制定公司章程时可以对股权转让事宜做出《中华人民共和国公司法》规定外的安排。马某某在公司章程中签字，也就是认可了公司章程这一契约性文件。根据公司章程第十五条的规定，马某某自 2010 年 7 月 21 日即不在 A

公司上班，于2011年10月18日担任C公司董事，马某某的行为已构成自动脱离公司的事实。根据公司章程第八条规定，各股东的原始出资总额为116万元，双方均认可马某某所持有本公司3.493%的股权，由此可算出马某某所持有的原始出资为40，518.8元。故此，“131决议”第二项、第三项、第四项内容符合《中华人民共和国公司法》及公司章程的规定，亦遵循先例。综上，马某某作为A公司的股东之一，应当受到公司章程的约束，其在脱离公司之后，A公司的“131决议”内容符合《中华人民共和国公司法》及公司章程的规定，决议程序及内容均有法可依；马某某所诉“131决议”擅自处分马某某的股权、强迫交易、侵害了马某某的合法权益、违法无效的理由，不符合事实和法律规定，不予采信。对马某某要求确认“131决议”（第五项除外）无效的诉讼请求，不予支持。

一审判决后，马某某不服，提起上诉称：（一）A公司章程第十五条是违法无效的；（二）马某某没有自动脱离A公司；（三）按A公司的现有注册资本2，280万元，马某某现持有的3.493%股份对应的价款应当是796,435.52元。综上，“131决议”（第五项除外）是强迫交易，侵害了马某某的合法权益，是违法无效的。综上，一审认定事实不清，适用法律不当，请求二审依法裁决。

被上诉人A公司辩称，“131决议”符合《中华人民共和国公司法》与公司章程的规定，不违反法律的禁止性规定，合法有效。马某某的上诉理由不成立。请求二审驳回上诉，维持原判。原审第三人谭某某、刘某某、张某某、冯某某、张某、A公司工会均述称，同意A公司的答辩意见。

二审法院查明，马某某为证明其上诉主张，提供了A公司工商登记中周某与马某某、谭某某于2008年3月24日签订的股权转让协议、马某某与A公司工会于2009年3月30日签订的股权转让协议、临劳人仲案字（2013）第105号仲裁裁决书、（2010）临执字第1054号执行裁定书、某有限责任会计师事务所于2010年3月28日出具的A公司资产审计报告复印件等，上述证据载明：周某转让给谭某某 1.47%的股份，转让价款33.516 万元；周某转让给马某某 1%的股份，转让价款 22.8 万元；马某某转让给 A 公司工会 3.307%的股份，转让价款 753,964.48 元；A 公司与马某某于 2013 年 1 月 15 日被仲裁裁决解除劳动关系；在王某某申请执行袁某某的执行程序中，一审法院裁定将袁某某在 A 公司的 1,000 元股份作价 33，840 元抵偿给申请执行人王某某以抵偿债务；A 公司 2010 年 3 月 28 日的资产审计载明账面资产总额 396,788,844.22 元，账面负债总额 342,620,273.51 元，所有者权益 54,168,570.71 元，对外担保 7,000 万元，本次审计仅供贵公司摸家底使用，因使用不当造成的后果与审计人员及事务所无关。上述证据经质证，A 公司认为：工商登记中的股权转让协议是为变更工商登记便利而为，实际的股权转让价款是按公司章程的规定办理的；马某某长期不在公司上班并在其他同行业公司任职，构成了自动离职的事实；A 公司没有收到一审法院关于协助执行袁某某股权变更的通知，执行裁定没有实际履行；审计报告距离马某某本次股权转让相距 2 年且为复印件，不具备证据的真实性；马某某提供的上述证据不具有其主张的证明力。A 公司为证明“131 决议”对马某某的股权处理方式是遵循公司章程与先例，提供了 2003 年至 2007 年的公司股权变更表、股权认购转让情况说明、与股权变动对应的价款支付凭证一宗；上述证据载明：A 公司的股权几经变动，至 2007 年 9 月，有周某、魏某某等 15 名股东办理了退股，均是按照公司章程第十五条的规定办理的；以周某、魏某某 2006 年 2 月的退股为例，周某股权 37,823.52 元、魏某某 1,125.7 元，合计 38,949.22 元，2 人的出资比例为 38,949.22 元÷116,000 元=3.358%，根据 2006 年 2 月 18 日 A 公司一届十一次股东会决议（马某某参与签署），周某股份的转让价款为 37,823.52 元；2006 年 2 月 19 日，周某从 A 公司支取股权转让款 37,823.52 元；周某、魏某某退股的股权变动中，马某某按其当时持股比例受让了 1,269.73 元的股份（马某某当时的持股 37,823.52 元×出让比例 3.357%），马某某于 2006 年 11 月 3 日支付 A 公司股权受让金1,269.73元。对上述证据载明的事实，马某某质证后认为：周某等人的股权转让价格是周某对自己民事权利的处分，不能约束马某某，周某的转让价款应当以工商登记的为准，马某某的股权转让价格应当以当时公司的净资产为依据确定，离开A公司的袁某某等一百多名职工，有转让的，也有自己持有的，说明股东和职工对自己的股权有完全处分权。

另查，“脱离”一词在中国社会科学院语言研究所词典编辑室2012年出版的《现代汉语词典》（第六版）中的释义为：“离开（某种环境或情况）；断绝（某种联系）。如脱离危险、脱离旧家庭、脱离实际、脱离群众。”

二审查明的上述事实，有A公司的工商登记材料、仲裁裁决、执行裁定、审计报告复印件，股权变更表与情况说明、转让价款支付凭证、当事人陈述、调查笔录等在案为凭。二审查明的其他事实与一审一致。

二审法院认为，二审双方当事人争议的焦点问题是“131决议”（第五项除外）是否有效。《中华人民共和国公司法》中的有限责任公司是人合性、资合性兼具的法人自治财团，公司章程是法人自治的契约性文件，对公司及全体股东具有法律拘束力。A公司章程第十五条关于“随着企业的不断发展和资本积累，根据评估情况，对股东原始股份相应进行增值配股；配股后的股份，股东只享受分红……股东从本公司调离、开除、除名、自动脱离的必须转让原始出资，对增值配股部分，作为公司现有股东共有”的规定，是全体股东对不同来源的股份（原始股份、增值配股股份）区别设定股东利益享有、人走股退的约定，是A公司关于公司人合性选择的章程条款；法律、行政法规没有关于公司章程中不得规定股东人走股退的禁止性的效力性规定，该章程条款是包括马某某在内的A公司全体股东共同的真实意思表示，不存在无效的法定事由，是一个合法有效的契约条款，马某某作为A公司的股东与其他股东一样，均受该章程条款约束。马某某关于A公司章程第十五条无效的上诉理由没有事实与法律依据，不予采信。马某某自2010年7月21日即不在A公司上班，并于2011

年 10 月 18 日就任 C 公司董事、副董事长的职务，马某某未提供 A 公司允许其离开 A 公司并从事同行业其他公司高管职务的相应证据，至提起本案诉讼之日的 2013 年 3 月 25 日，马某某已离开 A 公司 2 年 7 个月、未经 A 公司允许就职于 C 公司高管 1 年 4 个月，比照国家语言使用规范中对脱离词义的释义，按通常的理解，可以认定马某某构成了脱离公司的事实状态，按照公司章程的规定必须转让其持有的 A 公司的股份。马某某提供的 A 公司的工商登记材料中的股权转让协议，对公司股东以外的人具有登记公示的效力，对处理公司股东之间内部事务不具有否定公司章程的效力。公司股东之间内部事务的处理优先适用公司章程，公司章程没有规定的，依照《中华人民共和国公司法》的规定。马某某提供的 A 公司工商登记中的股权转让价款不具有印证其股权转让不适用公司章程的证明力。马某某提供的仲裁裁决、执行裁定书、审计报告等均不具有印证 A 公司的章程第十五条不适用于马某某的证明力。在 A 公司的股东周某等 15 人办理退股的过程中，退股的股东均是按照当时的持股比例比照原始注册资本折算的转让价款，包括马某某在内的其他股东也是按此价款比例受让的。“131 决议”中关于马某某脱离公司后股权出让价款的计算方式既符合公司章程，也遵循了公司处理类似事务的先例，对全体股东都是公平的。马某某在与其他股东共同签署 A 公司章程时就应当预见到脱离公司后股权如何处理，其在受让周某等 A 公司离职股东的股权时对如何计算股权转让价款也是明知的，按照预先设定的公司章程条款处理自动离职股东的股权与强迫交易非同等的概念。马某某上诉主张其持有的 A 公司 3. 493%股份的价款为796，435. 52 元的理由与公司章程规定的脱离公司后股权转让价款的计算方式不符，不予采信。综上，马某某主张“131 决议”（第五项除外）无效的上诉理由不成立，不予支持。原审判决正确，应予维持。判决如下：驳回上诉，维持原判。

风险防范

公司章程是关于公司组织和行为的自治规则，《公司法》第四十六条第二款规定："股东应当在公司章程上签名或者盖章。"第五条规定："设立公司应当依法制定公司章程。公司章程对公司、股东、董事、监事、高级管理人员具有约束力。"有限公司章程是经全体股东一致同意并对公司及全体股东、董事、监事、高级管理人员产生约束力的契约性自治文件。

《公司法》第八十四条第三款规定："公司章程对股权转让另有规定的，从其规定。"有限责任公司具有封闭性和人合性的特点，允许在公司章程中对股权转让作出某些限制性规定，系公司自治的体现，不违反公司法的禁止性规定。但有限责任公司的资合性决定股权必须具有可转让性，基于股权可转让性的天然属性，公司章程对股权转让限制的约定应以股权能够流转为标准。[①]"另有规定"限于对有限责任公司股东股权转让程序的规定，并不包括股权处分权的实体性权利。[②]如果章程对股权转让的限制使股东无法转让其股权，股权完全失去流动性的，那么，这样的限制是无效的。

案例中，A公司章程规定"股东从本公司调离、开除、除名、自动脱离的必须转让原始出资，对增值配股部分，作为公司现有股东共有"。马某某作为A公司的股东，参与制订、签署上述公司章程。A公司离职的职工，他们所持股权的转让价款均是按持股比例对应的原始注册资本折算，包括马某某在内的其他股东也按转让价款比例受让。此后，马某某自2010年7月21日即不在A公司上班，于2011年10月18日受B公司委派到C公司任董事，并被选举为副董事长。此情形已符合A公司章程规定的"转让原始出资"要求。A公司章程对转让对价和程序也有规定，马某某

① 参见李占英：《公司章程制定实务与条款设计指引》，法律出版社2017年版，第142页。
② 参见钱玉林：《公司章程对股权转让限制的效力》，载《法学》2012年第10期。

所持有本公司的3.493%股权对应原始出资为40,518.8元，一次性转让给A公司内部现有股东，现有股东按照出资比例认购，如现有股东放弃认购的股份由其他股东按照出资比例认购。

因此，A公司对股东股权转让的限制是基于人合性作出的合理限制，同时也给予股东实现股权收益的救济路径，这样的限制是有效的。

有限责任公司具有人合性和封闭性特征，人合性和封闭性的维持有利于公司控制权的稳定，但股权对外转让是对公司人合性和封闭性的威胁，还会动摇公司控制权。要化解此困局，《公司法》第八十四条第三款规定："公司章程对股权转让另有规定的，从其规定。"这是解决该问题的法律工具的基础。另外，公司章程还可以进一步细化限制转让条款触发后的操作程序以及股东之间的配合义务，便于股权的流转。

法条链接

《中华人民共和国公司法》

第五条 设立公司应当依法制定公司章程。公司章程对公司、股东、董事、监事、高级管理人员具有约束力。

第八十四条 有限责任公司的股东之间可以相互转让其全部或者部分股权。

股东向股东以外的人转让股权的，应当将股权转让的数量、价格、支付方式和期限等事项书面通知其他股东，其他股东在同等条件下有优先购买权。股东自接到书面通知之日起三十日内未答复的，视为放弃优先购买权。两个以上股东行使优先购买权的，协商确定各自的购买比例；协商不成的，按照转让时各自的出资比例行使优先购买权。

公司章程对股权转让另有规定的，从其规定。

第八章 家族企业的公司控制权安排

一、夫妻股东公司财产独立证明的重要性

控制权解读

夫妻二人作为股东设立的有限责任公司不在少数，夫妻公司可以有效集中公司控制权，但对债务承担的法律风险也要做好防范。设立公司时向企业登记部门递交夫妻婚内协议，以此证明夫妻乃是以各自拥有的财产作为注册资本。在公司利润分配时，也要履行内部程序做好股东会决议。虽为普通有限责任公司，公司股东还是要审慎地遵循《公司法》的规定，在每一会计年度终了时编制财务会计报告，并经会计师事务所审计。

案件来源：江苏省南通市中级人民法院（2015）通中商终字第00633号A公司与B公司、曹某某等买卖合同纠纷案

基本案情

A 公司一审诉称，B 公司因采购家纺原料一直与 A 公司之间有业务往来，截至 2015 年 3 月 31 日，B 公司结欠 A 公司货款 265,867.97 元。曹某某系 B 公司法定代表人，在对账确认函上签字对上述货款承担连带保证责任。后 B 公司一直未偿付该笔货款，现请求法院判令 B 公司向 A 公司支付货款 265,867.97 元；判令曹某某、顾某某（曹某某的配偶）对上述债务承担连带责任。

一审法院经审理查明，B 公司因采购家纺原料与 A 公司之间存有业务往来，截至 2015 年 3 月 31 日，B 公司结欠 A 公司货款 265,867.97 元。2015 年 4 月 5 日，A 公司向 B 公司出具客户对账确认函 1 份，载明 B 公司尚欠 A 公司货款 265,867.97 元，企业法定代表人承担该欠款的连带担保责任。B 公司在该确认函的“数据证明无误”位置上加盖印章并由公司法定代表人曹某某签名。

另查明，B 公司系自然人控股的有限公司，股东为曹某某、顾某某，系夫妻关系。

一审判决后，B 公司、曹某某不服一审法院判决提起上诉称，一审法院认定事实有误，一审法院判令曹某某夫妇承担连带责任不符合《中华人民共和国公司法》的规定，请求二审法院依法改判。

二审法院经审理查明，一审法院查明的基本事实清楚，予以确认。

另查明，A 公司在一审中提交了 B 公司业务员名片、销售售出清单，顾某某名片正面印有顾某某姓名，单位为 B 公司，背面印有曹某某、顾某某夫妇个人银行卡账户；销售清单下方亦印有曹某某及顾某某个人账户。B 公司及曹某某对于这些证据的真实性无异议，并不否认利用个人账户从事公司经营，但曹某某、顾某某对其个人财产独立于公司财产未提交证据。

审理要览

一审法院认为，A公司与B公司买卖合同是双方当事人真实意思表示，未违反法律规定，应认定合法有效，对当事人具有法律约束力。B公司结欠A公司货款265,867.97元属实，应予偿付。A公司出示的客户对账确认函上载有“企业法定代表人承担该欠款的连带担保责任”字样，但曹某某仅在该确认函的数据证明无误位置签名，应认定其并无以其个人资产为B公司的该笔货款承担连带保证责任的明确意思表示。但A公司提交了B公司业务员名片、销售售出清单，其上印有的公司业务往来账户均为曹某某、顾某某夫妇个人账户，而B公司及曹某某对于曹某某、顾某某个人财产独立于公司财产亦无证据提交，故曹某某、顾某某应对公司债务承担连带责任。

二审法院经审理归纳本案二审争议焦点为欠款数额及曹某某夫妇是否应当承担连带责任。

二审法院认为，对于欠款数额，B公司盖章、曹某某签名的对账函内容明确，曹某某称对账函确认的数额中应当扣除8万元，则其应当对对账后又付款8万元或对账函中记载的数额多计了8万元承担举证责任。曹某某提供微信语音证据，称A公司的业务人员“小丁”认可应当扣除8万元，但“小丁”是不是A公司业务员、能否代表A公司对欠款数额进行确认，不能认定；同时，“小丁”在微信中对曹某某反复要求确认扣款8万元都是表示“我要看账才知道”“好像是这个情况，我记不太清了”“这些事情全部移交给包总了，你还是和包总确认吧”，从未明确认可应当从对账函的数额中扣除8万元。故即使“小丁”是A公司的业务员，也没有确认应当扣除8万元，曹某某以该微信语音作为证据要求扣除8万元，证据不足。

关于曹某某夫妇的责任，B公司是两个自然人股东的有限责任公司，但两股东是夫妻关系。夫妻共同设立的有限责任公司在形式上属于两人设立的有限责任公司，不宜直接认定为一人有限责任公司，从而适用《中华人民共和国公司法》第六十三条关于一人有限责任公司股东与公司财产混同举证责任倒置的规定。但因夫妻之间往往是共同财产制，股东之间关系的这一特殊性使得夫妻股东表面是两个股东，但实质在人格和财产上具有一定的同一性，故债权人能够提出足以引起法官对夫妻财产与公司财产存在混同怀疑的初步证据的，夫妻股东应当就公司财产独立性承担举证责任，不能举证证明的，依据《中华人民共和国公司法》第二十条第三款的规定，夫妻股东应对公司债务承担连带责任。曹某某夫妇以个人银行账户进行公司的经营活动，公司财务与其个人财产不能区分。一审法院对曹某某夫妇责任的认定并无不当。

综上，一审法院查明基本事实清楚，处理正确，应当维持。据此，判决驳回上诉，维持原判决。

风险防范

实践中由夫妻 2 人作为股东设立的有限责任公司不在少数，这样的公司的控制权完全掌握在夫妻手中。根据《公司法》的规定，公司作为独立法人，其财产具有独立性，有限责任公司的股东以其认缴的出资额为限对公司承担责任；股份有限公司的股东以其认购的股份为限对公司承担责任。所以，从公司法角度看，公司的财产与股东的财产是分离和各自独立的。在婚姻关系存续期间，以夫妻共同财产出资设立的夫妻公司，股权依法均属于夫妻共同财产。在公司法调整范围内，即便股东具有夫妻身份关系，公司也不应受股东之间的特殊身份影响，也就是说，在正常情况下，这样的夫妻公司仍然是普通有限责任公司。

但是，无法否认夫妻在人格和财产上往往具有同一性，股权的出资来源于夫妻共同财产，公司也为夫妻共同经营和支配，使公司具备了一个股东的公司的本质。《公司法》第二十三条第三款规定：“只有一个股东的公司，股东不能证明公司财产独立于股东自己的财产的，应当对公司债务承担连带责任。”一个股东的公司要证明公司财产独立于股东自己的财产，就应当按照《公司法》第二百零八条的规定，在每一会计年度终了时编制财务会计报告，并依法经会计师事务所审计。当外部债权人提出对夫妻财产与公司财产存在混同怀疑的初步证据时，夫妻股东应当就公司财产独立性承担举证责任，不能举证证明的，就可能被认定为滥用公司法人独立地位和股东有限责任，逃避债务，严重损害公司债权人利益的行为，应当对公司债务承担连带责任。

夫妻公司可以有效集中公司控制权，但对债务承担的法律风险也要做好防范。1998年实施的《公司登记管理若干问题的规定》（已失效）第二十三条规定：“家庭成员共同出资设立有限责任公司，必须以各自拥有的财产作为注册资本，并各自承担相应的责任，登记时需提交财产分割的书面证明或者协议。”虽然该规定现已废止，但夫妻在设立公司时依然可以借鉴。建议股东在设立公司前签署婚内财产分割协议或类似文件，并向企业登记部门递交，以此证明夫妻乃是以各自拥有的财产作为注册资本。在公司利润分配时，也要履行内部程序做好股东会决议。尤为重要的是，虽为普通有限责任公司，公司股东还是要审慎地遵循《公司法》的规定，在每一会计年度终了时编制财务会计报告，并经会计师事务所审计，及时发现风险和防范风险。

法条链接

《中华人民共和国公司法》

第二十三条　公司股东滥用公司法人独立地位和股东有限责任，逃避债务，严重损害公司债权人利益的，应当对公司债务承担连带责任。

股东利用其控制的两个以上公司实施前款规定行为的，各公司应当对任一公司的债务承担连带责任。

只有一个股东的公司，股东不能证明公司财产独立于股东自己的财产的，应当对公司债务承担连带责任。

第二百零八条 公司应当在每一会计年度终了时编制财务会计报告，并依法经会计师事务所审计。

财务会计报告应当依照法律、行政法规和国务院财政部门的规定制作。

二、家族企业家企不分引发传承矛盾

控制权解读

我国当前家族企业主要呈现出所有权与控制权高度集中、家族企业主或创始人享有绝对精神权威地位、家族与企业之间价值同一的特点。家族公司成员之间会不自觉地把亲属关系融入企业管理中，家长的行事风格会成为公司的文化符号，人治成为家族企业面临的普遍问题。

家族企业股东拥有企业控制权，公司决策也往往是家长决定制。随着企业发展，如果企业管理制度和内控缺失，公司往往表面上平稳运行，表面下却暗流涌动、隐患重重。企业传承是每个家族企业都要面临的问题，传承不光是培养企业接班人，顺利传承离不开引入现代企业治理制度，股东会、董事会、监事会和经理层的有效构建，内部管理制度的建立与完善必定是下一代继承者的宝贵财富。

案件来源： 江苏省常州市中级人民法院（2014）常商终字第573号A公司与杨某某公司利益责任纠纷案

基本案情

A公司一审诉称：自2006年至今，杨某某利用其曾担任A公司法定代表人的便利条件，将A公司所拥有的厂区租赁给不同的租户使用，并自行收取房屋租金，所收取的房屋租金从未交付给A公司。截止到2014年

3月底，杨某某出租A公司房屋获得的租金累计达2,011,200元。A公司多次向杨某某催要无果。此外，杨某某还利用担任法定代表人期间，将代A公司收取的B公司货款137,371元占为己有。A公司起诉请求判令杨某某归还A公司房屋租金2,011,200元及按年利率7%计算的利息计485,100元；归还收取的货款137,371元；诉讼费用由杨某某承担。

杨某某一审辩称：A公司起诉的房屋租金的诉讼请求大部分超过了诉讼时效。杨某某担任A公司法定代表人且是公司大股东的期间，收取了B公司的货款；对主张的部分房屋租金，杨某某确已收取。但收取后系用于整个家庭生活开支及A公司经营开支，杨某某不存在恶意侵占公司财产，损害公司利益。相反，A公司法定代表人变更后，杨某某代A公司垫付了多项费用，包括上交款、自来水款等共计15万元。杨某某及妻子、小女儿与陆某某、杨某慧之间发生股权转让关系，股权转让协议价格的确定是基于当时A公司现有财产状况，包括厂房出租的租金在内，A公司不应再要求杨某某返还租金等。请求驳回A公司的诉讼请求。

一审法院经审理查明：A公司系2001年7月由原校办企业经依法改制而成，杨某某为公司创办人。公司注册资本为508万元，公司原来的股权结构为杨某某占51%、杨某慧占25%、陆某某占10%、杨某华占7%，杨某丽占7%。杨某某与杨某华系杨某慧、杨某丽的父母，陆某某系杨某慧的丈夫。A公司由杨某某主持生产经营管理。2011年5月30日，A公司股东会形成决议，杨某某将所持公司股权127万元转让给杨某慧；杨某华、杨某丽、杨某某将各自所持公司股权35.56万元、35.56万元、30.48万元转让给陆某某。转让后公司注册资本为508万元，股东出资情况为杨某慧出资254万元，占注册资本的50%；陆某某出资152.4万元，占注册资本的30%；杨某某出资101.6万元，占注册资本的20%。杨某某一直担任A公司的法定代表人至2013年7月，之后，A公司的法定代表人变更为陆某某。杨某某在2006年至2014年8月期间，以公司名义将公司相关厂房、设备租赁给客户，并收取相应的租金。其中，1.2006年4月3日，租赁给常州市某电子有限公司、常州某电器工具有限公司，实际租赁期至2008年4月，合计收取租金22万元；2. 2008年6月起至2012年6月，租赁给常州某服饰有限公司，租赁期限4年，合计收取租金56万元；3. 2009年3月至2010年5月期间，租赁给江苏某钢杆有限公司，合计收取租金275,000元；4. 2010年6月至2012年8月租赁给常州市某物资有限公司使用，合计收取租金523,437元；5. 2012年7月至2013年10月租赁给常州某建筑构件有限公司使用，合计收取租金243,750元；6. 2013年10月20日起至2014年2月20日止，租赁给常州某涂装设备有限公司使用，杨某某认可收取4个月房租金计8万元；7. 2014年2月15日起至2014年8月14日止，出租给常州某干燥设备有限公司使用，杨某某认可收取了半年租金109,000元。以上7项租赁事实，杨某某共计收取租金计2,011,187元，其中，杨某某于2011年5月30日即股权转让前，担任法定代表人时收取的租金为117万元，在2011年5月30日即股权转让后收取的租金为841,187元。

另查明，杨某某在担任A公司法定代表人期间，收取了公司对外的应收款137,371元（即B公司应付款），未交付A公司财务入账。

还查明，杨某某代A公司向当地村委、财政所交纳A公司2012年度至2013年度的土地等上交款计144,794.5元。自2012年12月起至2014年1月期间，杨某某代A公司交纳水费1,566.21元，代交电费计19,452.49元。合计为A公司垫付165,813.2元。

审理要览

一审法院归纳本案有争议的是：一、A公司要求杨某某退还租金的请求是否已超过法律规定的诉讼时效？二、杨某某以其收取的租金等已用于整个家庭开支及A公司企业经营，是否可以免除其还款给A公司的法律责任？

一审法院认为，针对争议焦点一，诉讼时效期间从知道或应当知道权利被侵害之日起计算。本案中，A 公司与杨某某间就杨某某已收取的租金并未约定归还的期限，A 公司向杨某某主张之前收取的租金归还的请求，符合法律规定，故杨某某辩述关于租金请求中的部分请求已超过诉讼时效的抗辩观点，无事实依据及法律依据，依法不予采信。

针对争议焦点二，公司法规定公司股东应当遵守法律、行政法规和公司章程，依法行使股东权利，不得滥用股东权利损害公司或者其他股东的利益，不得滥用公司法人独立地位和股东有限责任损害公司债权人的利益。本案中，A 公司的厂房或设备对外出租所得租金收益，其所有权归 A 公司所有。但鉴于 A 公司原股东杨某某、杨某华、杨某丽于 2011 年 5 月 30 日将股权转让给杨某慧、陆某某的事实，该股权转让时的股权价格客观反映了公司的实际资产状况，陆某某、杨某慧应当明知杨某某在签订股权转让协议前存在收取房屋租金等款项的情况，且该公司杨某某、杨某华、杨某丽原 3 股东占有公司 65%的股份，因杨某某等与陆某某等之间股权转让而产生的纠纷，法院已作出相关民事判决。故对于签订股权转让协议前杨某某收取的款项，A 公司不能再行主张。对于 2011 年 6 月 1 日起，由杨某某收取的房屋租金等应由杨某某返还给 A 公司。杨某某辩称其作为整个家庭的家长，收取的租金已用于整个家庭开支的辩称意见，依法不予支持。对于 A 公司应当交纳的水费、电费及向当地村委、镇财政所交纳的相关费用计 165，813.2 元，因杨某某已代为支付，并提供了相应的票据，故该部分金额可在杨某某应退的租金款中扣除。对于 A 公司主张租金的利息请求问题，A 公司与杨某某双方就租金问题无相关约定且本案系家庭经济纠纷引起，对 A 公司主张租金的利息请求不予支持。

一审判决后，A 公司不服一审判决提起上诉。

本案二审争议焦点为：一、杨某某是否应将其在股权转让前所收取的 A 公司厂房出租租金返还给 A 公司？二、杨某某在其股权转让后的代 A 公司垫付的上交款、水费、电费等是否应在返还的 A 公司厂房出租租金中予以抵扣？

二审法院认为：关于争议焦点一，A公司的所有股东均是同一家庭成员，杨某某作为原A公司法定代表人，又是A公司第一大股东，其在将公司股权转让给其女儿杨某慧、女婿陆某某的过程中，并没有将股权价值进行实际评估和结算。A公司各股东之间基于特殊的近亲属关系，且在一起共同生活，在公司实际经营中，各股东也从未对公司股权价值进行相应的盈利分配。杨某某作为一家之长，其将代公司所收取的厂房租金等费用用于家庭生活和子女身上的开销也没有具体的明细账目，其他各股东也均很清楚此状况。因此，A公司对股权转让之前杨某某每年应得到的收益没有进行合理必要的结算和分配，也不应该对其股权转让之前所收取的租金另行主张。关于争议焦点二，既然A公司主张杨某某在公司股权转让后收取的厂房出租租金等要求杨某某返还，就应该对杨某某在公司股权转让后代A公司垫交的土地上交款、水费、电费等费用直接从应返还的租金中予以抵扣。综上，原审判决并无不妥，法院予以支持。上诉人A公司上诉理由不能成立，法院不予采纳。判决驳回上诉，维持原判。

风险防范

我国正处于社会主义初级阶段，必须坚持公有制为主体、多种所有制经济共同发展。根据上海市市场监督管理局2023年12月的业务统计数据，私营企业累计户数在企业法人总户数中的占比超过90%。[①] 私营经济已经成为我国国民经济的重要组成部分，是国民经济中的重要经济增长点，而这些私营企业中，又有相当一部分是家族拥有所有权的家族企业。

身为中华儿女，我们每个人都深受儒家思想的浸染。反映在家庭生活中，表现为尊卑长幼各有其礼，一家之主在家庭中有着举足轻重的地位。正因如此，具有亲属关系的股东控制的家族公司具有明显的关系与伦理维

---

① 参见上海市市场监督管理局网站，网址：http：//scjgj.sh.gov.cn/055/20240119/2c984a728d16d99a018d20de427e4367.html，最后访问时间：2024年2月8日。

度，家族公司的关系治理延续了家庭成员间的互动模式，受到家庭成员间社会规范的约束。[①] 家族公司成员之间会不自觉地把亲属关系融入企业管理中，家长的行事风格会成为公司的文化符号，家族晚辈即使身处管理岗位，也会无条件或者优先执行家长的建议。同样地，长辈在作出决策时也会更多依赖于自身的能力与经验。公司决策与家庭亲情互相渗透，当这种决策与公司法的规定发生冲突的时候，家族公司治理不完善的弊端便会暴露出来。

家族企业股东拥有企业控制权，公司决策也往往是家长决定制。随着企业发展，如果企业管理制度和内控缺失，公司往往表面上平稳运行，表面下却暗流涌动、隐患重重。

案例中，杨某某作为 A 公司大股东和法定代表人期间收取的 A 公司厂房出租租金的行为，与现代企业管理要求并不相符。但综合来看，除了收取租金外，杨某某在担任 A 公司法定代表人期间还有收取公司应收款不入账和代 A 公司向当地村委、财政所交纳 2012 年度至 2013 年度的土地等上交款、代 A 公司交纳水电费等情形，符合家族企业普遍存在的家族与企业不分的特点。杨某某作为整个家庭的家长，将收取的租金直接用于整个家庭开支，足可见对杨某某而言，维系整个企业运营的是家族的亲情与血缘纽带，而不是遵循法律和公司管理制度的规定。一分为二地看，杨某某作为一家之长，以家族为重，以一己之力照管整个家族的生活，其行为无可厚非。可作为 A 公司的法定代表人，杨某某对公司的独立性与公司运营的特点缺乏足够的认识，才有企业与家族合一，企业大小事务一人说了算的情况发生，又是不足取的。其行为也为家族内部股权转让后企业继任者与杨某某之间埋下矛盾的种子，更为企业平稳发展增添风险。

我国当前家族企业主要呈现出所有权与控制权高度集中、家族企业主

① 参见刘东辉：《公司法如何面对家庭秩序——以一个家族公司的裁判为例》，载《交大法学》2019 年第 3 期。

或创始人享有绝对精神权威地位、家族与企业之间价值同一的特点。企业内部规则的缺失是家族企业面临的普遍问题，人治是家族企业普遍适用的治理模式。虽然家族企业也会具有现代公司的组织结构，但其组织结构本质上并未有效运行。[①] 家族企业内部的决策往往不由股东会或董事会作出，对亲属关系的信赖大于对法律规定的遵从，企业的有序运行建立在亲属关系的和谐稳定上。而一旦亲属关系出现裂痕，企业会成为矛盾的集中爆发地。对家族企业和每一位企业家来说，大刀阔斧地引入先进的管理经验和现代企业经营理念，使企业迈上民主理性的新台阶，才能真正提升企业的战略决策能力和抗风险能力。同时，企业家也应提前通过一系列法律工具的安排，保证代表家族利益的董事在董事会中占据重要席位，部分管理层人员也由出色的家族成员出任，确保企业家在股东会、董事会或者经理层，以确保对公司的控制。只有这样，企业才会在决策中听到不同的声音，企业家精神与现代企业管理制度才能高度融合，企业才会更具活力和竞争力。

上述案例也折射出所有家族企业都要面临的传承问题。家族企业传承不是简单的企业财产传承，代际传承的实质是控制权的传承。[②] 但子承父业的传统思想本质上是一种人治思想，与公司的社会化趋势并不相符。[③] 家族企业的持续发展和顺利传承是一个系统工程，离不开引入现代企业治理制度，股东会、董事会、监事会和经理层的有效构建，内部管理制度的建立与完善都是下一代继承者的宝贵财富。家族企业并非落后的产物，相反，家族企业相较于其他企业，其投资回报率普遍比较高。企业家需要从自身做起，健全并执行规章制度，适时地制定传承规划，分步骤分层次地培养企业接班人。企业家对企业接班人，要有意识地在沟通与交流中传承

---

① 参见吴芳：《中国式家族企业公司治理法律问题研究》，高等教育出版社 2019 年版，第 11—13 页。

② 参见黄花：《我国家族企业代际传承的实质——控制权传递》，载《昆明理工大学学报》2009 年第 4 期。

③ 参见吴芳：《中国式家族企业公司治理法律问题研究》，高等教育出版社 2019 年版，第 99 页。

企业精神，在不同职位的历练中熟悉企业经营，不仅要“扶上马”，还要“送一程”。这个传承需要制定规则并进行流程化管理，企业需要聘请专家顾问加以指导和帮助，以确保企业控制权的顺利传递。

法条链接

《中华人民共和国公司法》

第十九条 公司从事经营活动，应当遵守法律法规，遵守社会公德、商业道德，诚实守信，接受政府和社会公众的监督。

第八十四条 有限责任公司的股东之间可以相互转让其全部或者部分股权。

股东向股东以外的人转让股权的，应当将股权转让的数量、价格、支付方式和期限等事项书面通知其他股东，其他股东在同等条件下有优先购买权。股东自接到书面通知之日起三十日内未答复的，视为放弃优先购买权。两个以上股东行使优先购买权的，协商确定各自的购买比例；协商不成的，按照转让时各自的出资比例行使优先购买权。

公司章程对股权转让另有规定的，从其规定。

三、家族企业股东资格的确认

控制权解读

家族企业的控制权明确地归属于家族，但是具体的股权很少在家族或者家庭内部进行明确的细分，随着企业的壮大，摩擦与纠纷随之产生。家族企业在发展过程中，完善治理结构，步入规范治理是必由之路。家族企业作为独立的法律主体，任何家族成员都不应凌驾于企业之上，企业家和家族股东应以企业作为经营本位，以企业持续发展作为理念，以企业获取利润作为目标。只有规范治理，科学管理，创新发展，才是企业在激烈竞争环境下的发展之路。

案件来源：天津市第二中级人民法院（2019）津02民终7610号孙某某、A公司股东资格确认纠纷案

基本案情

孙某某向一审法院起诉请求：1. 确认孙某某为A公司的股东，实际股权比例为3.6931%，同时要求A公司就确认后的实际股东及股权比例办理相应的工商变更登记手续；2. 本案诉讼费用由A公司承担。

一审法院认定事实如下：根据工商登记记载，A公司2011年9月13日设立。公司设立时B公司认缴4,000万元，占股比例为50%；马鹏某认缴1,944万元，占股24.3%；吕某认缴854万元，占股10.7%；马扬某认缴出资856万元，占股10.7%；马某池认缴344万元，占比4.3%，上述股东出资均完成实缴。2019年1月24日A公司召开股东大会，经股东大会决议增资7,000万元，由马某行认缴，根据公司章程的约定，马某行认缴的7,000万元应于2028年12月31日前缴纳1,500万元，2039年1月31日前缴纳5,500万元。本次增资完成后，公司注册资本增加至1.5亿元，其中马某行认缴7,000万股，占股46.67%；B公司认缴4,000万股，持股26.66%；马鹏某认缴1,944万股，占股12.96%；吕某和马扬某分别认缴856万股，各持股5.71%；马某池认缴344万股，持股2.29%。

另查明，马某艳、马某行、马某池、马某信系兄弟姐妹关系，孙某某系马某艳、马某行、马某池、马某信舅舅，马鹏某系马某信之子，马扬某系马某行之女，吕某系马某艳之子。2016年6月5日，A公司及B公司加盖公章的股权比例确认书，载明：B公司、A公司和C公司、D应用化学研究所是马某信、马某行、马某艳、孙某某、马某池投资开办的公司。上述公司营业执照五个股东的投资比例与实际不符，其中孙某某出资额应为351,082元，占3.6931%股权。在此前后，孙某某与马某信、马某行、马某艳、马某才、马某池等签署多份股份比例确认书、分红议案、股东会会

议决议。吕某、马扬某并未参加，也未签字确认。

再查明，2018 年 5 月 14 日，马鹏某以 A 公司股东的身份起诉 A 公司、吕某、马扬某公司决议撤销纠纷，并将 B 公司、马某行、马某池列为第三人。一审法院审理后，作出（2018）津 0113 民初 3927 号判决书，支持了马鹏某的诉讼请求。

审理要览

一审法院认为，本案的争议焦点为：孙某某是否具备 A 公司股东资格，以及所持有的股权比例。依据《中华人民共和国公司法》第三十一条规定，有限责任公司成立后，应当向股东签发出资证明书。出资证明书应当载明下列事项：（一）公司名称；（二）公司成立日期；（三）公司注册资本；（四）股东的姓名或者名称、缴纳的出资额和出资日期；（五）出资证明书的编号和核发日期。出资证明书由公司盖章。第三十二条规定，有限责任公司应当置备股东名册，记载下列事项：（一）股东的姓名或者名称及住所；（二）股东的出资额；（三）出资证明书编号。记载于股东名册的股东，可以依股东名册主张行使股东权利。公司应当将股东的姓名或者名称向公司登记机关登记；登记事项发生变更的，应当办理变更登记。未经登记或者变更登记的，不得对抗第三人。庭审中，孙某某、A 公司、B 公司、马鹏某、吕某、马扬某、马某池、马某行、马某艳、马某信均认可，A 公司成立时，未向孙某某签发出资证明书，也未将孙某某记载于股东名册，公司登记机关也未登记孙某某为 A 公司股东。孙某某从形式上不具有 A 公司股东身份。

孙某某主张，公司章程、公司登记机关的登记对外具有公示和公信效力，但仅有证权性，没有设权性。股东之间因股东权益发生争议时，应以实际出资及内部协议所记载的实际持股比例来确定。对此，孙某某提交了加盖 A 公司公章的股权比例确认书，及包括马某信、马某行、马某艳、马某池等非登记股东签字的股份比例确认书、分红议案、股东会会议决议。

用以证明其实际股东身份及持股比例。A公司及马某池、马某行、马某艳认为上述证据的印章及签字应该真实，但是是基于企业的家族经营及孙某某对企业的贡献出具，孙某某并未实际出资，同时分红并不符合公司的盈余分配的法律形式，也并未实际分红。上述文件没有股东吕某，马扬某参与、签字确认，侵犯了吕某、马扬某等股东的合法权益，应属无效。一审法院认为，A公司是有限责任公司，但其经营管理确实具有家族特征，主要股东及管理人员多为近亲属，公司发展过程中，形成一些内部文件。上述文件的形成，缺乏公司主要股东的确认，或者召集程序不合法，形式存在瑕疵，内容简单，缺乏相应的出资增资证据佐证，不能产生确认股东资格及股权比例的效力。而A公司主张的股权比例，经过有资质的审计事务所审计，出具验资报告的股东出资及增资，已经完成工商登记的股权确认，具有公示和公信效力，孙某某虽不认可，并未举出证据推翻上述证据。二者相比较，后者证明力更强，故不能依据孙某某提交的上述文件认定原告具有A公司的股东身份。其提交的文件仅对于签署的主体产生约束力。

关于分红，一审法院认为，孙某某提交证据证明的分红，在形式和程序上，均不符合公司法意义上的公司盈余分配特征，并不能证明以股东身份及真实的持股比例为基础，故孙某某不能据此证实其股东身份及持股比例。如果A公司在此类文件上加盖公章，如A公司不能证明违背其真实意思表示，应对A公司产生约束力。

关于孙某某主张的股东身份，孙某某在B公司成立之初担任公司职务，对B公司的成立及早期的发展做出过贡献，也享受一定的待遇。至A公司设立，孙某某早已退休，并未参与该公司的设立及经营管理，也未出资，自始孙某某就不是股东，孙某某也没有成为股东的意思表示。A公司的股东及股权结构非常清晰，不存在股权争议的历史遗留问题。否定公司现股权结构及注册资本，势必对公司的对内管理、对外正常经营和公司债权人的信赖利益造成巨大的影响。孙某某的合理诉求及相应的待遇的满足，是建立在A公司经营正常、稳定发展基础上，若有内部纠纷严重影响公司经营，可能也背离了原告的初衷。

综上，判决：驳回孙某某的全部诉讼请求。

孙某某提起上诉。二审法院经审理后认为，本案争议焦点在于孙某某是否为A公司的股东及其股权比例。根据《中华人民共和国公司法》第三十一条、第三十二条的规定，有限责任公司成立后，应当向股东签发出资证明书，并应当置备股东名册，公司对外根据工商登记确定股东资格，对内应当以股东名册和出资证明书确认出资情况及股东资格。本案中，A公司对内并未向孙某某出具出资证明书，也并未将孙某某记载于股东名册，A公司对外的工商登记也并未将孙某某登记为股东，故孙某某主张其为公司股东依据不足。关于孙某某主张的分红及股权比例确认等主张，因A公司无论是工商登记、公司章程还是实际缴纳注册资本金或认缴注册资本金的股东为B公司、马鹏某、吕某、马扬某、马某池、马某行，而孙某某提交的股权比例确认书、股东会决议等证据，均无吕某、马扬某签字确认。故无法确认股权比例确认书、股东会决议等系A公司全部股东的真实意思表示。孙某某虽主张A公司的注册资本金系B公司出资，各登记自然人股东并未缴纳出资，但A公司注册资本金的出资证据系经过有资质的会计师事务所验资并出具验资报告，A公司已经完成相应的工商登记，具有公示和公信效力，孙某某虽不认可，但并未举出证据推翻上述证据。故对其上诉理由不予采信。关于孙某某主张的所谓分红，缺乏依据。一审未予支持其诉讼请求，并无不当。

综上所述，孙某某的上诉请求缺乏依据，法院不予支持。一审判决认定事实清楚，适用法律正确，应予维持。判决驳回上诉，维持原判。

风险防范

根据法院查明的案件事实，A公司是有限责任公司，主要股东及管理人员多为近亲属，其经营管理确实具有家族特征。孙某某作为大家族的成员之一，在B公司成立之初担任公司职务，对B公司的成立及早期的发展做出过贡献，也享受一定的待遇。至A公司设立，孙某某早已退休，其并未参与该公司的设立及经营管理。但孙某某手上保留有加盖A公司公章的股权比例确认书，及包括马某信、马某行、马某艳、马某池等非登记股东签字的股份比例确认书、分红议案、股东会会议决议等文件。这也是中国多数家族企业普遍存在的家族与企业同一性的治理特点。虽然企业的控制权明确地归属于企业主家庭或家族，但是具体的股权并未在家族或者家庭内部进行明确的细分。[①] 对于孙某某来说，公司创立之初，家族目标统一，其也不计较个人得失，为公司发展做出自己的贡献。但是随着公司的发展壮大，个人所做贡献逐渐被家族成员淡忘，公司未来的发展前景淡化了创业时期的艰辛，个人贡献所对应的公司持股与公司法规范尺度下的持股比例产生冲突，摩擦与纠纷随之产生。

孙某某提交的一系列文件，应该是当时真实情况的反映。但是文件中形式存在瑕疵，内容简单，也没有关键股东吕某和马扬某的签字确认，无法证明得到了吕某和马扬某的认可。相反地，在吕某和马扬某不予追认的情况下，文件中对股权的分配侵犯了吕某、马扬某等股东的合法权益，这样的文件应属无效。

股权取得方式分为原始取得和继受取得。《公司法司法解释三》第二十二条规定："当事人之间对股权归属发生争议，一方请求人民法院确认其享有股权的，应当证明以下事实之一：（一）已经依法向公司出资或者认缴出资，且不违反法律法规强制性规定；（二）已经受让或者以其他形式继受公司股权，且不违反法律法规强制性规定。"在原始取得的情况下，需要证明存在取得股权的对价行为，即出资或认缴出资。在继受取得的情况下，需要证明已经受让或者以赠与、继承、公司合并等其他形式继受公司股权。显然，孙某某的证据的证明力难以达到上述要求。

① 陈建林：《我国上市家族企业代理成本的治理研究》，经济科学出版社2011年版，第331页。

本案中反映的矛盾难分孰是孰非，但家族企业在发展过程中，完善治理结构，步入规范治理是必由之路。家族企业作为独立的法律主体，任何家族成员都不应凌驾于企业之上，企业家和家族股东应以企业作为经营本位，以企业持续发展作为理念，以企业获取利润作为目标。只有规范治理，科学管理，创新发展，才是企业在激烈竞争环境下的发展之路。

法条链接

《中华人民共和国公司法》

第四十八条 股东可以用货币出资，也可以用实物、知识产权、土地使用权、股权、债权等可以用货币估价并可以依法转让的非货币财产作价出资；但是，法律、行政法规规定不得作为出资的财产除外。

对作为出资的非货币财产应当评估作价，核实财产，不得高估或者低估作价。法律、行政法规对评估作价有规定的，从其规定。

第四十九条 股东应当按期足额缴纳公司章程规定的各自所认缴的出资额。

股东以货币出资的，应当将货币出资足额存入有限责任公司在银行开设的账户；以非货币财产出资的，应当依法办理其财产权的转移手续。

股东未按期足额缴纳出资的，除应当向公司足额缴纳外，还应当对给公司造成的损失承担赔偿责任。

第五十五条 有限责任公司成立后，应当向股东签发出资证明书，记载下列事项：

（一）公司名称；

（二）公司成立日期；

（三）公司注册资本；

（四）股东的姓名或者名称、认缴和实缴的出资额、出资方式和出资日期；

（五）出资证明书的编号和核发日期。

出资证明书由法定代表人签名，并由公司盖章。

第五十六条 有限责任公司应当置备股东名册，记载下列事项：

（一）股东的姓名或者名称及住所；

（二）股东认缴和实缴的出资额、出资方式和出资日期；

（三）出资证明书编号；

（四）取得和丧失股东资格的日期。

记载于股东名册的股东，可以依股东名册主张行使股东权利。

《最高人民法院关于适用〈中华人民共和国公司法〉若干问题的规定（三）》

第二十一条 当事人向人民法院起诉请求确认其股东资格的，应当以公司为被告，与案件争议股权有利害关系的人作为第三人参加诉讼。

第二十二条 当事人之间对股权归属发生争议，一方请求人民法院确认其享有股权的，应当证明以下事实之一：

（一）已经依法向公司出资或者认缴出资，且不违反法律法规强制性规定；

（二）已经受让或者以其他形式继受公司股权，且不违反法律法规强制性规定。

第二十三条 当事人依法履行出资义务或者依法继受取得股权后，公司未根据公司法第三十一条、第三十二条的规定签发出资证明书、记载于股东名册并办理公司登记机关登记，当事人请求公司履行上述义务的，人民法院应予支持。

第九章 刑事风险控制

一、对非国家工作人员行贿罪

控制权解读

企业家一旦触犯刑事法律，不仅自己身陷囹圄，根据相关法律规定，还有可能影响其担任公司的法定代表人、董事、监事和高级管理人员，直接导致其对公司控制权的削弱。所以，公司应自上而下，从法定代表人、公司高管到普通员工，加强法治教育，提高法律意识，诚信合法经营。公司应建立合理有效的工资制度、奖惩制度和激励机制，培养员工对公司的忠诚度，孕育和传承公司文化。还应建立健全公司财务管理制度，定期进行公司内部审计，完善交易环节的内控制度，杜绝任何人使用非法手段谋取不正当利益的行为。

案件来源：湖南省常德市中级人民法院（2018）湘07刑终289号刘某对非国家工作人员行贿案

基本案情

A高速公路是湖南省交通厅于2004年推出的BOT（建设—经营—转让）项目。由夏某潮和黎某某2人运作以A公司（实际控制人黎某某）参与A西高速公路项目的投资特许经营权的竞争。最终，A公司获得潭衡西线高速公路特许经营权。后由夏某潮负责筹建，并于2004年12月2日成立B公司（A公司独资有限责任公司），2009年5月25日前法定代表人为夏某潮。2006年，夏某潮介绍被告人刘某与时任B公司总经理陈某军、总监办总监彭某登认识，要求2人在工程承揽方面关照刘某。同年下半年，陈某军、彭某登在B公司第27标房建工程项目招标过程中，邀请刘某所在的C公司入围，同时交代刘某没有设置标底，只设置了最高限价。2006年12月5日，C公司中标湖南省B高速公路土建工程第27合同段，中标金额154,553,404元；2007年1月15日，B公司和C公司订立施工合同。2007年10月，刘某为感谢夏某潮的帮助，将价值249,500元的《人民颂》瓷瓶一套送给夏某潮。到案后，刘某如实供述了自己的犯罪事实。

一审法院认为，被告人刘某为谋取不正当利益，给予公司工作人员以财物，数额较大，其行为已构成对非国家工作人员行贿罪。判决如下：被告人刘某犯对非国家工作人员行贿罪，判处有期徒刑10个月，缓刑1年。

二审裁定驳回上诉，维持原判。

风险防范

“企业家不是在监狱，就是在通往监狱的路上。”这虽然看似危言耸听，但也从一个侧面揭示了我们的企业家们对企业经营过程中的刑事法律风险还不够重视。刑事法律风险，作为所有风险中的“终极风险”，却是最易被忽略的。企业家一旦触犯刑事法律，不仅自己身陷囹圄，根据相关法律规定，还有可能影响其担任公司的法定代表人、董事、监事和高级管理人员，直接导致其对公司控制权的削弱。

本案例的罪名是对非国家工作人员行贿罪，根据《中华人民共和国刑法》（以下简称《刑法》）第一百六十四条第一款的规定，对非国家工作人员行贿罪是指为谋取不正当利益，给予公司、企业或者其他单位的工作人员以财物，数额较大的行为。根据《最高人民检察院、公安部关于公安机关管辖的刑事案件立案追诉标准的规定（二）》第十一条的规定，为谋取不正当利益，给予公司、企业或者其他单位的工作人员以财物，个人行贿数额在 3 万元以上的，单位行贿数额在 20 万元以上的，应予立案追诉。根据最高人民法院、最高人民检察院 2016 年 4 月 18 日发布的《关于办理贪污贿赂刑事案件适用法律若干问题的解释》（法释〔2016〕9 号）第七条、第八条第一款和第十一条第三款规定①，本罪的量刑标准为：

1. 6 万元以上应当认定为“数额较大”。

2. 200 万元以上应当认定为“数额巨大”。

3. 具有向 3 人以上行贿、将违法所得用于行贿、通过行贿谋取职务提

---

① 第七条规定：为谋取不正当利益，向国家工作人员行贿，数额在三万元以上的，应当依照刑法第三百九十条的规定以行贿罪追究刑事责任。

行贿数额在一万元以上不满三万元，具有下列情形之一的，应当依照刑法第三百九十条的规定以行贿罪追究刑事责任：

（一）向三人以上行贿的；

（二）将违法所得用于行贿的；

（三）通过行贿谋取职务提拔、调整的；

（四）向负有食品、药品、安全生产、环境保护等监督管理职责的国家工作人员行贿，实施非法活动的；

（五）向司法工作人员行贿，影响司法公正的；

（六）造成经济损失数额在五十万元以上不满一百万元的。

第八条第一款规定：犯行贿罪，具有下列情形之一的，应当认定为刑法第三百九十条第一款规定的“情节严重”：

（一）行贿数额在一百万元以上不满五百万元的；

（二）行贿数额在五十万元以上不满一百万元，并具有本解释第七条第二款第一项至第五项规定的情形之一的；

（三）其他严重的情节。

第十一条第三款规定：刑法第一百六十四条第一款规定的对非国家工作人员行贿罪中的“数额较大”“数额巨大”的数额起点，按照本解释第七条、第八条第一款关于行贿罪的数额标准规定的二倍执行。

拔、调整、向负有食品、药品、安全生产、环境保护等监督管理职责的国家工作人员行贿，实施非法活动、向司法工作人员行贿，影响司法公正、造成经济损失数额在50万元以上不满100万元情形之一的，100万元以上应当认定为“数额巨大”。

为避免因触犯对非国家工作人员行贿罪而受到刑事处罚，公司可以从以下几个方面着手预防和控制风险：

（1）本罪名单位犯罪的，对单位判处罚金，并对其直接负责的主管人员和其他直接责任人员依照规定处罚。关于本罪中的“直接负责的主管人员和其他直接责任人员”如何认定的问题，根据最高人民法院《全国法院审理金融犯罪案件工作座谈会纪要》的规定，直接负责的主管人员，是在单位实施的犯罪中起决定、批准、授意、纵容、指挥等作用的人员，一般是单位的主管负责人，包括法定代表人。其他直接责任人员，是在单位犯罪中具体实施犯罪并起较大作用的人员，既可以是单位的经营管理人员，也可以是单位的职工，包括聘任、雇用的人员。因此，公司应自上而下，从法定代表人、公司董事、监事和高管，到普通员工，尤其是业务部门的员工，通过宣讲和法治教育的现实提升人员的刑事法律风险意识，诚信合法经营。建立合理有效的工资制度、奖惩制度和激励机制，培养员工对公司的忠诚度，孕育和传承公司文化。

（2）建立健全公司财务管理制度，定期进行公司内部审计，完善交易环节的内控制度，杜绝任何人使用非法手段谋取不正当利益的行为。

（3）建立刑事风险防范机制，重视法律咨询和公司内部法务人员的培养，在公司的不同发展阶段，通过聘请法律专业人士作为公司法律顾问的形式，规范公司经营活动。在重要项目和重大事务中，发挥法律顾问的作用，做好相应的前期尽职调查工作，作出风险评估，为化解风险奠定基础。

（4）在公司正常的经济往来中，如果需要给予对方“回扣”，根据原国家工商行政管理局《关于禁止商业贿赂行为的暂行规定》第六条的规定和《中华人民共和国反不正当竞争法》第七条的规定，企业可以以明示方式给予对方折扣，并且该折扣必须交公司财务人员如实入账。这里所称的“折扣”，是指给予对方的价格优惠，包括支付价款时对价款总额按一定比例即时予以扣除和支付价款总额后再按一定比例予以退还两种形式。这里所称明示和入账，是指根据合同约定的金额和支付方式，在依法设立的反映其生产经营活动或者行政事业经费收支的财务账上按照财务会计制度规定明确如实记载。需要特别提醒的是，如果支出的钱、物没有入公司的购销经营账，而是其他账目，这种入账方式，不能反映钱款与商品之间的关系、不能反映商品的实际成本、不能反映双方之间的实际经营活动，那么这样的入账方式存在被认定为是账外的和暗中的可能，进而存在被认定为构成本罪的风险，公司务必加强管理，防患未然。

（5）本罪中的“财物”不局限于金钱和实物，根据《最高人民法院、最高人民检察院关于办理商业贿赂刑事案件适用法律若干问题的意见》第七条的规定，商业贿赂中的财物，既包括金钱和实物，也包括可以用金钱计算数额的财产性利益，如提供代币卡、代币券等。

（6）需要进一步提醒的是，与本罪相关联的非国家工作人员受贿罪，2021 年 3 月 1 日起实施的《中华人民共和国刑法修正案（十一）》第十条规定：“将刑法第一百六十三条第一款修改为：‘公司、企业或者其他单位的工作人员，利用职务上的便利，索取他人财物或者非法收受他人财物，为他人谋取利益，数额较大的，处三年以下有期徒刑或者拘役，并处罚金；数额巨大或者有其他严重情节的，处三年以上十年以下有期徒刑，并处罚金；数额特别巨大或者有其他特别严重情节的，处十年以上有期徒刑或者无期徒刑，并处罚金。’”非国家工作人员受贿罪的最高刑期由“五年以上有期徒刑”增加到“十年以上有期徒刑或者无期徒刑”。

法条链接

《中华人民共和国刑法》

第一百六十三条 公司、企业或者其他单位的工作人员，利用职务上的便利，索取他人财物或者非法收受他人财物，为他人谋取利益，数额较大的，处三年以下有期徒刑或者拘役，并处罚金；数额巨大或者有其他严重情节的，处三年以上十年以下有期徒刑，并处罚金；数额特别巨大或者有其他特别严重情节的，处十年以上有期徒刑或者无期徒刑，并处罚金。

公司、企业或者其他单位的工作人员在经济往来中，利用职务上的便利，违反国家规定，收受各种名义的回扣、手续费，归个人所有的，依照前款的规定处罚。

国有公司、企业或者其他国有单位中从事公务的人员和国有公司、企业或者其他国有单位委派到非国有公司、企业以及其他单位从事公务的人员有前两款行为的，依照本法第三百八十五条、第三百八十六条的规定定罪处罚。

第一百六十四条 为谋取不正当利益，给予公司、企业或者其他单位的工作人员以财物，数额较大的，处三年以下有期徒刑或者拘役，并处罚金；数额巨大的，处三年以上十年以下有期徒刑，并处罚金。

为谋取不正当商业利益，给予外国公职人员或者国际公共组织官员以财物的，依照前款的规定处罚。

单位犯前两款罪的，对单位判处罚金，并对其直接负责的主管人员和其他直接责任人员，依照第一款的规定处罚。

行贿人在被追诉前主动交待行贿行为的，可以减轻处罚或者免除处罚。

二、逃税罪

控制权解读

税收是国家公共财政最主要的收入形式和来源，依法诚信纳税是每个公民应尽的义务，也是每个企业应尽的义务。企业内部可以根据自身特点，建立规范有效的财务核算制度，并以此为基础，在专业人士的帮助下进行合法有效的税务筹划。同时秉承依法经营、诚信经营的宗旨，积极履行社会责任，依法纳税，树立良好的企业形象。

案件来源：广东省深圳市中级人民法院（2018）粤03刑终2154号张某逃税案

基本案情

2005年7月26日，被告人张某注册设立深圳市××有限公司（私营有限责任公司），由其本人担任法定代表人，该公司的实际生产经营及管理也由其本人负责。该公司因被群众举报涉嫌逃税，深圳市龙岗区国家税务局稽查局于2009年5月11日起对该公司立案检查，查明该公司2006年度至2008年度采取账外经营手法，隐瞒应税销售收入、销售成本及费用等手段，逃避缴纳增值税、企业所得税税款共计9,144,039.06元（其中2006年逃避缴纳税款数额占应纳税额86%，2007年逃避缴纳税款数额占应纳税额87%，2008年逃避缴纳税款数额占应纳税额93%），2014年5月6日，深圳市坪山新区国家税务局向该公司送达了《税务处理决定书》（深国税坪处〔2014〕0009号）和《税务行政处罚决定书》（深国税坪处〔2014〕0018号），该公司于2014年5月19日缴纳罚款6,000元，于2014年6月20日至2015年3月31日期间陆续缴清应纳税款9,144,039.06元，于2017年10月11日、12日缴清滞纳金4,591,133.99

元，于 2017 年 11 月 21 日、24 日、26 日，2018 年 1 月 8 日陆续缴清罚款 4,572,019.53 元。

一审法院认为，被告人张某采取欺骗、隐瞒手段进行虚假纳税申报，逃避缴纳税款数额巨大并且占应纳税额 30%以上，其行为已构成逃税罪。判决：被告人张某犯逃税罪，判处有期徒刑 3 年，并处罚金人民币 20 万元。

二审法院审理后认为，张某作为原深圳市××有限公司直接负责的主管人员，采取欺骗、隐瞒手段进行虚假纳税申报，逃避缴纳税款数额巨大并且占应纳税额 30%以上，其行为已构成逃税罪。一审法院未认定单位犯罪性质以及未适用相应法律规定不当，法院予以纠正。改判：上诉人（原审被告人）张某犯逃税罪，判处有期徒刑 3 年，缓刑 4 年，并处罚金人民币 20 万元（已缴纳）。

风险防范

逃税罪是指纳税人采取欺骗、隐瞒手段进行虚假纳税申报或者不申报，逃避缴纳税款数额较大并且占应纳税额 10%以上的行为。《中华人民共和国刑法修正案（七）》对《刑法》第二百零一条进行了重大修改，将原来的“偷税罪”的罪名修改表述为“逃税罪”，还规定了逃税罪的罪状和法定刑，并增加了第四款规定：“有第一款行为，经税务机关依法下达追缴通知后，补缴应纳税款，缴纳滞纳金，已受行政处罚的，不予追究刑事责任；但是，五年内因逃避缴纳税款受过刑事处罚或者被税务机关给予二次以上行政处罚的除外。”该第四款成为本罪的免责条款。

根据《最高人民检察院、公安部关于公安机关管辖的刑事案件立案追诉标准的规定（二）》第五十二条的规定，逃避缴纳税款，涉嫌下列情形之一的，应予立案追诉：

股东未按照公司章程规定的出资日期缴纳出资，公司依照前条第一款规定发出书面催缴书催缴出资的，可以载明缴纳出资的宽限期；宽限期自公司发出催缴书之日起，不得少于六十日。宽限期届满，股东仍未履行出资义务的，公司经董事会决议可以向该股东发出失权通知，通知应当以书面形式发出。自通知发出之日起，该股东丧失其未缴纳出资的股权。

依照前款规定丧失的股权应当依法转让，或者相应减少注册资本并注销该股权；六个月内未转让或者注销的，由公司其他股东按照其出资比例足额缴纳相应出资。

股东对失权有异议的，应当自接到失权通知之日起三十日内，向人民法院提起诉讼。

纳税人在公安机关立案后再补缴应纳税款、缴纳滞纳金或者接受行政处罚的，不影响刑事责任的追究。

税收是国家公共财政最主要的收入形式和来源，依法诚信纳税是每个公民应尽的义务，也是每个企业应尽的义务。企业在自身发展壮大的过程中，应加强税收法律法规和地方政策的宣传和学习，秉承依法经营、诚信经营的宗旨，积极履行社会责任，依法纳税，树立良好的企业形象。

企业内部可以根据自身特点，建立规范有效的财务核算制度，并以此为基础，在专业财税人士的帮助下进行合法有效的税务筹划。对内部财务工作人员也需要加强培训，提高财务业务水平。如果企业因某些原因收到税务机关下达的追缴通知，应积极配合、认真核算，务必在公安机关立案前及时补缴应纳税款并缴纳滞纳金，避免被追究刑事责任。

法条链接

《中华人民共和国刑法》

第二百零一条 纳税人采取欺骗、隐瞒手段进行虚假纳税申报或者不申报，逃避缴纳税款数额较大并且占应纳税额百分之十以上的，处三年以下有期徒刑或者拘役，并处罚金；数额巨大并且占应纳税额百分之三十以上的，处三年以上七年以下有期徒刑，并处罚金。

扣缴义务人采取前款所列手段，不缴或者少缴已扣、已收税款，数额较大的，依照前款的规定处罚。

对多次实施前两款行为，未经处理的，按照累计数额计算。

有第一款行为，经税务机关依法下达追缴通知后，补缴应纳税款，缴纳滞纳金，已受行政处罚的，不予追究刑事责任；但是，五年内因逃避缴纳税款受过刑事处罚或者被税务机关给予二次以上行政处罚的除外。

三、侵犯商业秘密罪

控制权解读

商业秘密是企业资产的重要组成部分。在激烈的市场竞争和频繁的人才流动背景下，再加之互联网时代的到来，保护商业秘密对每一家企业而言都是迫在眉睫的任务。企业需要提高对商业秘密的重视程度，增强商业秘密的保护意识。

案件来源：浙江省金华市中级人民法院（2019）浙 07 刑终 924 号邢某、李某某侵犯商业秘密案

基本案情

A 公司拥有的某拉丝技术，经浙江省科技咨询中心鉴定属于不为公众所知悉的技术信息，上述技术的相关图纸、信息被 A 公司界定为商业秘密加以保护。公司通过《管理手册》等制定相关保密规定并组织员工学习，与员工签订的《劳动合同》均有相关的保密条款，并以支付保密费等形式确定员工对公司商业秘密的保密义务。

2011 年 1 月，A 公司与被告人邢某签订劳动合同，并任命被告人邢某为市场营销事业部副总监；2012 年 2 月，A 公司与被告人李某某签订劳动合同，并任命被告人李某某为 A 公司纤维生产副厂长。2 被告人均以在合

同上签名和领取保密费的方式承诺在A公司工作期间及离职后承担保密义务。2014年3月、4月，被告人李某某、邢某先后从A公司离职。

2014年1月，被告人邢某即与胡某（另案处理）共同出资成立B公司，两人各占50%股份，其中被告人邢某为公司法定代表人，并担任公司经理，胡某担任公司监事。该公司在浙江省宁海县××镇××路××号××房。后被告人邢某联系被告人李某某到B公司负责生产。被告人邢某以不正当手段获取A公司的技术秘密后，伙同被告人李某某和胡某决定使用A公司的技术制造生产某纤维的熔炉，并由被告人邢某、李某某将A公司的工艺文件及图纸用于生产使用。被告人李某某明知相关文件及图纸是A公司的商业秘密，系通过不正当手段获取，仍使用该文件及图纸组建拉丝炉台。同时，B公司又使用A公司的拉丝漏板图纸到C公司定制拉丝漏板。最终，在被告人李某某的带领下，B公司先后制作出3台玄武岩纤维熔炉用于生产玄武岩纤维。为避免被查，被告人李某某要求B公司工作人员杨某2、陈某2将被告人邢某提供的带有A公司标志的工艺文件及图纸转化为电子版并将上面的A公司标志换成B公司标志，再转发给被告人邢某、李某某等人，原版由被告人李某某销毁。至案发，B公司共生产出成品短切纱81吨。

经鉴定，A公司的“某拉丝技术”的相关技术信息是不为公众所知悉的技术信息，该技术信息与B公司所使用的技术信息具有同一性。该技术许可使用费在2014年1月至2015年8月鉴定价值为人民币643,300元。

一审法院审理后认为：被告人邢某犯侵犯商业秘密罪，判处有期徒刑1年，并处罚金人民币2万元（刑期从判决执行之日起计算。判决执行以前先行羁押的，羁押1日折抵刑期1日；罚金限本判决生效后1个月内缴纳）。被告人李某某犯侵犯商业秘密罪，判处有期徒刑9个月，缓刑1年，并处罚金人民币2万元（缓刑考验期限从判决确定之日起计算；罚金限本判决生效后3日内缴纳）。

一审判决后，被告人邢某上诉提出，其不构成侵犯商业秘密罪。

二审法院经审理后维持了一审判决中关于侵犯商业秘密罪的判决结果。

风险防范

商业秘密是企业资产的重要组成部分。在激烈的市场竞争和频繁的人才流动背景下，再加之互联网时代的到来，保护商业秘密对每一家企业而言都是迫在眉睫的首要任务。《中华人民共和国反不正当竞争法》第九条将“商业秘密”定义为“不为公众所知悉、具有商业价值并经权利人采取相应保密措施的技术信息、经营信息等商业信息”。这与《刑法》第二百一十九条的表述略有不同，但应理解为同一概念。因为《刑法》规定的“侵犯商业秘密罪”就是商业秘密民事侵权达到一定严重程度后的法律后果。针对侵犯商业秘密罪的风险防范，除了提高企业对商业秘密的重视程度，增强商业秘密的保护意识之外，我们再提供以下几点建议供参考：

1. 加强企业用工管理。企业用工从员工录用到终止劳动合同，在不同阶段视不同情况，对于涉密员工分别订立书面保密协议或者竞业禁止协议。在协议的履行期间，还要加强对协议条款的监督落实。不少企业对在劳动合同期内的员工的保密工作非常重视，执行也非常严格，但往往会忽视一头一尾，即录用和合同后的保密管理。录用那些对其他公司负有保密义务的员工，企业有必要做好前期的调查工作，保证录用该类员工不会侵犯他人的商业秘密。同样地，在劳动合同终止后，合同约定的保密义务仍然有效，企业有必要对该部分人员继续进行保密管理。

2. 建立企业内部规章制度，加大商业秘密的保护力度。企业制定该类保护商业秘密的内部规章制度，可能涉及劳动者的切身利益，有必要遵循《中华人民共和国劳动法》和《中华人民共和国劳动合同法》等法律法规的规定。因此需要通过民主程序提交职工代表大会或者全体职工讨论，在平等协商的前提下确定。规章制度确定后，还应以公示的方式告知全体劳动者。当然，不仅规章制度的制定需要遵循民主程序，在此后的经营管理中如需修改完善该规定的，仍然要遵循以上民主程序变更。

3. 企业内部不任意扩散商业秘密。这里的不扩散，既是针对企业自身的商业秘密，同时也针对企业在经营过程中合法获悉的其他企业的商业秘密。只有把商业秘密严格控制在一定的范围内，才谈得上不扩散、不泄露。实践中，也有些企业过于谨小慎微，甚至担忧废弃物中遗漏秘密信息，对涉密人员的范围甚至涵盖到清洁工，其实大可不必。涉密人员只要按照企业相应的内部规章制度执行，做好保密管理，就能从源头上有效杜绝商业秘密泄露。

4. 还要加强对员工的法治教育，剖析侵犯商业秘密可能对个人带来的刑事法律风险，防患未然。

5. 需要提醒的是，国家依法加大对知识产权侵权行为的惩治力度，有效阻遏侵权行为，营造良好的法治化营商环境。《中华人民共和国刑法修正案（十一）》第二十二条将侵犯商业秘密罪最高刑期已由原来的七年增加到十年，加大了刑事打击力度。

法条链接

《中华人民共和国刑法》

第二百一十九条　有下列侵犯商业秘密行为之一，情节严重的，处三年以下有期徒刑，并处或者单处罚金；情节特别严重的，处三年以上十年以下有期徒刑，并处罚金：

（一）以盗窃、贿赂、欺诈、胁迫、电子侵入或者其他不正当手段获取权利人的商业秘密的；

（二）披露、使用或者允许他人使用以前项手段获取的权利人的商业秘密的；

（三）违反保密义务或者违反权利人有关保守商业秘密的要求，披露、使用或者允许他人使用其所掌握的商业秘密的。

明知前款所列行为，获取、披露、使用或者允许他人使用该商业秘密的，以侵犯商业秘密论。

本条所称权利人，是指商业秘密的所有人和经商业秘密所有人许可的商业秘密使用人。

第二百二十条 单位犯本节第二百一十三条至第二百一十九条之一规定之罪的，对单位判处罚金，并对其直接负责的主管人员和其他直接责任人员，依照本节各该条的规定处罚。

图书在版编目（CIP）数据

公司控制权安排与法律风险防范 / 汪强著. -- 北京：中国法制出版社，2024. 8. -- ISBN 978-7-5216-4672-6

Ⅰ. D922. 291. 914

中国国家版本馆 CIP 数据核字第 20240101YT 号

责任编辑　赵　燕　　　　封面设计　赵　博

公司控制权安排与法律风险防范

GONGSI KONGZHIQUAN ANPAI YU FALÜ FENGXIAN FANGFAN

著者/汪　强

经销/新华书店

印刷/保定市中画美凯印刷有限公司

开本/787 毫米×1092 毫米　16 开　　　　印张/ 18. 75　字数/ 259 千

版次/2024 年 8 月第 1 版　　　　2024 年 8 月第 1 次印刷

中国法制出版社出版

书号 ISBN 978-7-5216-4672-6　　　　定价：75. 00 元

北京市西城区西便门西里甲 16 号西便门办公区

邮政编码：100053　　　　传真：010-63141600

网址：http：//www. zgfzs. com　　　　**编辑部电话：010-63141669**

市场营销部电话：010-63141612　　　　**印务部电话：010-63141606**

（如有印装质量问题，请与本社印务部联系。）